中国农业会展理论与实践问题

农业部农业贸易促进中心　编

中国农业出版社

编辑委员会

主　　编：倪洪兴

副 主 编：于孔燕

顾　　问：朱信凯　刘大可

主要编撰人员：于孔燕　陆　红　刘启正

王　军　远　铜　张雪春

马继丰

参与编写人员：（按姓名笔画为序）

江月鹏　孙长光　米　加

李永恒　张晓颖　徐锐钊

潘　忠

序　言

农业会展是以农产品及其加工品、投入品、技术和服务等的展览展示为核心，包含具有贸易属性的农业会议、论坛和节庆活动等在内的经济活动，是会展经济与现代农业有机结合的产物。作为现代市场经济的重要组成部分，农业会展以其良好的技术传播效果、贸易对接效果和明显的正外部性作用，日益成为农业贸易和交流不可或缺的平台，在提升我国农业的市场化、产业化和国际化水平，促进农村经济发展和农民增收等方面发挥了巨大作用。2010 年中央一号文件提出以“发展农业会展经济”为农产品营销促销工作的重要手段，充分体现了对农业会展经济效果和功能的重视和肯定。

近年来，随着我国农业经济和农产品贸易的快速发展，各类农业会展活动层出不穷。据不完全统计，2009 年我国举办县级以上农业会展逾 700 个，其中中型以上农业会展 200 多个，加之各类会议、论坛和节庆活动，年内农业会展活动总数量过千。在农业会展数量、规模迅速增长的同时，由于缺乏科学管理、规范和引导，也出现了供需结构性失衡、重复办展、资源浪费等诸多问题，制约了行业规范、有序发展和农业会展经济社会功能的实现。

目前我国农业会展管理方面的问题集中表现在两个方面：一是行业发展的基本数据不清楚。全国共有多少农业会展？其规模和分布情况如何？经济效益和实现效果如何？用户评价如何？对宏观经济的实际影响有多大？目前关于这些问题的讨论大多缺乏切实可靠的数据支持。二是行业发展的指导性理论不明确。农业会展的供求和价格由何决定？农业会展的绩效如何评估？会展行业竞争对其发展有何影响？

农业会展的用户依据什么选择会展？政府在农业会展发展中应起作用和实际作用是什么？这些问题都还缺乏清晰有力的理论指导。因此，加强农业会展行业基础研究成为开展科学管理、规范行业发展的前提。为此，中国贸促会农业行业分会自 2009 年起开展了对农业会展行业的系统调查和统计，组织研究队伍和行业专家对农业会展的若干理论和实践问题进行了深入研究和探讨，并尝试在农业会展领域率先推行会展分类认定工作。在将相关工作的成果汇集整理的基础上，编写了这本《中国农业会展理论与实践问题》。

本书在吸收和借鉴其他会展经济研究成果的基础上，以目前农业会展行业最翔实的数据和充分的论述，全面分析了我国农业会展的发展现状，初步建立了指导农业会展研究的理论体系，解释了农业会展活动中的诸多现象和问题，提出了行业管理和规划发展的建议。由于本书是农业会展领域首次系统的深入研究，可以借鉴和参考的经验很少，难免会出现一些问题。但相信本书的出版，能够为农业会展行业的管理、科研和从业人员提供有益的参考。

编　者

目录

序言

第一章　农业会展概述和发展历程 ………………………………… 1

第一节　农业会展概述 ………………………………… 1

一、农业会展的定义 ………………………………… 1

二、农业会展的要素 ………………………………… 6

三、农业会展的属性 ………………………………… 10

四、农业会展的功能 ………………………………… 15

五、农业会展的类型 ………………………………… 20

第二节　中国农业会展发展历程 ………………………………… 22

一、传统农业会展发展历程 ………………………………… 22

二、现代农业会展发展历程 ………………………………… 24

第二章　农业会展经济理论和方法 ………………………………… 29

第一节　农业会展的微观经济学分析 ………………………………… 29

一、一般价格理论 ………………………………… 30

二、双边市场理论 ………………………………… 39

三、公共产品理论 ………………………………… 47

第二节　农业会展的产业经济理论分析 ………………………………… 50

一、产业组织理论 ………………………………… 50

二、产业布局理论 ………………………………… 53

三、产业发展理论 ………………………………… 57

第三节　农业会展的绩效分析 ………………………………… 62

一、会展运营的一般标准 ………………………………… 62

二、会展活动的外部性效果 ………………………………… 65

三、农业会展的技术推广效果 …… 67

第三章　农业会展运营状况分析 …… 71

第一节　农业会展的数量和规模 …… 71

一、农业会展的数量及时空分布 …… 71

二、农业会展的规模及成长性 …… 81

第二节　农业会展的价格和服务 …… 86

一、农业会展的价格及效益分析 …… 86

二、农业会展的服务及营销情况 …… 92

第四章　农业会展用户评价分析
——基于参展商和观众问卷调查的实证研究 …… 100

第一节　研究方法综述 …… 100

一、研究目的和方法 …… 100

二、研究样本的选择 …… 103

第二节　参展商用户评价 …… 103

一、调查结果述评 …… 103

二、Logit 模型分析 …… 114

第三节　观众用户评价 …… 120

一、调查结果述评 …… 120

二、Logit 模型分析 …… 128

第四节　调查及模型分析的结论 …… 134

一、调查统计结果 …… 134

二、因子分析结果 …… 135

三、回归分析结果 …… 136

第五章　农业会展与经济发展 …… 137

第一节　农业会展与产业发展 …… 137

一、农业会展与农业发展 …… 137

二、农业会展与相关产业发展 …… 141

第二节　农业会展与区域发展 …… 144

一、农业会展的宏观经济效果 …… 144

二、大型农业会展与城市经济发展 …… 146
三、县级农业会展与县域经济发展 …… 153

第六章　农业会展与农产品贸易 …… 155

第一节　农业会展对农产品贸易的影响 …… 155
一、企业营销的最佳选择 …… 155
二、贸易促进的有效手段 …… 160
第二节　农产品贸易对会展的影响 …… 163
一、农产品贸易催生农业会展 …… 163
二、农产品贸易影响和制约农业会展发展格局 …… 164
三、农产品贸易的发展变化决定了农业会展的发展趋势 …… 165
第三节　农业会展与农产品贸易的相关关系
——以水产品、畜产品和茶叶为例 …… 167
一、水产品会展与贸易 …… 167
二、畜产品会展与贸易 …… 170
三、茶叶会展与贸易 …… 174

第七章　农业会展发展趋势与管理 …… 178

第一节　农业会展发展趋势 …… 178
一、会展业发展趋势 …… 178
二、我国农业会展发展趋势 …… 181
第二节　农业会展行业管理 …… 185
一、国外会展行业管理的模式 …… 185
二、我国会展行业管理的尝试和进展 …… 189
三、农业会展行业管理的方向 …… 195

附录 1－1　中国农业会展分类认定实施办法 …… 198
附录 1－2　中国农业会展分类标准 …… 200
附录 1－3　中国农业会展分类指标信息表 …… 206
附录 1－4　展商意见调查表 …… 209
附录 1－5　观众意见调查表 …… 210
附录 2　2009 年度农业会展（中等规模以上）项目一览表 …… 213

附录 3　2009 部分农业会展项目信息表 …… 224
附录 4　2009 年部分农业会展分类一览表 …… 316
附录 5　中国杨凌农业高新科技成果博览会历届情况概览 …… 319
附录 6　中国寿光国际蔬菜科技博览会历届情况概览 …… 320

参考文献 …… 321

农业会展概述和发展历程

第一节　农业会展概述

会展是人类社会经济文化发展到一定阶段的产物，作为一种高级经济文化活动方式，会展在国家经济增长和人民生活改善等方面发挥着越来越重要的作用。我国每年举办大大小小的农业展览就有上千个，各种以农业为主要题材的文化节、旅游节和游园庙会活动上万个，各地举办的农业会议、论坛更是数不胜数。这些活动在吸引农业生产者、消费者、科研人员和公众的广泛关注和投入的同时，创造了大量社会价值，传播了新技术和知识，推动了农业现代化的进程，也深刻地改造着我们的生活。这些活动就是我们所要研究的对象——农业会展。

一、农业会展的定义

（一）会展的定义

“会展”是汉语语境中出现的一个新词语，从字义上理解，“会展”由会议和展览两个词语组合而成，其内涵和外延应当与以会议和展览为代表的一系列活动相关。尽管会展活动及会展经济的研究在近二十年间有了长足的发展，对于会展定义的界定，国内外不同的专家、学者仍有着不同的看法。

1. 国外研究者的定义

目前，在国外研究者的大多数论著中，并没有一个统一的单词直接与“会展”相对应。国际上和“会展”相应的英文单词可以简单归纳为：

（1）会议类，如 convention，conference，meeting，congress 等。这些单词

所表述的会展研究对象主要集中在会议活动上，相关研究也主要集中在会议的筹备、运营、管理等方面。在美国，会展研究并不具有独立的学科体系，而是作为旅游和酒店管理学科的附属，而且不少研究者把展览看作会议的一种形式。

(2) 展览类，如 exhibition，exposition 等。持此类观点者往往在研究中只讨论展览，主要包括展览的策划、营销、项目管理、人力资源、搭建、物流等，较常见于欧洲的会展研究者。

(3) 会议与展览并列，即“CE”或“ME”(Convention and Exhibition 或 Meeting and Exhibition)。这种观点把会议和展览简单并列归纳为研究对象，类似于汉语中的“会展”概念，最早见于欧洲学者的研究文献中，后来又发展出广义和狭义会展的概念区别，其中狭义会展即指“CE”或“ME”；而广义会展则包括了公司会议、奖励旅游、社团集会、展览以及节庆等活动，即通常所说的“MICE” (Corporation meetings，Incentive tour programs，Conventions，Exhibitions or Events)。

从国外对“会展”的理解来看，其内容既有单独的会议、单独的展览，也有会议与展览等的并列和结合。这些定义大多遵循了“外延性界定模式”，即直接从会展的外延入手，首先对会展的外延分类，然后对每一类外延分别进行界定，而回避了会展内涵的定义。

2. 国内研究者的定义

国内会展研究者在对会展进行定义时受到国外学者较大的影响，例如借鉴“MICE”的定义将广义的会展外延界定为“各种类型的专业会议、博览交易会（如展览会、交易会、招商会、发布会、专业与专题会、颁奖会、研讨会等）、奖励旅游以及各种事件活动，如庆典活动、节庆活动、文化活动、科技活动、体育活动等。”①

同时也有部分研究者立足会展的内涵特征，比如说特定的空间、特定的时间、集体性、交流性等，而将会展定义为“以追求经济利益为主要目的，以企业化运作提供社会化服务，以口头交流信息或者集中陈列展示物品为主要方式的集体性和综合性活动。”②

而国内较为普遍接受的会展定义则被表述为：“会展是会议、展览、展销、体育等集体性活动的简称，是指在一定的地域空间，由许多人在一起形成的、

① 马勇、肖轶楠．会展概论．北京：中国商务出版社，2004.

② 向国敏．会展实务．北京：中国审计出版社，2005.

定期或不定期的、制度或非制度的、传递和交流信息的群众性社会活动。它包括各种类型的大型会议、展览展销活动、体育竞技运动、大规模商品交易活动等，其中展览业是会展的重要组成部分。”① 这一定义给出了会展的内涵和外延，同时揭示了会展活动的一些重要属性，因此在理论界引用率很高。

如果我们对以上定义进行深入分析，压缩掉外延及附加属性的相关表述，这一定义被简化为“会展是（某一类）集体性的群众性社会活动。”更简略地说，会展是某种“集会活动”，而“集会活动”的内涵非常明确，就是在某一特定的时空点上多人的聚集和互动。可是，“会展”等于“集会活动”吗？从大多数学者的定义以及人们日常的表述中我们可以发现，并非所有的集会活动都被认为是会展活动。例如学生上课就不是会展，教堂礼拜也不是会展，市场和超市通常没有人认为是会展，游行示威更不会让人联想到会展。那么究竟哪些集会活动可以算作会展，而这些活动缘何被归为一类呢？

表 1-1　部分国内研究者对会展及会展经济的不同定义

作者	定　义	来　源
俞华、朱立文	会展是指在特定的空间、时间内多人集聚，围绕特定主题进行交流的活动。狭义的会展即指展览会和会议，广义的会展包括展览会、会议和大型节事活动	会展学原理［J］．机械工业出版社，2005
谢雨萍等	会展包括各类专业会议、展览会与博览会、奖励旅游、大型文化体育盛事等活动在内的综合性旅游形式（即 MICE），其基本含义就是借举办各种类型的会议，以招徕各方客人洽谈业务、交流沟通和旅游参观访问，刺激他们消费，从而为当地创造经济效益、社会效益和环境效益	中国优秀旅游城市会展旅游之定位［J］．地域研究与开发，2002（4）
马勇、肖铁楠	从广义角度可将会展定义为包括各类专业会议、博览交易会（如展览会、博览会、交易会、招商会、发布会、专业与专题会、颁奖会、研讨会等）、奖励旅游和各种事件活动，如庆典活动、节庆活动、文化活动、科技活动、体育活动等	会展概论［M］．中国商务出版社，2004
刘大可	会展包括五个层面的活动，一是展览；二是大型活动；三是会议；四是节庆活动；五是其他特殊活动。这五类活动统称为会展活动是因为这些活动存在四个共性，一是这些活动都是长期筹备，短期举办的点状活动，不同于行政组织日常管理的线状活动；二是活动都涉及人员的迁徙和移动；三是这些活动都能调动人的情绪，引起媒体的关注；四是组织和管理都以项目方式进行	会展经济学［M］．中国商务出版社，2004

① 刘松萍，梁文．会展市场营销．北京：中国商务出版社，2004.

（续）

作者	定　义	来　源
赵春霞	会展是指在一定地域空间，由多个人聚集在一起形成的集体性的物质和文化交流活动。现代会展主要由会议、展览、节事和奖励旅游四部分组成	会展概论［M］．对外经济贸易大学出版社
刘宇	会展业是以会议和展览的组织和承办为中心，以会议和展览的组织者、会议和展览场馆的拥有者、会议的展览和策划、设计、施工者开展一系列活动的总和，是集商品展示交易、经济技术合作、科学交流于一体，融信息咨询、招商引资、交通运输、城市建设、商务服务等多种功能的一种新兴产业	浅议会展业发展与高校会展人才培养［J］．中国校外教育，2009.7
丁爽	会展是一种人们在一定的时空条件下围绕特定主题进行的交流活动。 会展经济是以会展业为依托，借助各种会展活动的举办拉动城市及其所在地区相关产业发展，并能带来巨大经济和社会效益的一种经济形态。	浅析会展经济与城市发展［J］．经济研究，2009.3
史国祥、贺学良	会展经济指以会展产业为支撑点，通过举办会议、展览和节事等活动，引发关联效应，带动交通、通讯、酒店、餐饮、娱乐、旅游、零售、广告、印刷、物流等相关行业发展的一种综合经济，即会展与相关服务的总和	会展经济［M］．南开大学出版社，2008
庞莹、魏志恒	会展经济，是伴随着人类会展经济活动，会展产业发展到一定历史阶段形成的跨产业、跨区域的综合经济形态。具体来讲，就是通过举办各类会议、商品展示和展览等活动，在取得直接经济效益的同时，带动一个地区或一个城市相关产业的发展，达到促进经济和社会全面发展的目的	迁徙我国会展经济［J］. 经济师，2002.6
陈志军、田向龙	所谓会展经济，是以会展业为支撑点，通过举办各种形式的展览会、博览会和国际会议，传递信息，提供服务，创造商机，并利用其产业连带效应带动相关产业的一种经济	我国会展经济发展的问题与对策研究［J］．北京工商大学学报，2001.9
马勇	会展是在国际大都市或基础设施完善、成熟的旅游地，通过举办各种形式的会议和展览展销，以达到获得直接或间接的经济和社会效益、提升地区形象的一种经济现象和经济行为 会展经济是一种形象说法，是各种类型交流会、洽谈会、展览会、博览会的总称。它是利用一定的地域优势、经济特色、资源优势，由政府或社会团体组织，召集供需双方按照事先确定的时间和地点，举行专业性的或综合性的产品布展、宣传、交易和服务为内容的特色型经济活动	中国会展经济发展解读［J］．经济地理，2002.5 天津文化产业网

3. 集会活动与会展

恩格斯曾指出，社会性是人的本质属性之一，人类的社会性主要就体现在社交和集会活动的广泛存在上。中国古代思想家荀子也说过，“人，力不及牛，走不若马，而牛马为役，何也？人能群，彼不能群。”现代历史学的研究表明，人类早期的群居生活和不同族群间的频繁集会所带来的知识汇集和传播是人类进化和文明产生的重要驱动力。

早期人类的集会活动通常是宗教祭祀、体育赛事、娱乐表演、商品交换、政治决策等社会化活动的载体，根据所承载的社会功能的不同，这些集会活动往往带有交流性、展示性、交易性等不同的属性。其中一些活动的展示性和交易性越来越强，举办时间和地点越来越趋于固定，逐渐脱离了其他政治性、宗教性集会活动而演变为一种经济形态，成为近现代会展的母体和雏形。这一类活动中的一部分也作为一种古老的会展形式沿袭至今，例如今天广泛存在的农村集市、庙会、节庆活动等。这些传统的会展活动尽管以其独特的属性从集会活动中分离出来，然而却没有得到一个统一的认识和界定，直到现代会展产生。

工业化进程的开启是现代会展经济兴起的直接原因。首先，工业化使标准化生产得以普及，产能的提升带来了产品的充裕和市场竞争的加剧，很多新技术和新产品的推广和使用开始改造人们的生产和生活方式，正如萨伊定律所揭示的，供给开始创造自己的需求。同时，工业化也加速了城市化和国际化的进程，各种经济资源集中到城市，而技术和资金的国际流动也随贸易的展开而更加频繁。随之而来的是，会展活动的形式也发生了巨大变化，展览这一新的会展形式产生并成为一个独立的行业。

展览是多家厂商有组织地在特定的时间和场所向一定的群体或公众集中展示产品、工艺或技术的经济活动。宽泛地说，展览的形式包括交易会、博览会、展销会等。其中，交易会是进行贸易洽谈和大宗商品交易的活动；博览会是以固定或巡回方式公开展示某种样品、标本、模型或图片以供参观、欣赏的活动；展销会是以商品销售和市场推广为主要目的的活动。

相较于其他传统会展形式，展览更为有效地将特定经济领域的人流、物流、资金流和信息流汇聚到一个时空点上，从而能够更好地提升经济效率、激发经济活力。作为一种经济活动，展览对经济的巨大拉动作用使其在客观上成为现代会展活动的核心内容。其他会展形式由于在汇聚资源的效率上不如展览，因而要么依附和伴随展览举办，要么借鉴展览的组织和管理方式，要么转而以承载政治、文化等其他功能为主，成为展览的补充。

因此，展览的产生是现代会展诞生的标志，也是现代意义上会展概念的核心。大多数会展研究者都将1851年在英国举办的“万国工业博览会”（Great Exhibition of the Works of Industry of all Nations）作为现代会展的起点，而不是同时期甚至更早时期的任何一次会议、旅游或者其他活动，正印证了展览在现代会展活动中的地位。对于此次展览，当时的《泰晤士报》评价道，“创世以来，全世界各族群第一次为同一目的而动员起来。”

4. 小结

综上所述，会展的定义可以归结为一种基于多人集会的现代经济活动。其狭义外延指展览、伴生于展览的各种会议、论坛、赛事和表演活动，以及类似于展览的节庆活动；广义外延是在狭义的基础上加入各种会议和赛事。而会展经济则是会展活动及其影响的总称，是围绕会展资源配置而产生的一系列问题，它既可以指活动本身，也可以指活动产生的经济效果。在大多数情况下，本研究所提及的会展概念都是指狭义的会展。

（二）农业会展的定义

现代会展产业出现之前，传统农业会展就已经存在并发挥着经济功能。在长达数千年的农业文明时期，社会交换的主要产品大都是农产品，社会经济活动也主要围绕农业生产进行，因此大型商品交易活动几乎都通过传统农业会展形式实现，例如“茶马互市”、都邑集市等。尽管在现代市场经济中，不少传统农业会展得到了不同程度的保留甚至发展，然而其已不再成为会展活动的主体，因为无论在技术传播还是贸易促进的效率上，传统农业会展都被现代农业展览所超越。

现代意义上的农业会展是以农产品及其加工品、投入品、技术、服务等展览为核心，包括伴生于这些展览的各种会议、论坛、表演和旅游活动等在内的以多人聚集和互动为特征的经济活动。农业会展行业是农业和会展业发展到一定阶段的必然产物和有机结合，是会展业的一个分支。农业会展经济则是以会展业为依托，通过举办各种类型的农业展览会和农业会议，形成信息流、人才流、资金流、物流的汇集，从而创造商机并促进农业发展的一种经济形态[①]。

二、农业会展的要素

会展活动的构成要素分为基本要素和辅助要素两个方面，二者相互影响，

---

① 宋晓雁，武邦涛．农业会展的经济功能研究．安徽农业科学，2006，34（4）：802-803.

相互联系。农业会展在构成要素上与会展是一致的。

（一）基本要素

会展的基本要素包括五项，即会展组织者、会展场馆、展示对象、参展商和观众。

1. 会展组织者

会展组织者是指对会展活动的举办起主导和决定作用，在营利或非营利目标下，组织开展会展业务，获得会展收益，承担会展责任的部门或机构。在大多数会展活动中，会展组织者是会展的主、承办机构，其中主办机构通常是会展活动的策划和发起者，承办机构通常是会展组织的执行者和会展服务的提供者。部分会展活动的组织体系还包括协办机构、支持机构或者赞助机构等，它们通常不对会展活动的全局承担责任，只能算会展的辅助组织者。

会展组织者是会展活动的供给主体，在会展系统中居于核心和支配地位，会展活动的其他要素都在会展组织者的联结下而形成一个统一运转的有机整体。参展商虽然是会展活动的需求方和会展服务的起点，但它只是以用户的身份提出自己的要求，至于展览以什么形式和如何组织，能够取得什么效果，参展商并非决定因素；会展场馆是会展的现实载体，它只能决定会展的时空区间，提供会展现场的基本服务，而一般不直接参与展览会的组织与运作；观众如果作为会展服务的终点，那么就只是既定会展活动的接受者而不参与会展服务的生产过程，如果作为一种会展资源，那么就和展览对象一样成为会展活动的客体而居于被动的地位。

从会展活动的组织流程来看，首先会展组织者通过确定会展主题而限定展览对象；然后通过出售展位和组织参展，与参展商一起将展览对象变成会展活动的实际内容，完成会展产品的生产；之后以收费、免费或补贴等形式邀请观众参加会展；最后与会展场馆一起提供会展现场服务，实现会展的举办。在此过程中，会展组织者对会展活动的性质、特点、实现形式和效果都具有至关重要的影响，可以说，会展组织者是会展活动的灵魂。

2. 会展场馆

会展场馆是会展平台的现实载体，也是会展信息传播的媒介，其一般形式是展览馆或展览中心。随着现代科技的发展和网络工具的普及，会展场馆也开始出现各种类型的虚拟形态。在会展系统中，会展活动的生命在于信息的展现和传播。展览项目策划出来后，如果不通过一定的方式集中向消费者展现其中的成果，其意义就难以实现。会展场馆的主要功能就是通过为会展活动提供信息展示和传播的有效空间及配套服务，促成会展的实现。

3. 展示对象

展示对象又称展出内容，是指在会展中展出的所有有形和无形的产品和信息，它是会展构成要素中必不可少的一部分。展示对象是会展活动的供求客体，它集中反映了会展的主题和特点，影响了会展的实现方式，并且在很大程度上决定了会展的现实功能。它与会展组织者一起构成了会展品牌的核心。按产品的用途类别划分，展示对象通常包括四大部分：①原料类，包括各种初级产品、原材料、耗材等；②装备类，包括生产、加工、检测、流通过程中所使用的各种机械、仪器、设备等；③最终产品类，包括各种物质产品和服务；④技术知识类，包括各种科学发现、技术发明、工艺流程和组织方法等。在此之下，还包含很多小的层次和类型。在确定展示对象时，会展组织者需要考虑展览的类型是综合性的还是专业性的，对象具体的种类有哪些，只有具备了明确、有效的展示对象，才能更好地吸引参展商和观众。对于农业会展来说，常见的展示对象有生产资料、生产技术、各种农产品以及农业服务等，而一个特定的会展只能集中于其中几项内容。

4. 参展商

参展商又称参展客户，指从会展组织者手中有偿或免费取得展位进行展示和交易的企业和机构。它是会展系统中最为基础的要素，是会展活动的需求主体、会展服务的起点，也是保持系统活力的关键。一个会展是否能够成功举办，在很大程度上取决于是否有足够多的参展商参加。如果没有参展商的参展意愿和参展行为，就不会产生会展组织者和观众的组展和参观行为，也就无所谓会展系统了。参展商数量的多少和参展的活跃度，直接关系到会展系统的生命力。事实表明，越是参展厂商群体庞大、行业组织程度高、会展竞争激烈的区域和行业，会展系统就越是活跃。

5. 观众

观众是指会展的受众，即应会展组织者的邀请，有偿、免费或者受补贴而参观会展的人员。在会展系统结构中，参展观众是一切展览行为和会展服务的终点，其属性和地位比较特殊。如果将观众看作会展服务的最终消费者，则其与参展商共同构成会展的需求主体；如果将观众看作参展商会展需求的最终对象，则其与展示对象一起构成了会展的资源或者说供求客体。按照会展需求和自身属性的不同，观众通常又可分为两类，即专业观众和公众。前者指的是那些通过注册参会而在会展组织者那里保留有用户信息的观众；后者则指不需要注册也无信息留存的观众，有时也称一般观众。会展活动中，参展商通过与观众的沟通和交流实现产品信息的传播，而参展商要想实现最终的交易，只有将观众尽可能多地从潜在客户变成现实客户，实现产品和服务的交易。只有这样，会展的作用才能得以发挥，会展才有不断发展的动力。

6. 小结

从以上分析可以看出，会展是由一系列要素有机联系在一起的一个综合性系统，构成这个系统的基本要素是会展组织者、会展场馆、展示对象、参展商和观众。如果按照系统论的方法对会展进行再定义，可以说会展是具有法人地位的参展商出资，通过会展组织者的策划、组织，利用会展场馆这一特定的媒介向观众展示产品、服务和技术信息，以达到一定经济目的的经济活动。

从会展系统结构的分析中还可以看出，系统内各要素的相互作用方式是由其各自的功能、作用、对象和它们在系统中的位置决定的。从社会再生产的观点看，观众在系统中处于终点的位置，各要素作用的方向都朝着观众运动，各要素最终的服务对象就是观众（最终用户）。参展商与观众之间的经济关系可以溯源于商品的个别劳动与社会劳动的矛盾。为解决这个矛盾，参展商借助会展来提高商品的交换效率，从而派生出会展组织者、会展场馆及展示对象等要素的相应功能。

（二）辅助要素

会展作为一个特殊的产业，其发展离不开展品运输、会展宣传、会展服务等基本的物质条件，因此会展系统结构中还包括以下辅助要素。

1. 物流运输

物流是指物质实体从供应者向需求者的物理移动，它由一系列创造时间价值和空间价值的经济活动组成，包括运输、保管、配送、包装、装卸、流通加工及信息处理等多项基本活动，是这些活动的统一。物流是一个原材料、制成品和信息的流动控制系统，有时也被称为“策略性运输”。物质资料从供给者到需求者的物理运动，是创造时间价值、场所价值和加工价值的过程。会展企业在参展时，需要将其需要展出的产品运至具体的展馆，物流运输这个因素必不可少。而有些农产品例如水果、海鲜等需要通过保鲜来保证质量，对物流运输的要求就非常高，甚至成为决定会展效果的关键因素之一。

2. 广告宣传

会展活动能否取得成功，宣传效果也是决定因素之一，在会展中它直接关系着展商和观众的数量和参与度。一方面，会展组织者要让更多的企业参与会展，需要进行大量的宣传；另一方面，参展商为了扩大自己的知名度和影响力，也需要进行宣传。因此，宣传持续贯穿于会展活动的展前、展期和展后，其密度和效度往往与会展的组织和筹备节奏相吻合。而在宣传渠道和手段上，不同类型的会展往往会有很大的不同。专业性会展组织者或者参展企业往往选择杂志或网站等专业媒体进行广告宣传；而综合性展会则大多通过电视或报纸等公共媒体进行宣传。

3. 会展服务

会展业作为一种特殊的服务业，其任何一个环节几乎都由不同层次的服务构成，会展的各基本要素之间也通过服务联结起来。会展服务既包括会展组织者提供给参展商和观众的服务，也包括会展场馆提供给会展组织者、参展商和观众的服务，还包括参展商提供给观众的服务。其中，会展企业应享有的主要服务包括良好的会展秩序、舒适的展出环境、高质量的观众以及展后信息的反馈等；而观众应享有的主要服务则包括准确的会展信息、顺畅的交流对接、丰富的同期活动以及工作人员的协助等。一个成功会展的举办，离不开会展组织者和会展企业的共同努力，打造一个优质的会展平台，不仅要在展出产品上突出“高质量、新技术”，而且要在服务上下工夫，提高展示和交易的效率。

三、农业会展的属性

与构成要素类似，农业会展的基本属性也与会展活动一致，主要包括展示性、交易性、聚集性、关联性和外部性五个大的方面。

（一）展示性

无论是从会展的经济含义上，还是其发展历史上来看，展示性都是会展活动的第一属性。这一点在国内外会展经济研究中并没有得到足够的重视，因此造成了不少概念上的混淆和认识上的误区。例如，不少研究者认为凡是展览必定具有交易性，甚至将交易性当作展览的第一属性，在评判展览效果时以实现贸易成果为主要乃至唯一的标准。事实上，无论是在人类最初的集会活动当中，还是在现代展览的首创阶段，交易活动都居于次要、后生的地位。古罗马的酒神大会和大英万国博览会上，人们聚集起来起初并不是为了交易货物，而是纵情娱乐、猎奇观赏，随之而来的是新知识的传递和需求的被发现，然后才产生了交易行为并逐渐上升为集会的主体内容。可见，在会展活动中，人们总是在某种需要被满足之后才会产生交易行为，因此，交易属性是后于展示属性的。

从信息经济学的角度看，展示性本质上是一种信息的流动和传递。因此，会展活动其实是一个信息市场，参展商的展品传递丰富的市场信息，观众在展会获取各种市场信息，各种市场信息都可以在会展中得以交换①。

展示性也是展览区别于批发市场、超市等商品集中交换场所的重要依据。正是因为具有展示性的缘故，我们要把一场展示 30 年农业改革和发展成就的展览与一次特色农产品展销活动甚至一次庙会放在一起研究，而不是将后两者与农产品批发市场的运营联系起来。超市、批发市场这些场所只是把商品集中起来以方便交换，商品的生产者和拥有者并不对产品的属性进行介绍和展示，这些经济活动中重要的因素只有价格和商品属性，并没有知识和信息的显著流动，这与会展活动是不同的。

在大多数展览的举办过程中，展示和交易相伴而生，相互促进，相得益彰。不同主题、内容和目的的展览活动，尽管展示性的高低不同，但都离不开展示展出这一核心内容。而现实中确实存在相当大数量不存在任何交易活动的展览，即所谓“纯粹展示性”展览，例如带有科普性质的“古代农业科技展”和“濒危生物展”。

如果我们把几类带有经贸属性的集会活动放在一个以展示性高低为标准来衡量的坐标轴上，那么会大致得到如下的排列：

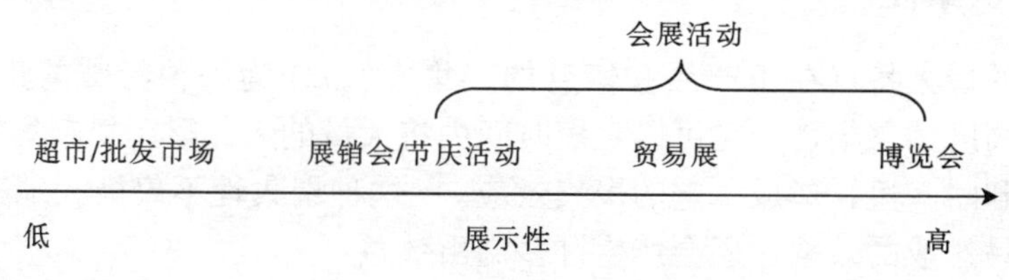

图 1－1　集会活动谱状图

由此可见，展示性是令任何会展活动（狭义概念下）区别于其他各类集会活动的核心属性。

（二）交易性

交易性并非所有会展活动共有的属性，然而大部分会展活动都将促进买卖双方实现交易作为会展的目标和功能，这些具有交易属性的展览可以被称为商业性展览。对于商业性展览来说，参展商参加展览的最终目标是为了推

① 俞华，朱立文．会展学原理．北京：机械工业出版社，111.

销产品以实现利润，尽管实际的交易可能并不发生在展览活动期间；商业性展览的组织机构举办展览的动力也来自于提供展览服务带来的经济收入，这一收入的大部分将来自于参展企业购买展位的费用，而有多少企业愿意付费参加展览归根结底还是取决于展览促进交易的效率。因此，在商业性展览当中，交易属性备受关注，以至于展示性逐渐被看成实现交易性的途径。

在会展经济的研究中，衡量会展活动的交易性的指标往往包括贸易成交额、意向成交额以及投资合作金额等若干项可统计内容。然而在使用这些指标评判农业会展活动的交易性时面临一个很大的困难，即交易成果的“多归属”问题。既然很多交易并非在会展活动期间达成的，那么在多大程度上能够算为该会展活动的成果而非其他会展甚至其他营销手段的成果就难以判断。

根据统计，商业性展览组织机构的平均利润水平大致为 20％～25％，会展促成交易的效率至少应不低于这一数字，否则企业就会失去参加商业性展览的动力，而如果企业参加同一行业内同主题会展的数量多于一个，那么后者就至少应是前者的倍数。

（三）聚集性

会展的最大特点在于产品和信息的“集中”。作为一种特殊的集会活动，会展具有高度的聚集性，它可以在短时间内将大量的人、财、物聚集在某一固定的空间和时间里，形成一定的聚集效应。[①] 这种聚集性不仅极大地提升了展示性和交易达成的效率，还会产生许多溢出效益：

（1）人流、信息流的交汇、碰撞将激发出许多新思想和新知识。会展能促进各方参与者之间的沟通与交流。参展商通过会展期间的调查和观察，可以迅速、准确地收集到有关竞争者、分销商和新老顾客的信息，从而为下一步的生产、销售等发展战略提供依据；科研和技术人员可以了解国内外最新产品和发明的现状与行业发展趋势，从而发现技术创新的需求和突破点；采购商也可以全面了解厂商供给方的情况，判断其竞争力如何，各类产品发展方向怎样，从而综合考虑选择自己的市场策略。

（2）物流和资金流的汇集会刺激品牌的形成。任何一个品牌的形成都必须经历同类产品的竞争和比较。会展在特定的时间和地点集中了大量同类产品，

① 李巾姝．我国农业会展的功能研究［D］．中国农业大学，2007．

这就大大增加了产品的可比性。那些质优价宜的产品一旦在会展活动中受到认可和追捧，就容易在较短时间内树立品牌。同时，很多会展也会评选出不同等级的奖项，这就刺激了参展企业在保证产品质量的前提下，通过提供更好的服务、满足顾客的各种需求来提升消费者的品牌认知和忠诚度。

(3) 信息流和资金流的聚集推动了知识向生产方式、生活方式的转化。会展给参展商和观众提供的不仅仅是现实的产品，更多的是一种科技信息的传递。通过会展这样一个传播平台，更多的企业和消费者能够了解最前沿的科技进展，并在调查和比较中选择出那些符合市场需求的技术知识加以推广，应用于生产和生活当中。

聚集性作为会展最重要的属性之一，也是会展活动价值的重要源泉，它制约着其他属性的实现程度。如果会展活动的聚集性不够，其展示和交易功能就很难得到实现，会展活动本身也会面临持续性的问题。在会展经济的发展过程中，有很多追求“永不落幕的展览”的设想和尝试，然而因为聚集性的存在，无论会展的实现形式和技术手段如何变化，定期会展始终在会展活动中占据主流地位。

(四) 关联性

会展的产业关联度很高，它与运输、旅游、通讯等相关行业之间存在一种相互促进的关系。目前，我国会展数量和规模正以每年20%的平均速度递增，农业会展的增速也达到10%左右①，已成为新的经济增长点和第三产业的重要组成部分。由于涉及服务、交通、旅游、广告、装饰、边检、海关以及餐饮、通信和住宿等诸多部门，其不仅直接或间接带动了相关产业的发展，而且促进了新兴产业群的培育。

会展业的发展需要有高效率、高质量的配套服务作支撑；而举办大规模的会展活动能有效推动城市建设，促进社会整体服务水平的提高，从而带动相关产业发展。首先，会展会为相关的产业带来大量的客源、货源，创造出大量的市场需求。需求的增加会对相关产业农产品、服务提出更高的要求，如要求服务具有较大的方便性、快捷性、舒适性、安全性等。为满足需求，各相关行业会积极改善经营管理，不断提高服务水平，这样就形成了良好的产业循环发展模式，如图1-2所示。

① 参见本书第三章“规模和成长性”部分。

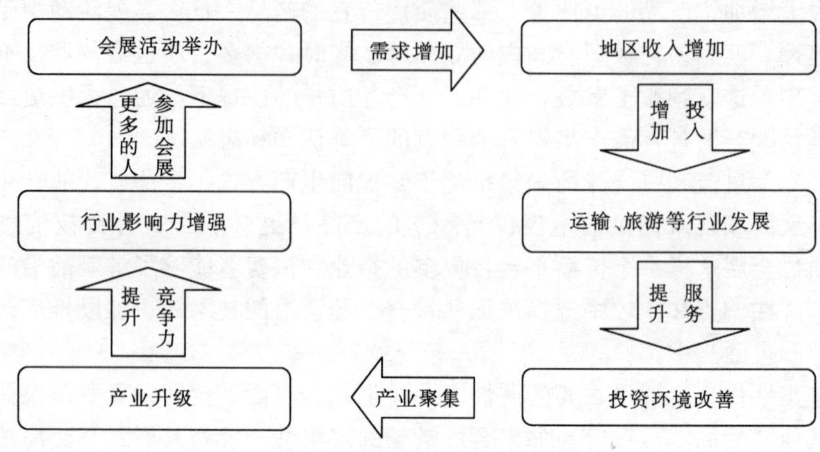

图 1-2　会展关联效应图

(五) 外部性

会展的经济带动效果十分显著，这种经济带动效果可以看作会展活动带来的正外部性。目前国际上会展的产业带动系数大约为 1∶9，即举办会展本身所产生的利润如果为 1，则带动相关产业所产生的利润可达 9，产生强大的经济辐射效应。据估计，德国的柏林、汉诺威等城市这一效应可达 1∶9，巴西的里约热内卢及意大利的威尼斯和米兰可达 1∶8。有研究者认为，由于我国会展配套服务及设施不够完善，尤其是农业会展的基础设施亟待完善，加之农业会展营销理念落后，经济带动率远低于经济发达国家和地区。按其估计，广州的会展乘数可达 1∶6.5，上海可达 1∶6，天津可达 1∶6，北京可达 1∶5。① 但也有研究者认为，在香港、北京、上海等会展一线城市，这一系数均已达 1∶8左右，接近于发达国家水平。

一次会展活动，特别是大型、高层次、有影响的会展活动，往往会给举办地带来城市形象、对外开放、经济活力、文化进步等方面良好的影响，这种影响是全方位、持续性的，并呈现相互作用、交替放大的趋势，这些因素的发展和提升会有力地促进区域经济的发展。② 此外，通过会展业发展也可以进一步增强区域作为贸易中心、服务中心、信息中心、金融中心、科技中

① 王新刚．中国会展经济研究［D］．吉林大学，2004.

② 邹树梁．会展经济与管理［M］．北京：中国经济出版社，2008：98.

心等诸方面的功能，进而从整体上完善区域功能，提高整个区域的吸纳和辐射能力。①

四、农业会展的功能

（一）会展的功能

会展的经济功能集中表现在三个方面，即基本功能、提升功能和辅助功能（如图 1－3）。其中，基本功能是最核心、最本质的部分，是直接影响会展成效和品牌形象的关键，是会展向纵深发展的基石，也是我们考察的逻辑起点。会展的基本功能主要是围绕产品进行的，基本作用在于调节产品市场需求，优化资源配置，直接表现是企业的营销手段、产品商贸洽谈产生的贸易往来和产业信息传播、科技扩散带来的产业发展，因而会展的基本功能就是促进产品贸易和产业发展。

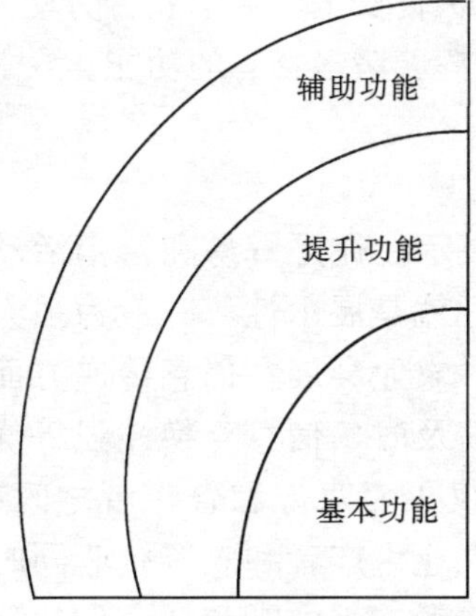

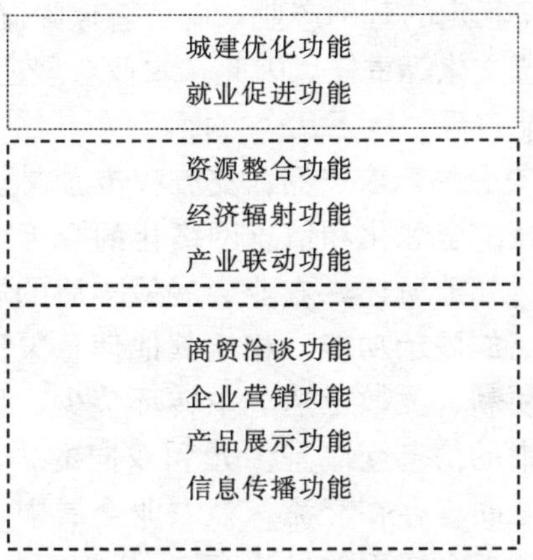

图 1－3　会展的功能体系

会展的提升功能包括产业联动、经济辐射和资源整合。会展行业的发展能够带动相关产业的发展，尤其是会展产业涉及服务、交通、旅游、广告、装饰、边检、海关以及餐饮、通信和住宿等诸多部门，直接或间接带动了相关产业的发展，并且能够促进新兴产业群的培育。经济辐射是指会展对周边地区的经济发展具有受距离限制的影响力。距离会展中心越近的地区受益越

① 曹剑飞．会展经济对区域经济发展的带动作用研究［D］．广西大学，2006：27.

大；反之越小。另外，会展规模越大，辐射的距离就越远，受益的地区就越多。北京 2008 年奥运会对环渤海地区乃至全国的辐射作用就是有目共睹的。

会展的辅助功能集中体现在城市建设优化功能和促进就业上。在会展经济发展过程中，会展的硬件环境建设是必不可少的。比如说，举办地城市必须建立高效的信息服务体系、各种档次的酒店和餐饮设施以及足够规模的会展场馆。另外，会展的发展在缓解城市就业压力方面也起到了非常大的作用。会展的举行需要大量的工作人员，而且很多一般性服务人员是从下岗职工中选取①，因而能够很好地吸纳社会富余劳动力，促进城市人员就业。

（二）农业会展的具体功能

现阶段，我国农业的现代化进程尚未完成，农业生产的收益相对较低，农产品的供给保障能力和市场竞争力受多重因素影响而不稳定；而农业又是维持国民经济稳定的基础产业，肩负着保障国家粮食安全、吸纳农村劳动力就业和延续传统文化等重任，因此，农业会展还发挥着诸多特有的功能。农业会展的具体功能表现为以下几个方面：

1. 充分展示农产品，交流和传递农业信息

在经济全球化和信息网络化的今天，展示往往是贸易和营销活动的前提和先导。如前所述，农业会展最本质的属性就是展示性，其最为强大的功能也是产品的展示功能。相比其他信息渠道，农业会展在信息传递方面具有信息采集便利、发散迅速、中转环节少、反馈及时、信息互换性强等优势。会展活动中的信息交流是多元和双向的，不仅买卖双方和合作者之间有交流，竞争者之间也存在交流。在农业会展中，农业生产者和农资企业同时面对多种类型和多个层面的供应商、中间商和消费者，其中既包括合作伙伴，也包括竞争对手。

作为农产品的买卖双方，围绕展示产品直接进行互动式交流，容易产生互信关系，从而奠定合作基础。在农业会展中，参展商通过会展平台向观众介绍新技术、新品种和新成果，让观众能够及时了解当前先进的农产品种植、养殖技术以及各种治病防病的方法，也能够了解科技进步带动下农产品生产的未来趋势和发展方向，从而很好地促进新产品的推广应用。

---

① 施昌奎．会展经济运营管理模式研究——以“新国展”为例［M］．北京：中国社会科学出版社，2008：29.

而作为行业竞争者，参展商也可以通过会展检验其产品的市场需求现状和变化，了解其他企业经营动向，开展产品概念测试和新产品的试销，从而获得准确而全面的市场信息以更有针对性地制定产品和市场策略。

2. 搭建贸易交流平台，提高农产品和农资交易量

对于参展商来说，通过会展找到交易、合作的对象和机会往往是其最大的愿望和目标，特别是新企业、新产品、新项目的营销渠道开发，营销网络构建以及合作伙伴的寻找带来长期的经济效益。农业会展能够聚集大量的供给者和需求方，为参展商和采购商之间的经济贸易往来提供一个便利、直接、可靠的环境，使供给方能够直接接触需求方，同时将各种农产品和农资产品的供求信息及时、准确地传达给买卖双方，从而达成更多的交易。

根据会展主办机构公开发布的数据，第四届中国国际农产品交易会采购商数量达1万多人，观众人数超过25万人次，贸易成交金额达到286亿元，意向合同金额达310亿元，现场累计实现销售额6 276万元①。第六届国际果蔬食品博览会期间，实现进出口贸易成交额达6.8亿美元，其中出口5.03亿美元，进口1.76亿美元，国内贸易额8.94亿元人民币；共签约成交利用外资项目64个，总投资7.1亿美元，其中外资额4亿美元。2004年浙江农业博览会现场展销总额达5 580.5万元，农博会现场订货达15.7亿元。这些都说明农业会展可以有效提高农产品和农资产品的交易量，为参展者带来巨大的经济效益。

3. 调节市场供求和资源优化配置

调节市场供求是农业会展经济特性的重要体现，主要表现在创造供给、刺激需求和平衡供求三个方面②。供给方面，农业会展提供的多方面信息有利于生产企业对商机行情的准确把握，使其了解到更多没有被满足的需求和新生需求，在市场发生较大变化时能有效修正供给方的市场判断，从而提高了农产品及农资产品供给的效率。需求方面，农业会展将不同地域、不同层次的消费者、生产商集聚到一起，不仅使一些原来得不到满足的需求能够找到有效供给，也刺激了新需求的产生，推动了农产品市场规模的扩大。在平衡供给方面，农业会展大量的信息流对供给和需求都有很强的引导作用，促进实现未开发的供给与一部分未能实现的需求的对接，促进了整个市场体系实现局部均衡。

① 数据来源：第四届中国国际农产品交易会组委会统计数据．2006年11月．

② 保健云．会展经济［M］．成都：西南财经大学出版社，1999．

通过调节供求，农业会展可以实现资源的优化配置。农业会展可为农产品的供求双方提供最新、最全的市场信息，农产品生产者可以根据市场行情调节自身的资源投入的数量、种类和方向，优化农产品相关资源的配置。[①] 发展农业会展意味着在扩大的开放潮中，农业产品、技术、生产、营销等诸方面可以获得比较优势，从而大大减少国内资源的机会成本，有助于增强农业综合竞争力。同时，农业会展对供求的影响有助于产业基础结构的优化升级。一方面，通过举办农业会展可以改变投资与消费的预期，进而改变人们的需求决策以及需求结构，特别是中间需求与最终需求的比例、消费与投资的比例、消费结构等，从而引起产业结构的变动调整；另一方面，农业会展通过聚集大量的产品、资金、技术和信息，有利于农业技术和管理方式的交流与合作，促进先进技术的引进和转化，进而改变劳动力和资本的拥有状况，调整他们之间的相对价格，最终实现企业竞争力的提升。

4. 促进农业产业化和区域经济结构升级

农业产业化经营是以市场为导向，以家庭承包经营为基础，依靠各类龙头组织的带动，将生产、加工、销售紧密结合起来，实行一体化经营的一种组织形式和经营方式。农业会展强化了市场对农业的导向作用。农民可以了解到最新的农产品需求趋势和农资产品的供应信息，调整自己的种植计划和农用资料的购置计划。对于产业关联度大、技术水平高、带动能力强的龙头企业而言，农业会展是其进行宣传和营销的重要窗口。这些企业可以通过会展了解最新、最全的科技和产品动态，展示新产品、新技术，与消费者进行直接的交流和交易，宣传企业形象，同时达到市场考察、产品推广、促进交易和树立良好品牌形象的目标。[②] 通过强化市场对农业生产经营的导向作用，农业会展有力地促进了我国农业的产业化，一些国际性的农业会展，还为龙头企业学习国外先进经营管理理念起到了重要作用。

区域经济是在一定区域内经济发展的内部因素与外部条件相互作用而产生的综合体。每一个区域的经济发展都受到自然条件、社会经济条件和技术经济政策等因素的制约。城乡区域经济是一种综合性经济发展的地理概念。它反映城乡间区域性的资源开发和利用现状及其问题，尤其是指土地资源、人力资源和生物资源的合理利用程度，主要表现在城乡生产力布局的科学性和经济效益上。

---

① 李巾姝．我国农业会展的功能研究［D］．中国农业大学，2007.

② 宋晓雁，武邦涛．农业会展的经济功能研究［J］．安徽农业科学．2006（4）．

农业会展对区域经济发展的作用如图 1－4 所示：

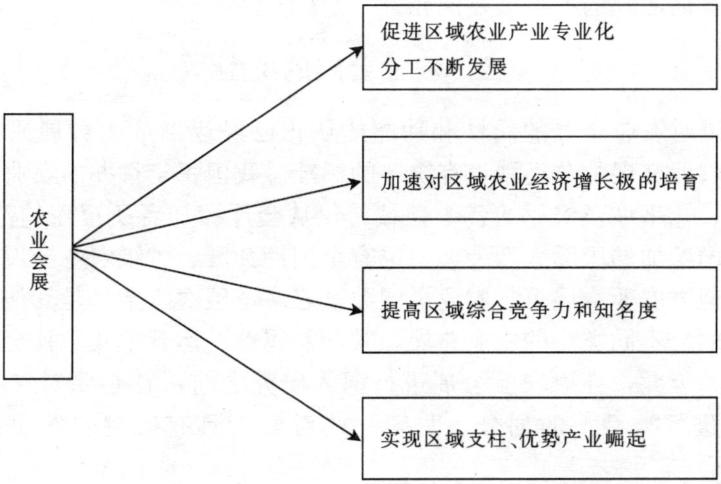

农业会展

促进区域农业产业专业化分工不断发展

加速对区域农业经济增长极的培育

提高区域综合竞争力和知名度

实现区域支柱、优势产业崛起

图 1－4　农业会展与区域经济发展

优秀的农业会展在举办时综合考虑了城乡社会总体经济效益，在促进区域经济总量增长的同时，也对区域经济结构产生了重要影响。从中国许多地区农业会展的发展情况来看，一般在以下 5 个方面促进了城乡区域经济结构的改善：①改善了区域经济发展的总体布局。②促进了城乡经济发展速度和规模与当地的实际情况的匹配（包括人力、物力和资金等因素）。③推动了本地的自然资源和环境资源的合理利用。④加速了举办地各生产部门的发展与整个区域经济的协调发展。⑤改进了区域性基础设施，增强了生产部门与非生产部门之间的适应性。

5. 推动农产品贸易发展，加快农业国际化进程

农业国际化是经济全球化的一个重要组成部分，是世界经济一体化在农业领域的直接体现。农业国际化是指各国按照比较优势原则进行的专业分工，并据此整理和重组国内农业资源，提高农业资源利用效率，实现资源和产品的国内国际市场双向流动，以促使各国农业形成相互联系、相互依存的全球农业经济整体。农业会展尤其是国际性农业会展可以增强农业技术和农业发展战略的国际交流，使全球农业经济整体中的信息交流更加充分和快速。同时，农业会展还可以促进农产品和生产要素的国际贸易，推进农业生产的国际化。

从以上农业会展的属性和功能可见，农业会展对我国宏观经济发展的推动作用越来越突出，如何充分利用会展的新经济优势来促进我国现代农业建设，成为当前面临的一项重要课题。

五、农业会展的类型

如果说对农业会展的属性和功能的认识已经逐渐成为会展研究者的共识，那么农业会展的分类则没有统一的标准。我国每年举办的农业会展数量成百上千，几乎涉及农业的各个领域，仅从会展参加者所覆盖的范围来看，就既有多国参加的国际大型展会，也有全国性会展、省级农业会展，还有为数众多的地方农业会展等。农业会展数量之多，层次之杂，是其他行业会展所不常见的。不同类型的农业会展，其功能属性、运营模式、社会效果等都各有不同。因此，在对农业会展进行深入研究之前，有必要对现有的农业会展活动进行类型上的划分，明确一些对分析具有影响的农业会展类别概念。

（一）按会展主题定位划分

根据农业会展主题的限定、展商和观众的行业类别等的不同可将其分为综合性、专业性和附属性三类。

综合性农业会展是指主题不局限于某一个特定的农业子产业，对于参与展览的农业设备、技术以及产品都没有特定领域的限定，同时参观观众也没有特别归类的农业会展。

专业性农业会展则指主题限定于特定的农业子产业，如畜牧业、渔业、林业、食品加工业等，参展企业绝大部分与特定产业相关，参展的观众也来自特定专业领域的农业会展。

判断一个农业会展属于综合性还是专业性的主要标准和依据是看其对参展企业和产品是否有明确的行业限制。

附属性农业会展是指在农业或者非农业主题的会展活动中附属举办的农业展区，其展示区域或者涉农参展企业达到一定比例、涉农观众在全体观众中占有一定比例，是农业会展的一种特殊形式。

（二）按主办机构性质划分

根据会展的主办机构、承办机构、投资机构性质的不同，可将农业会展划分为市场主导型、政府主导型和社会事业型三种。

会展如果没有政府的介入和资金投入，完全依靠市场力量组织则为市场主导型农业会展；如果由政府主导、主要的投入来自政府，则为政府主导型农业会展；如果政府投入较少部分、另一部分由市场或者其他社会组织承担的农业会展即为社会事业型农业会展。

（三）按主要展出内容划分

根据参展企业及展出产品的行业类型可分为：生产资料型、消费产品型和复合型三类。

生产资料型农业会展是以生产资料、投资品为主要展览品的农业会展。

消费产品型农业会展是以各类初级农产品、加工农产品和可供消费者直接消费的产品为主要展品的会展。

复合型农业会展则是展出产品既包括生产资料型，也包括消费产品型，而且不偏重任何一方的会展。

（四）按组织运营目标划分

根据会展活动的组织运营目标、模式和营利性可将农业会展分为商业性农业会展和公益性农业会展两类。

商业性农业会展指以促进参展企业实现交易为主要目标，以出售收费展位为一般形式，通常具有一定程度营利性的农业会展。

公益性农业会展指以促进知识传播扩散和教育、引导观众为主要目标，以无偿或赞助参展和免费参观为主要形式，不具有营利性的农业会展。

（五）按国际化程度和区域影响力划分

根据会展活动展商观众的地域分布及会展的影响范围可将农业会展划分为国际性、区域性和地区性三种。

参展的企业和观众包括一定比例的外国展商和外国专业观众的农业会展即为国际性农业会展。按照国际展览联盟的标准，外国展商和专业观众的比例需分别达到20％和4％；而按照国内有关机构的标准，外国展商和专业观众分别达到10％和5％，就可以算作国际性农业会展。

参展企业及专业观众不集中于某一个省（区、市），而是来源于国内多个地区的农业会展为区域性农业会展。而参展企业及专业观众主要集中于某一个省（区、市）的农业会展则为地区性农业会展。

将以上所列分类归结为表1-2。

表 1-2　会展分类汇总表

分类标准	类型
主题、参展企业和产品的行业类别	综合性 专业性 附属性
主办机构性质	政府主导型 社会事业型 市场主导型
主要展出内容	生产资料型 消费产品型 复合型
组织运营目标	商业性 公益性
国际化程度和区域影响力	国际性 区域性 地方性

除此之外，根据研究和管理的不同需要，农业会展的分类还有多种分法。例如“中国农业会展分类认定工作委员会”制订的《中国农业会展分类标准(试行)》，将农业会展从 11 个维度进行分类，其中 6 个为定性分类。根据该分类标准，2009 年国内举办的部分农业会展对应的类型参见附录 1-2。

第二节　中国农业会展发展历程

一、传统农业会展发展历程

中国是世界农业发源地之一，也是世界上历史最悠久的农业大国之一。在距今七千多年之前，中国人民的祖先已经摆脱了采集、狩猎经济，开始从事农业生产。进入阶级社会以后，朝代更迭，沧桑变化，但长期以来一直是“以农立国”。中国幅员辽阔，气候条件复杂，既有大片温暖、湿润气候条件下的沃土，也有不少严寒、酷热和患旱患涝、土壤瘠薄的地方。多样的地理环境孕育了丰富多彩的自然资源。中国是水稻、大豆、粟、黍等重要栽培作物的起源地，多种果树、蔬菜、花卉、药材和茶树的故乡。中国人最早发明了栽桑养蚕，创造了多种耕作制和多熟制的栽培技术。生长在中国大地上的野生物种和中国人民培育的许多动植物品种，早已成为世界优良动植物品种的种质资源宝库。总之，在较早的历史年代，中国人民已经在自己的土地上，用自己的汗水浇灌出了农业生产的累累硕果。

社会经济的发展，加强了农业内部各部门之间的专业分工和相互依存，同时也促进了农业与交通运输业和商业的密切联系，促进了农业生产的社会化，从而形成了多专业、多方面联系的农业生产与农业经济体系。尽管古代中国的交通不能与现在相比，但是种类繁多的农业产品、幅员辽阔的国土以及庞大的人口和需求决定了农业产品、农业技术等的交流是必不可少的，也是农业发展前进的动力。因此中国的历朝历代都存在各种各样的农业会展，其中既有劳动人民生活必不可少的小范围的集市型农业会展，也有政府官方主导和推动的国际性经贸会展。

根据历史记载，著名的大型传统农业会展也有很多，比如“茶马互市”。茶马互市是我国古代中原汉族与西部、北部少数民族之间一种传统的以茶产品交换畜产品为中心内容的贸易形式，是当时中原地区与少数民族地区商业贸易的主要平台。茶马互市雏形大约起于公元5世纪的南北朝时期，发展于唐宋。据《封氏闻见记》中记载，“（饮茶）始自中地，流于塞外。往年回鹘入朝，大驱名马市茶而归，亦足怪焉。”《宋史·职官志》中对茶马互市的原因加以说明，“（宋哲宗）元符末，程元邵言，戎俗食肉饮酪，故茶而病于难得，专以蜀易上乘。”《明史·食货志》则对其政治经济意义进行了明确的阐释，“蕃人嗜乳酪，不得茶，则困以病，故唐、宋以来，行以茶易马法，用制羌、戎。”而陆游在《南唐书》中也提及，“契丹虽通商南唐，徒持虚辞，利南方茶叶珠贝而已。”宋张舜民《画漫录》中更是形象地描述了当时政府外交活动与会展经贸活动的有机结合，“熙宁中，苏子容使辽，姚麟为副，曰：‘盖载些小团茶乎’。子容曰：‘此乃上供之物，俦敢与北人’。未几，有贵公子使辽，广贮团茶，自尔北人非团茶不纳也，非小团不贵也，彼以二团易蕃罗一匹。”

除茶马互市以外，中国两汉时期就开辟了从长安经中亚通往西亚和欧洲的陆路商路——丝绸之路。中国的丝织品、茶叶等商品，从长安出发，经河西走廊，转运到安息，再经安息转运至西亚和欧洲的大秦，换回良马、种子、药材和饰品等，其每到一地都会举办特色产品的展示交易活动，相当于一个流动的多国展览会。作为历史上横贯欧亚大陆最成功的贸易交通线，丝绸之路有力促进了欧亚非各国和中国的友好往来。据《史记》、《汉书》等记载，西汉张骞出使西域时，除了从西域引进了胡瓜、胡桃、胡荽、胡麻、胡萝卜、石榴、葡萄等物产外，也把中原的桃、李、杏、梨、姜、茶叶等物产传到了西域。唐代对外贸易发达，封建经济繁荣，交通发达，从陆路、水路都可东达朝鲜和日本，往西经“丝绸之路”可达今天的印度、伊朗、阿拉伯以至欧洲许多国家；经“水上丝绸之路”可达波斯湾。政府鼓励外贸，广州和长安分别为唐朝南北国际大都会，农业经贸会展活动相当频繁。

“茶马互市”和“丝绸之路”这两种传统的农业会展形式都有力地促进了农业的发展、汉族与少数民族的文化交流以及民族团结与合作。传统农业会展对中国古代的政治、经济、文化发展都有重要的意义。

中国传统农业会展的历史时期一直持续到19世纪末20世纪初，尽管当时世界各国的农业会展已经纷纷步入传统向现代转变的更迭期，但是中国由于封建生产方式和上层建筑的遗留影响，加之国内外战争的纷扰，农业会展仍旧滞留在以传统农业会展为主的阶段。

二、现代农业会展发展历程

(一) 1949年10月—1955年10月

1949年10月1日中华人民共和国成立，新中国面临百废待兴和国内外一系列紧迫的形势，为迅速恢复和发展国民经济，促进先进生产方式代替老旧生产方式，在学习苏联经验的基础上，举办了一些现代会展活动。这一时期我国在会展组织和管理方面的主要特点是：

(1) 政府机关组织展会紧密配合当时社会政治形势和党的政策，展览会全部是政府主导型会展。

(2) 展览活动规模较小，影响力不大，大多处于摸索尝试和配合宣传苏联社会主义建设经验的地位。

(3) 国家成立中国国际贸易促进委员会，作为中国政府组织展览活动的重要机构。1952年中国贸促会的成立对中国展览事业发展起到了重要作用。1956年国务院成立的“国外来华经济委员会”后也并入中国贸促会，成为来华展览部。

(4) 农业会展活动多为地方性的传统形式，全国性的农业会展极少。

(二) 1955年11月—1965年10月

这段时期的展览会也全部是政府主导型展会，其主要目的是配合全国社会主义建设的高潮而发挥作用。具体表现为：

（1）在广州创建了中国出口商品交易会。1955 年在广州先是由广东省人民政府组织了向港澳出口的产品展览会。进而 1956 年 11 月经国务院批准，由外贸部和广东省人民政府共同主办的“中国出口商品展览会”（注：当时还没有称为“出口交易会”）在广州中苏友好大厦开幕。1957 年 3 月经国务院批准中国出口商品陈列馆在广州正式设立。同年 4 月，首届中国出口商品交易会在广州中苏友好大厦正式创办起来。

（2）成立全国农业展览馆，并举办全国农业展览会。全国农业展览馆是 1958 经国务院批准兴建的首都十大建筑物之一，落成于 1959 年 9 月。由周恩来亲自审定地理位置、规模布局和建筑风格，是国内唯一的大型园林式展览馆。从 1957 年到 1961 年，“全国农业展览会”共举办了三届，广泛宣传了农业发展成就。其中，第三届全国农业展览会，即“庆祝中华人民共和国成立十周年全国农业成就展览”就是在刚刚落成的农展馆举办的。

（3）接待外国来华会展活动。在 1955—1965 年的十年期间，中国贸促会来华展览部先后接待了捷克斯洛伐克、匈牙利、日本、印度、民主德国、罗马尼亚、波兰、丹麦、英国、意大利、法国、瑞典等 12 个国家的 22 个来华展览会项目，其中 20 个为专业展。这些展览会都是根据双方政府间合作协议进行安排的，我国政府都按照政府展会项目的性质和规格给予了接待，所以每个展览都有国家领导人出席。

（三）1965 年 11 月—1978 年 10 月

在“文化大革命”开始后的一些时期内，全国各地方几乎都处于无政府状态。后来陆续成立了各地的革命委员会和中央各部门的“抓革命促生产领导小组”，行使各级政府的一些工作。虽然整个国家受“文化大革命”的影响很大，但是从 1965 年起到 1978 年，又举办了三届“全国农业学大寨展览”。这项展览固然带有一定的群众运动性质，但其规模之大、观众之多、影响之广，在当时中国的展览行业内是不多见的。

（四）1978 年 11 月—1992 年 10 月

“文化大革命”结束后，经历了拨乱反正和对“两个凡是”思想的纠正，在解放思想和改革开放的大旗指引下，中国经济社会发展步入正轨，各类会展活动如雨后春笋般涌现出来。20 世纪 70 年代全国性的农业机械化展览、水产展览、农林科技展览、农垦展览、沼气展览等各种专业性和科技性的展览，每隔两三年就举办一次，有力地推动了农业科技的交流。

改革开放以后，随着经济的快速发展，农业展览已成为商品贸易和科技交流的重要阵地。其中，1978 年在全国农业展览馆举办的“十二国来华农业机械展”影响深远，被公认为我国最早在国内开办的国际性展览，开辟了我国农业国际展览的先河。20 世纪 80 年代举办的两届“全国农业资源区划展览”和两届“中国农村能源展览”很受欢迎。

从 80 年代中期开始，随着市场经济的初步发展，农业会展活动也呈现出向市场主导方向转变的趋势。1985 年起，全国农业展览馆举办的三届“春节全国农副工产品展销会”和七届“国庆全国农副工产品展销会”，丰富了首都农产品市场，受到市民的热烈欢迎。在全国各地，也出现一些以展销产品、满足供需对接为目的的商业性农业会展活动，如迄今已举办 20 多届的武汉种子交易会就是这类活动的代表。

这一时期，我国农业会展活动的另一大特点是连续性会展项目少，会展举办周期较不固定，大多是临时性和年度性的活动，这体现了当时会展市场化和商业化初期的阶段性特征。

（五）1992 年 11 月—2001 年 10 月

1992 年 10 月中共十四大召开，确定了社会主义市场经济的改革方向。此后在邓小平“发展是硬道理”精神的鼓舞下，中国经济建设进入了一轮新的快速增长周期。这一时期农业会展行业也出现了以下特点。

（1）出口交易会和投资洽谈会在各地大量涌现。邓小平同志视察南方发表重要讲话后，随着社会主义市场经济体制逐步建立，我国农业会展如雨后春笋般涌现出来，发展速度非常快。在外向型经济的导向和广交会的带动下，这一时期出口交易会和投资洽谈会在各地大量涌现，规模较前一时期均有较大增长。

（2）一批国家级大型政府主导型展会开始兴起。这批国家级的大型政府主导型展会首推 1995 年由科技部、商务部、教育部、农业部和陕西省人民政府联合主办的“中国杨凌农业高新科技成果博览会”和 1999 年农业部在北京全国农业展览馆举办的“中国国际农业博览会”。前者迄今已连续举办 17 届，后者成为“中国国际农产品交易会”的前身。这两大展会均是以国内外农、牧、渔、农垦、农机、乡镇企业等方面新成就、新技术、新工艺、名特优新产品为主要内容，集科技交流、项目洽谈、名牌认定、产品展示、贸易订货和商品销售于一体的大型综合性国际农业博览会。展览期间那硕果累累、承前启后、继往开来的盛况，给中外参展购物观光者留下了深刻印象，成为我国农业会展领域层次最高、规模最大、影响最深远的政府主导型综合展。

(3) 部分专业性展会走上市场化发展道路。农业会展的市场化是与专业化紧密结合、互相推动而不断深化的。由于市场化办展相对于政府办展而言在预算收支方面面临更加严格的约束，因具备较强交易属性而广受国内外参展企业欢迎的专业展就成为市场的首选。其中，具有代表性的农业会展活动有1996年由中国贸促会农业行业分会和美国海洋展览公司联合创办的“中国国际渔业博览会”和1999年由中国花卉协会和长城国际展览公司创办的“中国国际花会园艺展览会”。这些较早实现市场化运作的农业会展项目在经历了十几年的发展之后，大都成为相关行业领域的知名盛会，具有良好的收益性和成熟的服务体系，并对农业会展行业的发展方向产生了一定的影响。

(六) 2001年11月至今

2001年11月中国加入世贸组织，从此中国改革开放又进入了全面面对国际市场机遇和挑战的新时期。而伴随着国外展览机构来华办展限制的取消，我国农业会展行业也进入全面市场化和国际化的全新时期。

(1) 各级政府办展积极性大增，政府主导型展会改革呼声渐起。由于会展在推动产业经济、区域经济和国内外贸易发展方面的作用受到越来越多的认可和重视，从2002年开始各级政府办展积极性大增，陆续涌现出大批由政府主导的展会项目，其中既有综合性展览，也有专业性展览。2003年，由农业部主办的“中国国际农产品交易会”在北京举办，作为中国综合性农业展览的龙头，农交会的目标定位于发展成类似广交会那样的大型国际性交易平台。而随着全国政府主导型展会项目数量日渐增加，影响日渐扩大，政府主导型展会的一些问题也日渐暴露。为此，政府主导型展会项目改革呼声渐起。目前，已经提出的政府主导型展会改革目标是：“四化”、“三效”，即：实现“市场化、专业化、国际化、信息化”和提高“效率、效果、效益”，可采取的发展路径则是通过政府发包购买服务的方式向具体承办展会的市场主体支付费用并监督其使用，使其具体操办展会项目。

(2) 农业会展办展主体日益多元，行业竞争不断加剧。加入WTO以后，励展、爱博、威尼斯人等国际展览机构进入中国，开设分支机构，举办各种类型会展活动，带动了农业会展办展主体的多元化进程，而中国会展经济总体规模的膨胀和会展市场的日益成熟也使相关行业对会展的涉入程度不断加深。当前我国农业会展的办展主体除了政府部门、各级商协会组织及展览公司以外，还包括展览场馆、科研机构、新闻媒体、文化咨询类企业等等。由于越来越多的机构想在会展领域有所作为或者分一杯羹，同主题同类型的农业会展活动层出不穷，行业竞争不断加剧，以致于有人称中国会展行业整体已进入“战国”时代。尽管目前行业内已开始出现规范管理的呼声和探索的实践，但在相当长的一段时间内这一局面将难以改变。

以史为鉴，可以知得失，通过对中国农业展览发展历程的梳理，有利于我们更加理性地了解农业会展的大致发展历程，及其在发展过程中所经历的曲折和所创造的成就，这为未来农业会展的发展提供了很好的借鉴，也为农业会展行业今后的制度化和规范化提供了可能。

第二章 农业会展经济理论和方法

会展经济研究在国内已经开展了二十多年，涌现了大量的理论成果，而对农业会展的研究，在相当长的时间内则一直处于滞后状态。近年来，随着农业会展的蓬勃发展，一些关于农业会展的专题研究开始出现，但大多集中在农业会展经济功能、存在问题和产业关联性等方面。农业会展的定价机制和供求关系是什么？农业会展对农业发展、农村经济、农产品贸易的拉动作用如何衡量和判断？什么样的农业会展是好的，什么样的是差的？这三个问题始终没有得到充分的讨论和解释。本章将围绕上述三个问题，借助经济学的有关理论和研究方法，对农业会展的研究路径进行初步的探索，并提供一些启示性思路。本章的内容分为三个部分：第一部分，结合农业会展的特性和微观经济学理论，论述农业会展的供需与价格形成相关理论；第二部分，从产业经济学的角度，探讨农业会展产业组织、产业布局和产业发展的理论基础；第三部分，结合农业技术推广理论探讨农业会展的绩效评价问题。

第一节　农业会展的微观经济学分析

微观经济学是在分析个体经济单位经济行为的基础上，研究现代社会市场机制运行及其在经济资源配置中的作用，并提出微观经济政策以纠正市场失灵的学科。微观经济学研究的基本假设是“理性人”假设，即经济生活中的每一个体都力图以自己最小的经济代价去追求自身利益的最大化。会展经济也是市场经济的组成部分，遵循经济运行的基本规律，例如价格和供求规律。因此，微观经济学理论在研究会展的供需和价格问题时可以成为有力的分析工具。

本节包括三个小节的内容，首先借助微观经济学中的一般价格理论，阐述会展产品定价的一般性原理；然后，针对会展作为平台产品的独特属性，引入双边市场定价理论，揭示差别定价在会展活动中的普遍性；进一步地，针对会展活动尤其是农业会展的公共产品属性，引入公共产品理论，作为对以上两种理论的补充。值得一提的是，这些经济理论都基于一定的假设条件，从一定的侧面抽象揭示了会展经济领域供求和价格的形成机制和内在逻辑，但并非农业会展企业定价的现实过程①。

一、一般价格理论

供求理论是微观经济学的核心理论，其核心问题是商品价格的决定问题，主要由需求定理、供给定理、供求均衡定理及弹性定理等内容组成。会展作为现代经济中的一种服务性商品，其价格的形成必须符合市场供求的一般规律，农业会展也不例外。

（一）农业会展市场及其构成要素

市场由一切具有特定的欲望和需求并且愿意和能够以交换来满足此欲望和需求的潜在用户组成。所谓会展市场，是指会展主办者按照一定的制度规则组织若干参展商或顾客参与的以会展活动中各种服务为交易对象并以产品、服务的推广和信息、技术交流为目的的一系列交易活动的综合。② 因此，农业会展市场包含三个主要因素：有农业会展需要的人、购买欲望以及满足这种欲望的购买能力。公式化的表示，即：农业会展市场＝农业会展消费主体×购买力×购买欲望。这三个要素是相互制约，缺一不可的。这三者结合起来决定了农业会展市场的总体规模和容量。

农业会展市场作为一个有机总体，是由若干个基本要素组成的，主要包括：市场主体、市场客体、市场价格、时空限制、政策法规及政府宏观调控。

1. 农业会展市场主体

农业会展市场主体包括农业会展需求主体和农业会展供给主体。农业会展需求主体是指会展活动所要服务的对象，主要包括两类用户即农业会展的参展商和参观观众。农业会展供给主体是指农业会展组织者及为其提供展示场地、

① 会展企业或组织者定价的现实程序和方式参见本书第三章“农业会展的价格和经济效益”部分。

② 陈来生编著．会展经济［M］．上海：复旦大学出版社，2005：122.

环境、服务、信息等相关会展服务产品的会展机构，既可以是专业会展企业，也可以是政府或其他社会机构。

2. 农业会展市场客体

农业会展市场客体是农业会展市场中的交易（或者非交易）对象，以会展服务为主要内容，主要是参展商和观众两类用户对会展服务的使用权，其现实表现就是参展展位和参观票证。同时，由于会展活动中牵涉大量的信息和服务环节，是一个复杂的供求系统，因此市场客体还包括广告、租赁、搭建、运输、餐饮等围绕农业会展活动而产生的各项周边服务产品。

3. 农业会展市场价格

在农业会展市场上，价格主要表现在参展展位和参观票证的价格上，其水平主要受会展市场供求关系决定。由于农业会展的公共产品属性以及政府调控和管理的存在，农业会展的价格有时也会受到政府行为的影响。

4. 农业会展的时空限制

会展的举办都有一定的期限性，这与一般商品有所区别。农业会展举办时间的不同和地点选择的差异，会对产品的组合、用户的数量、展会的价格等有所影响。

5. 政府、行业协会及市场制度法规

农业会展市场和一般的市场类似，也会有市场失灵的现象，因而需要政府或者行业协会加以引导控制。政府或者行业协会可以通过制定相关的制度法规等，来规范会展市场的行为，从而维护会展行业公平、公正、有效的竞争环境。

农业会展市场研究的一般性框架如图 2－1 所示。

（二）农业会展的需求和需求函数

需求是指单个或所有消费者（用户）在某一时间内，在一定价格条件下，对某一商品愿意并且有能力购买的数量。因此，农业会展的需求必须具备两个条件：第一，用户愿意购买；第二，用户有支付能力，即有能力购买。

农业会展的主要用户包括参展商和观众两类，其对农业会展服务的需求是不同的。参展商的需求表现为对会展展位即展出权及其相关配套服务的需求，而观众的需求则表现为对会展门票即参观权及其相关服务的需求。从深层次的需求动机而言，参展商需要通过参展达到建立和维护企业形象、推广产品、了解自身产品的需求信息、建立和维护客户关系、实现成交等目标；而观众则期

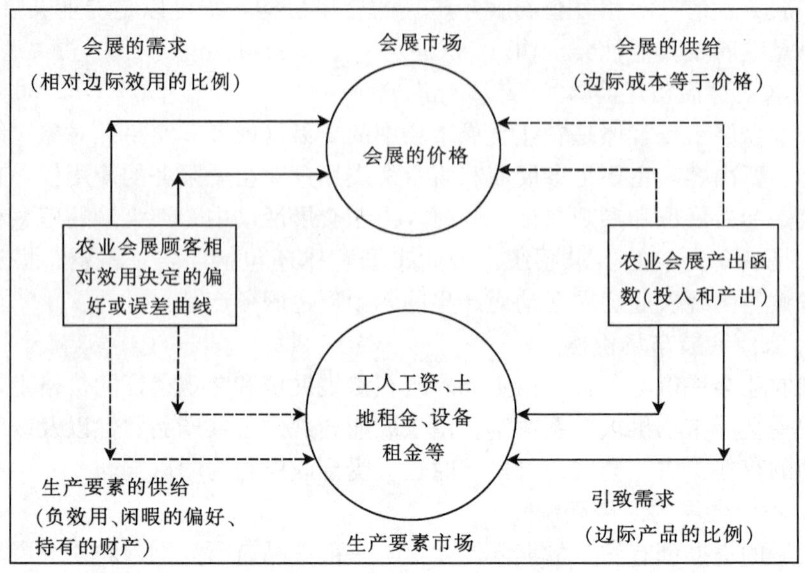

图 2-1　一般价格理论分析框架

望通过参观达到获取信息、获得交流或娱乐、购买产品等目标。也就是说，农业会展对于其两类用户的效用是不同的，因而其需求函数也不同。参展商和观众参加会展的具体需求参加表 2-1。

表 2-1　会展用户的需求结构

需求类型	参展商用户	观众用户
学习交流需求	获取有价值的市场信息	获取市场信息
	1. 了解行业状况	1. 了解行业状况
	2. 了解需求情况	2. 了解竞争情况
	3. 了解市场容量	3. 了解发展趋势
	4. 了解竞争情况	4. 发现市场机会
	5. 了解发展趋势	
	交流产品和技术信息	获取产品和技术信息
	1. 了解同类产品	1. 了解和比较各类产品
	2. 学习先进技术	2. 学习先进技术
	3. 分享经验成果	
	4. 培养和训练员工	

（续）

需求类型	参展商用户	观众用户
宣传推介需求	客户的搜寻和对接 1. 开发新客户 2. 联络老客户 产品和服务的推介 1. 测试、推广新产品 2. 宣传推介新服务 3. 介绍新发明和发现 4. 推广新理论和理念 宣传和树立公司形象 1. 宣传公司形象 2. 拓展公共关系 3. 加强媒体联系	宣传形象和建立关系 1. 宣传公司或个人形象 2. 拓展公共关系
交易合作需求	实现商品或服务交易 1. 寻找潜在买家 2. 探寻定价余地 3. 达成购销协议 达成合作 1. 寻找代理商 2. 扩大销售网 3. 建立稳定客户关系	实现商品或服务交易 1. 寻求需要的产品 2. 寻求合适的价格 3. 购买商品或服务 达成合作 1. 寻找合作项目 2. 寻找合作伙伴 3. 建立稳定合作关系
便利娱乐需求	参展的便利 1. 便利、舒适的环境 2. 周到、及时的服务 3. 人性化的管理 4. 人身、财产的安全	参观的便利 1. 便利、舒适的环境 2. 周到、及时的服务 3. 人性化的管理 4. 人身、财产的安全 娱乐和享受 1. 猎奇的体验 2. 爱好的满足 3. 身心的放松 4. 被尊重的感受

需求函数是指需求量与其影响因素的关系。以参展商对参展展位的需求为例，将参展商的展位需求量用 Q 表示，它将受许多因素影响，其中最重要的是展位价格 P，另外还有会展相关服务产品价格 Pr、参展商收入 M、参展商个体偏好 F 及时间因素 t 等。如果把影响需求量因素（P、Pr、M、F 和 t 等）作自变量，把需求量 Q 作因变量，则需求函数可用下式表示：$Q=f$（P、Pr、M、F、t……）。如果只考虑展位价格 P 对需求量 Q 的影响，则需求函数可用下式表示：$Q=f$（P）。

农业会展参展展位的需求量和价格的关系是：无论是个体或是某会展中所有的参展商，其对会展展位的需求量在其他因素不变的条件下，是随着会展价格涨落而变化的。一般来说，展位价格提高，对该会展的需求量减少，反之，展位价格下降，对该会展的需求量增加。这种需求数量和价格呈反向变化的关系称为需求规律或需求定理。可用下式表示：$Q=a-bP$。式中，a、b 为常数，b 前面的负号表明需求量和价格成反向变化。

把农业会展需求量和价格变化的情况用坐标图表示，即农业会展活动的展位需求曲线，如图 2－2 所示。一般来说，会展需求曲线是呈向下倾斜的。

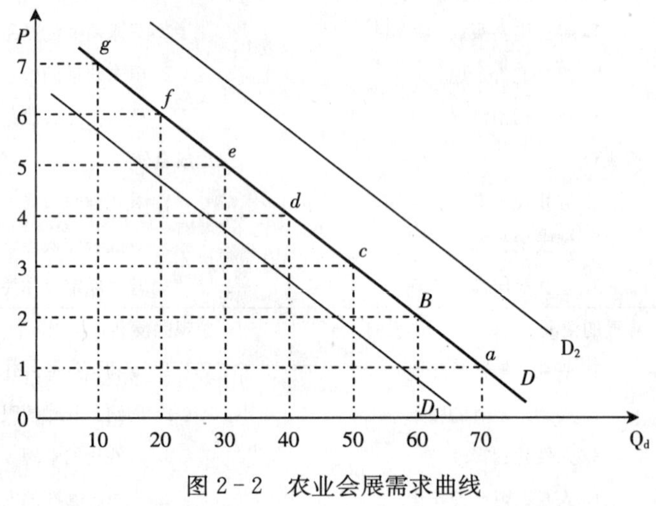

图 2－2　农业会展需求曲线

在一定时间内，某一农业会展需求者对某一农业会展的需求属于个别需求，所有参展商对某一农业展会的需求，属于市场需求。上述的需求曲线是指个别需求曲线。市场需求曲线是个别需求曲线的加总。如有三个参展商，其个别需求曲线方程分别为：$Q_1=a_1+b_1P$，$Q_2=a_2+b_2P$，$Q_3=a_3+b_3P$，则农业会展的市场需求曲线方程为：$Q_T=(a_1+a_2+a_3)+(b_1+b_2+b_3)P$。同理，观众对会展门票的需求曲线也具有类似结构。

（三）农业会展的供给与供给函数

农业会展的供给是指某个会展主办者在一定时间内，在一定价格条件下，愿意并且能够对某一会展提供出售的会展服务（展位或票证）数量。农业会展的供给必须具备两个条件：第一，主办者愿意出售会展服务；第二，主办者有会展服务可售。由于农业会展服务是一个综合的系统，在会展组织策划及展商观众邀请之外还包含着场馆服务、工程服务、物流服务、广告服务、信息服务、旅游服务等若干个方面的附属服务，没有这些附属服务的支持，会展本身就不具有任何价值，因此农业会展的供给是一个系统化的供给。现实情况是，大多数时间展商和观众需要独立面对这些附属服务的供给者，并决定是否购买这些服务，这时会展本身的价格与供求的关系就受到很大的影响。只不过为了分析的简便，我们可以假定农业会展组织者，即会展主办方将负责所有附属服务的购买并打包出售给会展需求方，即这些附属服务都包含在以展位或门票形式售出的会展服务当中，并计入会展供给方的成本。

农业会展的供给函数可以表示农业会展的供给量和其影响因素之间的关系。用 Q_s 表示农业会展的供给量。影响 Q_s 的因素很多，最重要的是农业会展的服务价格 P，会展相关商品和服务价格 Pr，服务成本 C，自然条件 N 和时间因素 t 等。如果把上述影响农业会展供给的因素（P、Pr、C、N 和 t 等）作为自变量，把供给量 Q 作为因变量，则农业会展的供给函数可用下式表示：$Q_s=f$（P，Pr，C，N，t……）。如果只考察某一会展价格 P 对 Q_S 的影响，则供给函数可用下式表示：$Q_s=f$（P）。某一个会展所有可能的供应者（主办方）对某一会展的供给量，在其他因素不变的条件下，是随该会展价格的涨落而变化的。农业会展供给量和价格的关系是：一般来说，会展价格提高，该会展的供给量会增加，反之，会展价格下降，该会展供给量会减少。这种供给量和价格成同向变化的关系称为供给规律或供给定理。可用下式表示：$Q_s=-c+dP$。式中的 c 和 d 为常数，d 前面的正号表明供给和价格成同向变化。把农业会展供给量和价格变化情况，用坐标图表示，可绘出农业会展的供给曲线，如图 2-3。一般来说，会展供给曲线是向上倾斜的。

在一定时间内，某一会展供应者对某一会展的供给，称为个别供给，所有可能的供应者对某一会展的供给，称为市场供给，前面所述供给曲线是指个别供给曲线。市场供给曲线是个别供给曲线的加总。例如有三个会展供应者，其个别供给曲线方程分别为：$Q_{s1}=-c_1+d_1P$，$Q_{s2}=-c_2+d_2P$，$Q_{s3}=-c_3+$

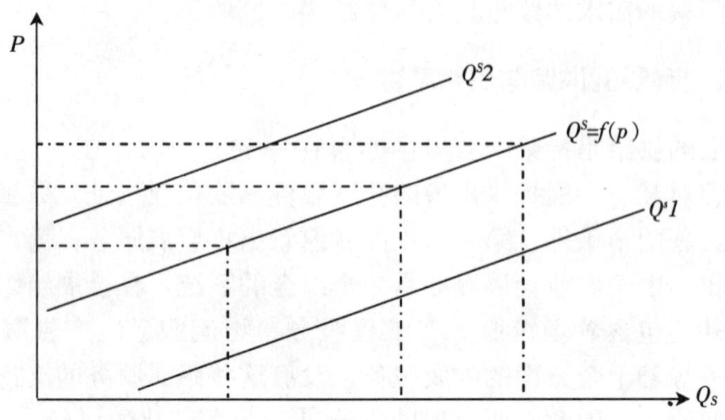

图 2-3　农业会展供给曲线

d_3P，则市场供给曲线方程为：$Q_{ST}=-(c_1+c_2+c_3)+(d_1+d_2+d_3)P$。对于单一农业会展活动来说，通常个别供给即为市场供给，而对于某一领域内特定主题的农业会展来说，个别供给的加总构成市场供给。在农业会展行业中，由于会展供给的系统性和环境容量的限制，会展供给能力是有限的，因而会展供给量与价格的变化关系存在一个阀值。

（四）农业会展需求和供给规律

一般来说，会展服务的需求数量和服务价格成反方向变动，即服务价格提高，对该服务需求量减少；反之服务价格下降，则对其需求量增加。会展服务供给量和服务价格成同方向变动，即服务价格提高，该服务的供给量增加；反之，服务价格下降，则其供给量减少。

1. 农业会展均衡价格的决定

农业会展的均衡价格是指某一会展的需求价格和供给价格相等，同时需求量和供给量也相等的价格。这一价格由需求曲线和供给曲线的交点决定，即在这个价格水平上，参展商（观众）愿意购买展位（票证）的数量正好等于展览主办者愿意出售展位（票证）的数量。由于通常情况下，会展需求曲线向上方倾斜，而会展供给曲线向下方倾斜，因此存在一个交点即均衡价格来使得需求量和供给量相等，以达到市场出清状态。

2. 农业会展均衡价格和均衡数量的变动

农业会展需求的变动和供给的变动会对会展均衡价格和均衡数量产生影响。需求变动的影响是在供给不变的情况下，农业会展参展需求增加会使需求曲线向右平移，从而使农业会展均衡价格和均衡数量都增加，需求减少会使需求曲线向左平移，从而使得农业会展均衡价格和均衡数量减少。

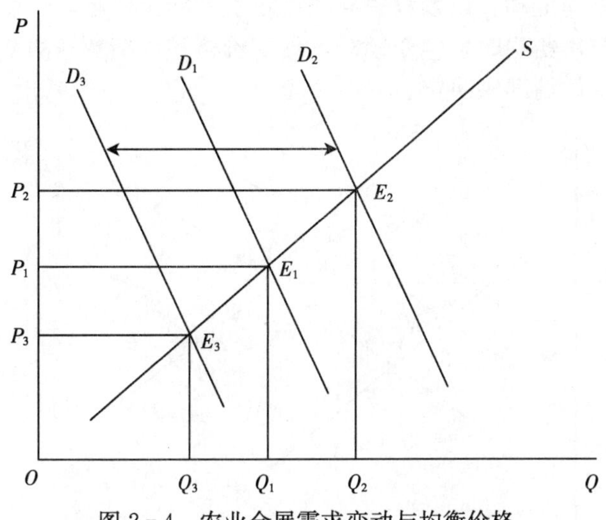

图 2－4　农业会展需求变动与均衡价格

农业会展供给变动对均衡的影响是在需求不变的情况下，农业会展供给增加会使供给曲线向右平移，从而使得农业会展的均衡价格下降，均衡数量增加；供给减少会使供给曲线向左平移，从而使得农业会展的均衡价格上升，均衡数量减少。

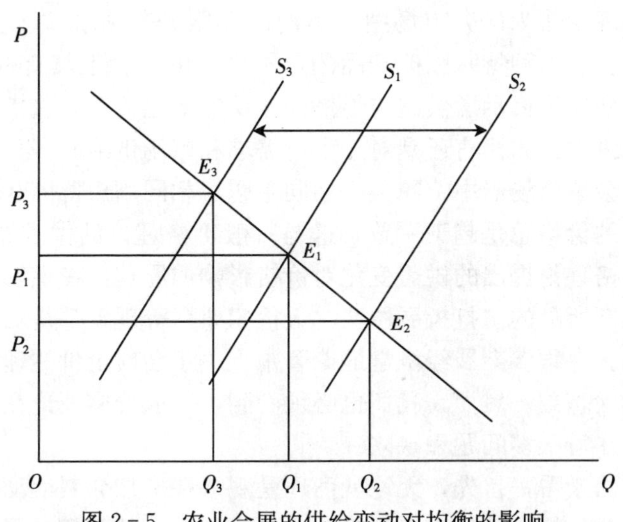

图 2－5　农业会展的供给变动对均衡的影响

在完全竞争市场上，在其他条件不变的情况下，需求变动分别引起均衡价格和均衡数量的同方向的变动；供给变动分别引起均衡价格的反方向的变动和均衡数量的同方向变动。市场竞争导致市场上实际价格趋向于使供求相等的均衡价格。需求与供给同时发生变动时，均衡价格和均衡数量的变化要结合需求和供给变化的具体情况来决定。

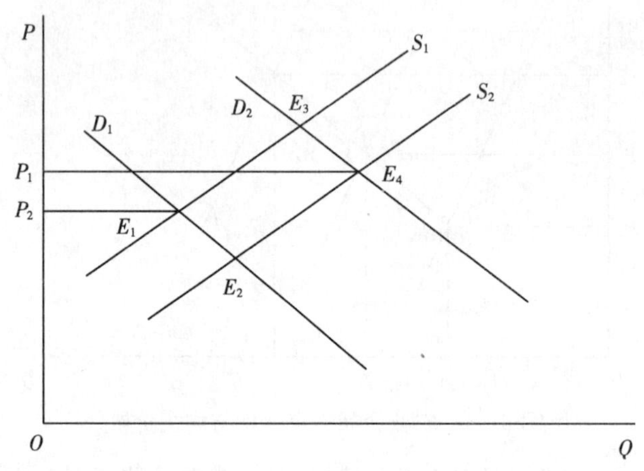

图 2-6　需求与供给同时变动

（五）一般价格理论的合理性和缺陷

一般价格理论作为研究市场中任何商品和服务价格和供求关系的基础理论，在对农业会展这种特殊服务产品的定价规律的解释上具有一定的合理性。例如，一般价格理论揭示了供需与价格的正反向变化关系，并指出无论对于某一会展的需求或供给方而言还是对于市场需求和市场供给而言都应当遵循这一关系。在现实会展市场当中，同类（相同主题、相同用户群体、相同举办地域等）会展活动的价格总是趋于一致，这与一般价格理论的供求原理是符合的。又如，一般价格理论提出的供需变化对价格影响的原理，在现实中也可以找到对照，我们通常所见的"打折展位"、"天价门票"等现象都是对这些抽象原理最生动的诠释。在很多会展经济学的论著中，关于会展定价的理论部分大多以一般价格理论为基础。然而，我们也必须看到，一般价格理论在解释会展供需和定价方面存在着很多问题和缺陷。

从需求层面来看，首先，无论展商还是观众在参加会展活动时往往需要在支付展位或门票价格之外付出大量额外的参展成本，甚至超过展位、门票价格的好多倍。也就是说，与一般商品或者服务的消费不同，会展服务的消费本身还需要一定的成本。在此情况下，会展服务本身的价格，即展位或门票价格并不是决定需求量的主要因素。在现实的极端例子中，一场恶劣的天气就能将一个成熟会展的观众需求量减少大半。

第二，即使在其他条件相同的情况下，单是会展规模的不同就可以造成会展需求量的不同，现实会展活动中的很多观众甚至展商是受到会展规模和前期人气的激励而临时决定参加的，这意味着会展服务的规模会影响其本身的质量，而这是一般价格理论所不能接受的。

第三，会展活动中的两类用户——参展商和观众，其需求的内容是不同的，因而具有不同的需求函数和需求曲线，但其需求还会彼此影响，而根据一般价格理论只能机械地得出展商和观众两个群体各自的均衡数量和均衡价格，却不能反映这种彼此影响的关系，因而没有实现市场的真正均衡。

第四，根据一般价格理论，只要一个会展活动是有益的，那么无论是展商还是观众，在购买会展服务时都应当支付一个正的价格。然而现实情况是，会展经济中广泛存在零价格甚至负价格的现象。这一点也是一般价格理论难以解释的。

从供给层面来看，首先，现实中很多农业会展活动都存在着低水平扩张的现象，即在特定价格水平上，会展供给方更加倾向于提供超过均衡数量的会展服务以扩大会展活动的总体规模。这使得会展供给曲线不一定向上方倾斜。

第二，对于大多数会展活动而言，会展规模的确定主要依据参展商的需求，由于展位收入通常是会展主办方最主要的收入来源，因此在选择会展场地及配套服务时往往依据对展位市场需求的分析。因此，观众面临的会展供给实际上受到展商需求的影响，也即受到展商购买会展服务的价格影响，而不是受观众购买会展服务的价格影响。

第三，由于会展活动都具有一定的时间性，即集中于某几天内举办，同时又具有一定的时效性，即会展达成的效果会持续或长或短的一定时间，因而对于同类会展活动而言，其在特定时间段内的市场总供给量很难确定。同一月份不同时间举办的同类会展活动在以月计算时和以周计算时可以得出不同的市场总供给量。

正是由于一般市场理论具有以上诸多问题和不足，难以对农业会展的供求和定价机制给予一个完整而合理的解释，因而有必要引入以下两个理论。

二、双边市场理论

在研究农业会展的价格和供求问题时，首先需要明确农业会展的物品属性。在现实经济活动中存在着一类特殊的物品——“平台物品”，其供给者通过向用户提供服务以吸引用户停留在平台上，而每一用户的效用随着其他用户的进入和离开发生变化。换句话说，平台用户的效用主要来源于其他用户在平台上的行为。平台物品又可根据其用户是否具有明显的类群差别而分为“单边平台”和“双（多）边平台”两类。前者只有一类用户，其每一个体的效用受其他个体及用户总体的影响；后者则有两类甚至多类用户，其每一类用户中每一个体的效用除受到本类用户中其他个体的影响外，还受另外一类或几类用户个体及总体的影响。

农业会展就是一种这样的“平台物品”[①]。在农业会展中，主办方作为展位面积的供给方，为参展商和参展观众搭起一个平台。会展服务的需求方，即参展商和观众通过这个平台达到交易目的，如图 2-7。由于农业会展的用户可以明显地被区分为两类，其需求和效用各不相同，因此农业会展是一种典型的“双边平台”[②]。对“双边平台”问题的研究从本世纪初开始被广泛接受和重视，相关的理论被统称为“双边市场理论”。

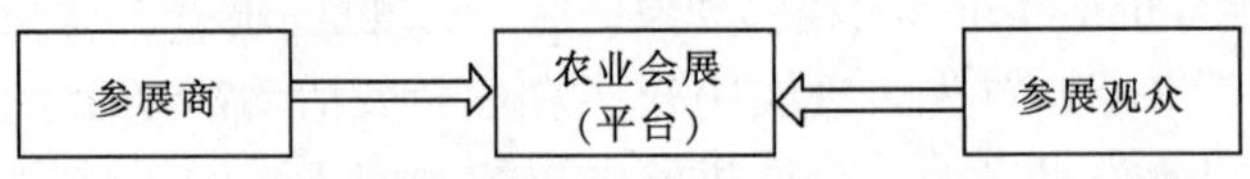

图 2-7　农业会展的双边市场模型

（一）双边市场的含义及特征

“双边市场理论”的开创者罗切特和蒂罗尔（Rochet and Tirole）首先对“双边市场”进行了定义和解释。他们认为“双边市场”是一种与“单边市场”相对应的交易市场，“在某交易市场中，平台向参与方 B 索取的价格为 P_B，向参与方 S 索取的价格为 P_S，则平台向需求双方索取的价格总水平为 $P=P_B+P_S$，此时若平台所实现的交易总量 V 仅仅取决于平台的价格总水平 P，而对双边用户的价格分配无关时，则可把该交易市场看作为“单边市场（one-sided market)”；“而若当平台的价格总水平 P 保持不变时，平台所实现的交易总量

① 除了会展活动以外，现代经济的很多服务型产品都具有“平台”属性，如软件行业、电信服务、银行系统、网络门户等，类似行业的研究中双边市场理论的应用已很常见。

② 与展览类似，会议活动的用户也大致可分为两类，即发言人和听众，分析方法同于参展商和观众，但由于其外部性和效用的不同，分析的结果会略有差别。由于本书重点研究以展览为核心的农业会展活动，因此对会议的分析从略。

V 随着双边用户价格结构变化而变化时，则可把由平台实现的交易市场称之为'双边市场（Two-sided Markets）'"。[①②] 其中，每一类用户被称为平台的"一边"。

与传统的单边市场相比，双边市场有着自身的特点，这些特点主要表现在以下两个方面：

1. 双边市场具有"交叉网络外部性（Cross-network Externality）"效应

所谓网络外部性是指某种产品或服务的价值随着该产品或服务的消费规模的增大而增加，是外部性的一种特殊表现形式。网络外部性又可以分为直接网络外部性（Direct Network Externality）和间接网络外部性（Indirect Network Externality）两种效应。其中，直接网络外部性是"通过消费相同产品的市场主体的数量变化所导致的直接物理效果"而产生的外部性；而间接网络外部性则是"随着某一产品使用者数量的增加，该产品的互补品数量增多、价格降低而产生的价值"。

根据以上的定义，前面所提到的单边市场其用户效用显然来自于直接网络外部性。而双边市场中的外部性则是一种具有"交叉"性质的网络外部性。这种网络外部性不仅取决于参与到该平台上进行交易的同类型参与者的数量，而且更取决于参与到该平台上的另一类型参与者的数量，这种网络外部性效应被称之为"交叉网络外部性"效应（Cross-network Externalities）。在农业会展中，展商参展所获得外部性不仅取决于会展中展商的数量，更是取决于会展观众的数量和质量，参加会展的人数越多尤其是专业观众越多，展商获得的效用也就越多。[③]

2. 双边需求具有相互依赖性和互补性

所谓相互依赖性和互补性是指这些平台企业的产品或服务在促成双边用户达成交易方面是相互依赖和相互补充的，缺一不可。只有这两种类型的消费群体同时出现在平台中，并同时对该平台提供的产品或服务有需求时，平台的产品或服务才真正有价值，否则平台的产品或服务将毫无价值。在会展活动中，展览公司所提供的服务必须是观众和展商同时需要的，只有这样其会展才有存

---

① J. Rochet，J. Tirole. Defining Two-sided Markets [Z]. Working Paper，IDEI University of Toulouse，2004.

② J. Rochet，J. Tirole. Two-sided Markets：An Overview [Z]. Working Paper，IDEI University of Toulouse，2004.

③ 更多讨论可参见：陈蓉、郭晓武，2001；Michael Katz 和 Carl Shapiro，1985；Nicholas Economides，1996.

在的必要。[①]

按照双边市场功能的不同，埃文斯（Evans）将双边市场分为以下三种类型[②]：

(1) 市场创造型（Market-makers）。此类平台增加了买卖双方配对成功的可能性并且提高了搜索交易对象的效率，从而使得双边用户的交易变得更加方便。

(2) 受众创造型（Audience-makers）。此类平台的主要功能是吸引众多信息受众，包括观众、读者和网民等，使企业在平台上发布的广告和产品信息达到更好的传播效果。

(3) 需求协调型（Demand Coordinators）。此类平台可以使得两边用户的相互需求通过平台更顺畅地实现，主要分布在 IT 产业、通信产业和金融行业。

不同类型的双边平台往往采用不同的收费方式。市场创造型平台一般可以明确地观察到交易用户以及两边交易的次数，因此平台可以采用注册费、交易费以及两步收费制等方式收费；受众创造型平台由于不一定伴随着现实的交易，因此往往采用注册费的方式，也就是用户交纳一定的费用后，在一定的时段内可以任意使用该服务；需求协调型尽管也能够促成实际交易，但很难观察到用户之间交易的次数，因此也多采用收取注册费的方式。[③] 由于大多数农业会展活动既具有展示性功能，又具有交易性功能，因此往往兼具以上三类平台的性质。

（二）双边市场的定价原理

农业会展作为一种典型的双边平台，其交叉网络外部性体现在：展览平台上的一方的效用不仅取决于相同客户群体的消费状况，而且取决于相异但又相容、处于市场另一方客户群体的消费状况。同时，展览平台上的一方的效用不仅取决于双边用户的数量，还取决于双边用户的质量。也就是说，在农业会展这个特殊的双边市场中，用户在做是否参加展览的决策时，同边用户和另一边用户的数量和质量都将成为参展决策的影响参数。参展商用户在做参展决策时

① 程贵孙，陈宏民，孙武军．双边市场视角下的平台企业行为研究，经济理论与经济管理，2006（9）．

② Evans. The antitrust economics of multi-sided platform markets [J]. Yale Journal on Regulation，2003：20.

③ 纪汉霖．双边市场定价方式的模型研究．产业经济研究，2006（4）．

一般要考虑几个非常重要的因素：参展商的数量、参展商的质量、观众的数量、观众的质量，对观众用户而言也是如此。[①] 因此，农业会展的举办可以看作是一个会展主办方、参展商、观众多方博弈的事件，据此我们可以考察其均衡价格（即参展费和参观费）的决定问题。在双边市场中，由于各方的同时进入，价格和消费者数量是交互决定的，任何单向地研究价格对数量的决定或者需求对价格的决定都不合理，因此均衡价格应该是一个多方博弈的均衡解。在决定这一均衡解的过程中，行业的市场结构也会造成一定的影响，市场中只有一个平台提供方的垄断平台定价不同于有若干个平台提供方的垄断竞争平台定价。阿姆斯特朗（Mark Armstrong，2002）提出的双边平台收取注册费定价模型[②]，因揭示了双边平台差别定价的内在机理而被广泛引用为双边市场定价的基础模型。下面就以这两个模型为基础介绍会展定价的一般原理。

1. 垄断平台定价模型

垄断平台是指市场中只有一个平台，没有其他竞争者。垄断平台定价模型的设定如下：

（1）对于参与平台一边的用户，其效用仅取决于来自另一边用户的间接网络外部性和平台对本边收取的服务价格，其中外部性为外生变量，另一边用户数和服务价格为内生变量。这意味着模型假设平台用户间的直接网络外部性和参加平台的固定收益（Fixed Benefit）均为零。

（2）平台两边的用户数量，即平台两边的需求，是同时且互相决定的，可表示为两边用户效用的增函数。这意味着模型假设效用大于零时，效用的增加会带来用户数量增加。

（3）提供服务的平台为垄断平台，且平台只对两边用户收取注册费[③]。

（4）平台的成本完全为可变成本，并由两部分构成，分别与平台两边的用户数正相关。

---

① 为了分析的简化，我们可以把农业会展中某一边用户对另一边用户的外部性，即间接网络外部性作为另一边用户效用的唯一来源，而忽略直接网络外部性即同边成员数量和质量对该边成员收益的影响。这一设定具有现实性，因为展览活动中参展商的信息发布通常具有受众竞争性，而观众内部的直接网络外部性则由于展览服务资源的限制而有微小的负外部性。

② Mark Armstrong. Competition in Two-sided Markets. The RAND Journal of Economics，Vol. 37，No. 3（Autumn，2006），p668－691. Published by：Blackwell Publishing on behalf of The RAND Corporation.

③ “平台只收取注册费”这一点对于很多双边市场来说并不切实，然而在展览双边市场中却完全符合，因为展览活动的性质决定了平台提供方在对双边用户收取交易费时存在现实困难，所以绝大多数展览主办方都采取一次性收取注册费的方式来平衡展览运行过程中的各项成本。

(5) 平台任何一边的用户都是同质的，每一边所有用户的间接网络外部性系数都相同。

(6) 两边用户同时进入平台，且博弈的三方具有完全信息。

假定某会展平台有 n_A 个参展商，n_B 个观众，其中 A 代表参展商，B 代表观众，展览平台对其分别收取 P_A 和 P_B 的费用。则根据以上设定，模型的效用函数为：$u_A=\alpha_A n_B-P_A$，$u_B=\alpha_B n_A-P_B$；需求函数为：$n_A=\emptyset A(u_A)$，$n_B=\emptyset_B(u_B)$；平台利润函数为：$\pi=(P_A-f_A)n_A+(P_B-f_B)n_B$。其中 f_A、f_B 是平台对两边提供服务的平均可变成本，为外生变量。由平台利润最大化的一阶条件 $\frac{\partial\pi}{\partial u_A}=0$，$\frac{\partial\pi}{\partial u_B}=0$ 可得①：

$$u_A=(\alpha_A+\alpha_B)\emptyset_B(u_B)-f_A-\frac{\emptyset_A(u_A)}{\emptyset'_A(u_A)},$$

$$u_B=(\alpha_A+\alpha_B)\emptyset_A(u_A)-f_B-\frac{\emptyset_B(u_B)}{\emptyset'_B(u_B)}$$

整理成价格与需求量表示的均衡条件为：

$$P_A=f_A-\alpha_B n_B+\frac{\emptyset_A(u_A)}{\emptyset'_A(u_A)}$$

$$P_B=f_B-\alpha_A n_A+\frac{\emptyset_B(u_B)}{\emptyset'_B(u_B)}$$

从均衡价格应满足的条件可以看出，利润最大化的价格是对一边的服务成本加以调整而确定的，其中包含一个由需求弹性决定的正向的调整和一个由该边带给另一边的外部性决定的负向的调整。在平台两边不对称的情况下，一边（观众）的定价有可能远远低于服务成本和另一边（参展商）价格，甚至可能是零价格或负价格，即从另一边获得了价格补贴。这就是 Armstrong 垄断平台定价模型最重要也是最杰出的贡献。

2. 垄断竞争定价模型

垄断竞争平台是指市场中有两个或多个竞争性平台，其定价决策对市场价格都会产生影响。在此，我们假设有两个会展平台（$i=1$，2）同时参与市场竞争，其提供的服务具有很强的替代性。模型在基础设定上与垄断平台大体相似，只有第三条发生了改变。此时，平台的提供方就不能无视其竞争对手的价格而进行定价。我们可以借助霍特林（Hotelling）模型来研究两个展览平台

① 这里假设平台可以选择确定不同的（u_A，u_B）来替代不同的（P_A，P_B）。

之间的竞争[①]。由于参展商和观众之间要发生交易，必须同时出现在一个展览上。如果参展商和观众是多归属的（也就是参加了两个展览），那么发生交易的展览就不确定。因此模型需要假设参展商和观众都是单归属的，也就是只能参加一个展览，交易也只能在展览期间发生。

如果用 u_A^i 和 u_B^i 分别表示参展商（观众）参加展览 i 所获得的效用，P_A^i 和 P_B^i 分别表示展览向参展商和观众收取的服务费用。那么效用函数为：

$$u_A^i=\alpha_A n_B^i-P_A^i,\ u_B^i=\alpha_B n_A^i-P_B^i$$

假定 d_A 和 d_B 分别为展览为参展商和观众所提供服务的差异化参数，则根据霍特林模型，用户对两个平台选择无差异的条件是

$$\alpha_A n_B^i-P_A^i-d_A\overline{X}=\alpha_A n_B^j-P_A^j-d_A\ (1-\overline{X})\ (i,\ j=1,\ 2\text{ 且 }i\neq j)$$

即

$$n_A^i=\frac{1}{2}+\frac{\alpha_A\ (2n_B^i-1)\ -\ (P_A^i-P_A^j)}{2d_A}$$

同理可得

$$n_B^i=\frac{1}{2}+\frac{\alpha_B\ (2n_A^i-1)\ -\ (P_B^i-P_B^j)}{2d_B}$$

而平台 i 的利润函数

$$\pi=\ (P_A^i-f_A)\ n_A^i+\ (P_B^i-f_B)\ n_B^i$$

由平台利润最大化的一阶条件及霍特林模型解条件可得到最后的垄断竞争均衡定价结果，即

$$P_A^1=P_A^2=f_A+d_A-\alpha_B,\ P_B^1=P_B^2=f_B+d_B-\alpha_A$$

从结果可见，垄断竞争市场中会展平台会对两个平台服务差异化程度较小而自身产生的网络外部性较大的一边用户收取低价格。而由于是竞争性展览市场，“每个展览对双边市场的价格加成能力受到限制，那么，相比较于垄断市场来说，竞争性市场的市场加成能力更弱一些，相应的价格也就会更低一些”[②]。

以上两个模型都假设平台每一边用户内部都是同质的，即不可再分。而在大多数会展活动当中，平台都面临着专业与非专业两种类型的观众同时参加展览的情况。尽管现有的会展经济的研究中没有统一的关于专业观众与非专业观

① 实际上霍特林模型研究的对象市场是一种“双头寡占”市场。

② 王起静．展览产品定价模型及价格影响因素研究——基于双边市场理论视角．经济管理，2007（16）．

众的定义[①]，但在双边市场的分析框架中，他们可以被视为平台观众一边内部具有不同外部性系数的两个群体，其中专业观众给参展商带来的外部性效果及从参展商处获得的外部性效果均高于非专业观众[②]。由于参展商在展览活动中实现信息发布和商业资源对接时要承担搜寻成本和机会成本[③]，对于绝大多数参展商来说，专业观众的数量才是决定其效用以及是否加入该展览平台的最重要因素。因此能否拥有大量专业观众就成为决定平台规模和效益的关键。这使得平台对观众实行进一步的差别定价，成为其实现利润最大化的合理选择。这种对两边用户收取不同价格，对一边内部不同群体用户也收取不同价格的定价方式可被称为“多重差别定价”。

（三）双边市场理论的现实意义和局限性

根据双边市场的有关理论，平台提供方对双边用户往往会采用差别定价的策略，即对一方用户收取低于边际成本的价格，或者不收钱，甚至是给予补贴，通过向另一方用户收取高价格来实现自身的利润最大化。在绝大多数商业性农业会展活动中，主办机构通常向观众收取极少量费用、完全免费甚至给予一定的补贴，吸引更多的观众尤其是专业观众参与到会展中，使展商愿意以较高的价格参加展会，从而实现利润最大化的经营目标。可见，双边市场理论很好地解释了农业会展参展费和参观费的形成机制和内在逻辑，这一点上较之一般价格理论确实更为合理。但双边市场理论同样也存在着一定的局限性。

首先，双边市场理论的很多假设条件太过严格。例如其模型分析隐含的两个假设：一是服务成本不影响各参与方之间间接网络外部性的大小；二是平台提供方只能通过选择价格影响利润，而不能通过调整服务成本来实现，即平台只能被动接受成本。这两点在现实中通常不完全成立[④]。而脱离了这些假设条件，多方博弈的均衡解可能就不存在，这就极大地影响了其解释能力。

---

① 在大多数展览从业者的术语中，专业观众的定义仅仅是对“专业”一词的同义反复。例如将专业观众定义为“从事展会上所展出的商品或服务的设计，开发，生产，销售或者提供相关服务的专业人士或者用户”。

② 由于展览期间各种服务资源的有限性，过多的非专业观众加入甚至可能带来负的外部性。

③ 搜寻成本指参展商需要从观众当中挑选出专业观众进行洽谈而需要付出的时间或实际成本，机会成本指参展商在向非专业观众发布信息或进行洽谈时错过的与专业观众交流的机会。

④ 在包括基础模型在内的所有模型中，服务成本被设定成“完全是可变成本”，这也是一种理论化的设定，因为在实际展览活动中，场地租金（包括与场地配套的水、电和卫生服务等）这一最大的成本投入要看作完全可变成本是令人费解的，而空调、安保等服务成本也不是随着用户数增加而线性增加的。

其次，双边市场理论与一般价格理论一样，都是基于对商业性会展活动的经济分析，更加适用于公司办展的情形。然而我国当前会展行业的政府参与度普遍较高，农业会展领域更是如此，很多会展活动都带有很强的公益性，其预算约束往往较宽松，经济功能和目标也较多样化。在此条件下，双边市场定价理论所严格依赖的最大化条件并不是大多数农业会展举办方的现实选择。对于这一类政府主导型会展的定价就需要用到以下的公共产品理论。

三、公共产品理论

农业会展作为一种产品，有其自身的经济学属性。只有明确农业会展的经济学属性，才能确定农业会展应以政府为主导还是以市场为主导，从而使农业会展达到供需平衡，实现资源利用的最大效率。据统计，2009 年国内举办的大中型农业会展中，有 60%以上的农业会展定位在政府主导；在主办机构中，政府机关占到了将近 70%，而展览公司所占比例不足 10%。“政府搭台、企业唱戏”的运作模式和思路在农业会展中仍然占据主导地位。这与农业会展作为贸易促进和技术推广的平台具有一定的公共产品属性有一定的关系。

根据功能和侧重点的不同，农业会展可以分为“展示型”和“交易型”两类。其中，交易型农业会展侧重于促成参加者实现经济收益，获利能力较强，其外部性内部化程度比较高，展览通过向观众和展商收取费用就可以弥补运营成本并且还会有剩余。会展组织者通常以利润最大化为原则，展览运营成本主要由参展商支付的展位费来弥补，而贸易观众则被看作一种资源，其参与成本很低，甚至可以从组织机构得到补偿。由于参展商在购买展位、搜寻买家、推广产品、实现交易时都具有明显的竞争性和排他性，此类农业会展与一般性服务商品一样同属私人产品，其价格和供求可以通过以上两个理论进行分析。

而展示型农业会展多以农业技术推广与示范为主要目的，观众和展商所承担的成本比较低，展览运营的各项成本绝大部分由政府通过财政补贴解决。在一定的拥挤瓶颈之下时，展示型农业会展的主体用户观众不会因某一个体的消费而影响其他人的消费，而多数情况下某一部分观众消费的同时也无法限制其他观众的消费，即不具有竞争性和排他性；而对于展商来说，虽然由于会展的展位限制而存在着一定的排他性，但是其展位费一般都比较低而且有较大的政府补贴，因此竞争性相对较弱。这类农业会展具有明显的准公共产品属性。

（一）公共产品理论概述

现代经济学对公共产品的研究始于 1954 年保罗·萨缪尔森

(P. A. Samuelson) 发表的《公共支出的纯理论》，以及1955年发表的《公共支出理论图解》。

萨缪尔森（1954）撰文对公共产品的特性进行了深入阐释："每一个人对这种产品的消费并不减少任何他人也对这种产品的消费。"[①] 这一描述成为经济学有关纯粹公共产品的经典定义。由于公共产品不只可以被一个消费者消费，而且一旦被提供就难以排除其他消费者从中受益，所以人们通常不会充分表现出对公共产品的偏好，都想成为"免费搭车者"，享受别人提供的公共产品而不用足额缴费。因此，萨缪尔森得出结论"部分权的定价制度可以确定集体消费的最合适水平"。

随后，斯蒂格利茨对萨缪尔森的公共产品理论作了适当修正，使其应用范围更广。他在《经济学》（1997）一书中指出："公共产品是这样一种物品，在增加一个人对它分享时，并不导致成本的增长（它的消费是非竞争性的），而排除任何人对它的分享都要花费巨大的成本（它是非排他性的）。"[②] 也就是说，如果将纯私人物品作为一极，而公共产品作为另一极的话，消费者实际消费的商品是从一极向另一极渐进过渡的一系列产品，大量存在的不是纯公共产品，而是处于两极之间的中间状态的产品。

对于公共产品的非纯粹性和复杂性，经济学家詹姆斯·布卡南（James Buchanan）和查尔斯·蒂布特（Charles Tiebout）进行了深入研究，并开创了俱乐部理论。布卡南（1965）力图从理论上定义一种经济学上的商品，这种商品适合于从纯公共产品到纯私人物品之间连续体上的任一点，即纯私人物品和纯公共产品之间并不存在泾渭分明的界限，而是某种特征连续变化过程，所以可以对所有商品从纯私人物品到纯公共产品进行一个一般性的定义，与此同时，布卡南还分析了这种商品的特性、成本和消费它的利益集团之间的关系。[③] 而蒂布特感兴趣的是如何从易变的消费者选民对地方公共产品的选择中推断他们的个人偏好，是地方公共产品理论的一个代表[④]。

与私人物品相比，公共产品和准公共产品都具有一定的外部性，但是两者的外部性是有区别的。其主要区别有以下三点：第一，准公共产品的外部性是

---

① Samuelson P. A. The Pure Theory of Public Expenditure. The Review of Economics and Statistics V. 36，No. 4，p387－389，November 1954.

② 安东尼·B·阿特金森，约瑟夫·E·斯蒂格利茨．公共经济学［M］．上海：三联书店，人民出版社，1994：620－621.

③ Buchanan J. M.. An Economic Theory of Clubs. Economics，Vol. 23（1965）：p 1－14.

④ 温志刚．农村村级公共产品供求的经济学分析［D］．首都经济贸易大学，2008.

副产品而纯公共产品的外部性却是正产品；第二，准公共产品的外部性是非故意生产的，而纯公共产品的外部性是其生产的目的；第三，准公共产品的外部性在一定程度上可以内部化，因而准公共产品可以由市场来提供，但是由于其外部性内部化程度比较低，从而导致社会上供给不足，而纯公共产品的外部性则完全不能内部化，如果政府不提供就绝对不会提供出来。农业会展作为一种准公共产品，其供给应当以市场为主体，而供给不足的问题可以通过政府补贴或其他方式解决。

（二）公共产品的定价原理

对于公共产品收费方式和额度的确定，公共产品理论不同学派的经济学家持有不同的观点，但其核心思想是一致的，都支持公共产品应当按边际原则定价，即按照每个人从公共产品消费中得到的边际效用决定其应支付的费用。这一理论为具准公共产品属性农业会展的商业化运作和专业化发展提供了重要的理论支持。根据该理论，公共产品的定价方式主要有以下几种：

1. 边际成本法

边际成本法是由美国国家科学研究院院士霍特林（Hotelling）提出的，其主张公共产品应该按边际成本定价，而对于占成本中绝对份额的固定成本则应由所得税、遗产税以及地价税等各种税收予以支付，并认为这种定价办法是公共产品定价的最佳方案。为了贯彻与按边际成本定价同等的均衡原则，霍特林认为，课征的税收必须是一种无偏的整体扣除。而这一方法面临的问题则是现实生活中这种无偏的税收根本不存在。

2. 平均成本法

平均成本法是基于边际成本定价法而产生的。由于边际成本法会使提供公共产品的企业亏损，因此政府可设计一种按平均成本定价，从而使企业收支平衡的定价方法，并尽可能使社会福利达到最大化。在平均成本定价法下，企业的收益不仅弥补了所耗费的固定费用和可变费用，而且还获得了正常利润作为投资的回报。但这一定价方法会带来政府额外的财政负担。

3. 多部定价法

多部定价法是由美国经济学家克拉克率先提出的理念，我国孙钰教授的“社会边际成本”定价法以及后来的二部定价法都属于多部定价法的范畴。多部定价模式的基本逻辑顺序是：第一，公共产品的初始产品根据消费者不同的名义偏好所确定的边际供给价格汇总后与边际供给成本的交点处来确定。第二，每个消费者愿意付出的代价包括一个固定费用和一个可变费用。

固定费用水平是根据消费者名义需求偏好所确定的边际供给价格曲线和由边际供给成本曲线所确定的产量之交点。可变费用是由实际边际供给价格来确定的。第三，多部定价模式引导消费者暴露其真实需求情况，这样可以缩短名义需求与实际需求的距离，减少可变费用，进而可以尽量避免消费者“搭便车”。

（三）具有公共产品属性的会展定价

根据公共产品定价的理论，政府主导的农业会展作为一种“准公共产品”，其所要实现的目标是社会效用的最大化。而对占政府主导会展大多数的展示型农业会展而言，其收入主要来自于展览门票（观众收费）收入和政府补贴。在不考虑拥挤因素的情况下，假设每个观众所带来的社会效益是一样多的，那么社会效益的最大化其实就是观众数量的最大化。假设一个展览会的投入成本是固定的 f，政府补贴为 t，管理成本占运营成本的5%，那么：$P \cdot N + t = f(1+5\%)$，其中 P 为门票价格，N 为观众数。主办方只有在等式成立或者左边大于右边的情况下才能不亏损。在此约束条件下，N 最大时的 P 值就是展示型农业会展的市场价格。由此可见，展示型农业会展的定价与交易型农业会展有相通之处，只是两者的出发点和目标不同，交易型农业会展是追求利润最大化，而展示型农业会展则是追求观众数量最大化。

第二节　农业会展的产业经济理论分析

农业会展企业、机构和平台共同构成了农业会展产业，作为一个新兴的产业，农业会展产业在发展中也会面临一系列的问题。比如如何协调产业内部企业竞争冲突的问题，如何对农业会展产业进行合理布局，如何评价和改进农业会展产业的竞争力水平等。本节将针对上述问题，以产业经济学为依托，分别就产业组织理论、产业布局理论和产业发展理论对农业会展经济研究的指导意义进行初步的探讨，为解决农业会展产业的相关问题提供理论上的支撑。

一、产业组织理论

产业组织理论（Industrial Organization）研究的是市场在不完全竞争条件下的企业行为和市场构造，其研究对象是产业组织。该理论主要用于解决产业内企业的规模经济效应与企业之间的竞争活力的冲突（所谓的“马歇尔冲突”)。农业会展产业组织指的是该产业内各主体(企业或者政府部门)[①] 间的组织或市场关系。这种农业会展产业各主体之间的市场关系主要包括:交易关系、行为关系、资源占用关系和利益关系。

参照马歇尔的观点,我们可以延伸得出以下结论:农业会展产业和生物组织体一样,是一个伴随着组织体中各部分的机能分化(会展产业各主体内的分工和社会的分工)和组织各部分之间紧密联系和联合(会展产业各主体的兼并和准兼并)的社会组织体。以分工和协作为基础,可以讨论农业会展产业组织中的内部经济和外部经济,企业规模和经济规模。

现代产业组织理论构架了整个产业组织的主要问题,更加强调了产业组织中的厂商结构和行为。产业组织理论主要的分析方法,包括可竞争市场理论、博弈论、新制度理论(产权理论和交易成本理论)、信息理论等。在研究假定上,产业组织理论同样保持了微观经济学理论中的“理性人”的假定。下面就以产业组织理论中的阻止进入定价模型为例加以介绍。

(一)阻止进入定价模型

利用产业组织理论可以从供给角度分析农业会展产业内部的市场结构、会展厂商行为和经济绩效。将会展产业按特定的市场结构可分成不同的类型,通过“结构—行为—绩效”的三分法对市场进行分析,不同的市场结构会导致不同的厂商定价和非价格行为,也会导致不同的经济效率。在这一点上,产业组织理论与一般价格理论是一致的。在一般价格理论中,完全竞争、垄断竞争、寡占和垄断市场的不同也可以通过形式化的模型分析演绎出企业不同的定价行为。

如果会展产业是完全竞争的市场,则会展供给商是价格的被动的接受者,无论是短期还是长期价格都等于边际成本;如果会展产业是垄断竞争的市场,则会展供给商分为两个部分,具有垄断地位的供给商和众多价格接受者,在定价中有垄断地位的会展供给商在定价行为上会采用剩余需求的方法;在寡占的市场中,厂商的竞争局限在几个大厂商之间,其定价行为通常是几个大厂商讨价还价的结果;而在垄断产业中,垄断者独占了整个产业,具有垄断地位的会展供给商会根据平均成本定价,榨取消费者剩余。从经济效率上看,最有效率到最低效率的市场依次是完全竞争、垄断竞争、寡头和垄断。在现实当中,农

① 由于农业会展产业尚未完全市场化,政府也常常扮演会展的供给者角色。在本章中,会展企业的概念包括主办会展的政府及组织。

业会展市场介于垄断竞争与寡头市场之间。

下面将以贝恩的阻止进入定价模型为例，分析农业会展企业如何阻止潜在竞争者进入。阻止进入定价是指寡头市场的现有企业将价格定在这样一个水平，当潜在进入企业进入该市场后会发现所剩下的市场需求不足以使它盈利。

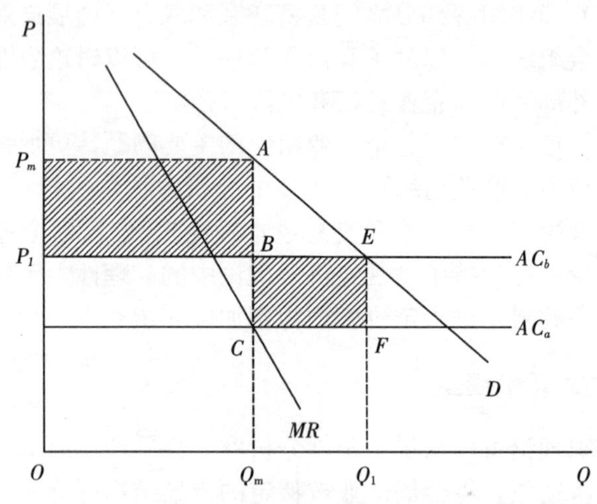

图 2-8　阻止进入定价模型

贝恩模型主要用以解释具有绝对成本优势的现有企业（Established Firm）的阻止进入定价行为。在图 2-8 中，我们假定农业会展市场需求曲线为 D，现有企业的平均成本曲线为 AC_a，潜在进入者的平均成本曲线为 AC_b，在这里，平均成本被假设为常数，而且 $AC_a<AC_b$，即现有农业会展企业相对于潜在进入者具有绝对成本优势。如果现有农业会展企业根据利润最大化的原则定价，那么价格为 P_m，供给量为 Q_m。但是，这一价格可使潜在进入者获得 P_mABP_1 阴影面积的经济利润，因此，潜在进入者必定选择进入，这显然对现有农业会展企业不利。为了阻止潜在进入者，现有会展企业必须将价格定在等于或小于 AC_b，即 $P_1<AC_b$ 使潜在进入者的收入不能补偿其成本，从而将潜在进入者阻于市场之外。为了达到这一目的，现有会展企业须将会展供给量提高到 Q_1，以满足降价后而增加的会展市场需求，而所获得的超额利润却减少了（两个阴影面 P_mABP_1 与 BEFC 之差）。

根据贝恩模型，市场结构的决定因素是壁垒。只有在以下两种情况下，阻止进入定价才对现有企业失去意义：①进入阻止价格 P_1 大大高于垄断价格

P_m；②进入阻止价格大大低于垄断价格 P_m。在第一种情况下，现有企业的成本优势是如此之大以至于可以成为一种自然垄断。在第二种情况下，成本优势是如此之小以至于根本不可能将潜在进入者阻于市场之外。

这个模型揭示：为了阻止潜在竞争者的进入，现有农业会展企业必须牺牲一定的经济利润，而在经济利润与有利的市场结构之间，市场中现有的企业必须找到一个平衡点，从而对农业会展行业竞争的研究具有一定的借鉴意义。

（二）产业组织理论的意义

在新产业组织理论中，尽管不再强调 S－C－P 的直线关联，但仍然以其为主要分析对象，并深入分析后三种市场结构（垄断竞争、寡占和垄断）的供给商行为，而不孤立地区分市场结构状态。在绩效评价上，也与一般价格理论保持一致，强调边际定价的效率。因此，对农业会展进行产业组织方面的分析可以遵循一般价格理论的逻辑。而从另一角度，它又强化了一般价格理论会展供给商的分析（包括供给商个体和供给商之间），将农业会展的供给视为“组织”形态的结果，使讨论不仅仅局限在定价行为上，也包括了非价格竞争（广告、质量、服务、研发、技术进步等）及策略性行为，这是对一般价格理论的有力补充和扩展。

在研究方法上，边际分析、比较静态分析、局部均衡仍然是产业组织中的主要分析方法。不论是贝恩模型还是新产业组织理论，由于研究对象和范围的限制，特别强调了局部均衡。产业组织理论大量地运用了博弈论分析工具，而博弈论分析方法就是以局部均衡为基础的，不论是局中人函数的采用，反应函数的对策行为及博弈均衡都反映了局部均衡的逻辑。而局部均衡分析是建立在给定条件下，对解释的因素进行一阶条件和二阶条件分析，这正是一般价格理论常用的分析工具。不同的是在产业组织理论分析中，解释的因素不仅仅是价格，还包括更多的变量（质量、广告、研发等），而新产业组织理论更是引入了信息。在农业会展行业竞争有关问题的研究上，可以充分采用和借鉴这些分析方法。

二、产业布局理论

产业布局是指产业在一国或地区范围内的空间分布及组合的经济现象。会展产业通常都具有很强的时空性，而农业会展产业受制于农业生产的周期性和季节性，时空限制更为明显。如何根据农业会展产业自身的技术经济要求，优化产业布局，扬长避短，发挥优势，形成区域间合理有效的产业结构，是关系农业会展行业高效、有序、可持续发展的重要问题。借助产业布局理论，我们可以对影响农业会展产业布局优化的主要因素加以分析，帮助政府对会展产业的整体布局进行宏观调控，从而有利于农业会展产业对区域经济、其他产业经济带动作用的发挥。

（一）产业布局理论概述

产业布局在静态上看是指形成产业的各部门、各要素、各链环在空间上的分布态势和地域上的组合。在动态上，则表现为各种资源、生产要素甚至各产业和各企业为选择最佳区位而形成的在空间地域上的流动、转移或重新组合的配置与再配置过程。产业布局理论的内容包括：产业布局层次（全国性产业布局和地区性产业布局）；产业布局机制（产业布局的市场机制，产业布局的计划机制）；区域产业结构（产业构成和各个产业之间的联系，各个产业构成的比例关系）等。关于产业布局的主要理论包括增长极理论、点轴布局模式、网络布局模式、地域产业综合体模式以及梯度开发模式。下面将分别对以上几种理论进行介绍。

1. 增长极理论

增长极理论是 20 世纪 50 年代由法国经济学家弗朗索瓦佩鲁最先提出的，后来法国经济学家布代维尔、瑞典经济学家缪尔达尔、美国经济学家赫希曼等分别在不同程度上进一步丰富和发展了这一理论。其主要思想是，一国（或地区）经济增长过程中，不同产业的增长速度不同，其中增长较快的是主导产业和创新企业，这些产业和企业一般都是在某些特定区域或城市集聚，优先发展，然后对其周围地区进行扩散，形成强大的辐射作用，带动周边地区的发展。这种集聚了主导产业和创新企业的区域和城市就被称之为“增长极”。

增长极理论认为，一个国家要实现平衡发展只是一种理想，在现实中是不可能的，经济增长通常是从一个或数个“增长中心”即增长极逐渐向其他部门或地区传导。所以，增长极理论是一种非均衡发展理论，其实质是强调区域经济的不平衡发展，把有限的稀缺资源集中投入到发展潜力巨大、规模经济和投资效益明显的少数部门或产业，使“增长极”的经济实力强化，同周围区域构成一个势差，并通过市场机制的传导力引导区域经济发展。因此，在政策选择上，应以特定的地理空间作为增长极，带动经济发展。

增长极理论在产业布局领域的应用，形成增长极布局模式，并衍生出点轴布局、网络布局等模式。根据增长极布局模式，会展产业作为一种新型的经济形式，具有强大的关联效应和辐射作用，所以应将其作为区域经济发展的增长极优先发展。

2. 梯度转移理论

梯度转移理论源于弗农的产品生命周期理论，此后威尔斯和赫希哲等对该理论进行了验证，并作了充实和发展。该理论认为，工业各部门及各种工业产品，都处于生命周期的不同发展阶段，即经历创新、发展、成熟、衰退等四个阶段。区域经济学家将这一理论引入到区域经济学中，便产生了区域经济发展梯度转移理论。该理论认为，创新活动是决定区域发展梯度层次的决定性因素，而创新活动大都发生在高梯度地区。随着时间的推移及生命周期阶段的变化，生产活动逐渐从高梯度地区向低梯度地区转移，而这种梯度转移过程主要是通过多层次的城市系统扩展开来的。

农业会展产业的发展较为依赖于技术的进步以及资金、人力和市场等各类经济资源，而这些经济、技术条件在地区间发展是不平衡的，不同地区间经济技术发展水平的差异就构成了区域发展梯度。根据梯度转移理论，会展产业也会从高梯度地区向低梯度地区推移。从有利于整个农业会展产业发展的角度看，需要从各区域的现实梯度布局出发，从有条件的高梯度地区首先发展创新型会展，然后再逐步从高梯度地区向中梯度和低梯度地区推移。

根据我国农业会展行业的实际情况，农业会展产业的发展历程也是基本与区域梯度转移理论相符合的。按照经济技术发展的总体水平，我国可以划分为高梯度的东部沿海地带、中梯度的中部地带和低梯度的西部地带，以此作为产业空间发展的依据。而从当前农业会展产业的地域分布、组织者收入、从业人员分布、展览馆数量和面积等方面，可以看出明显的梯度分布。①

3. 产业集群理论

产业集群理论是继增长极理论、梯度转移理论之后的新型区域发展理论，对区域发展和区域竞争力的增长具有重要的指导意义。产业集群作为一种新的产业空间组织形式，具有强大的竞争优势，在城市规划产业发展定位与组织中受到越来越多的重视，尤其是在发展中国家与地区。

所谓产业聚集（Industrial Cluster），是指在特定领域中，地理位置相对临近并有交互关联性的企业和相关法人机构，以彼此的共通性和互补性进行的经济联结。产业聚集通常涵盖不同的产业，产业聚集的大小、广度和发展状态也各不相同。而产业集群是指在产业聚集区域内，大量的上、中、下游企业机构之间在产业价值链各个环节上各有分工、联系紧密而形成的完整链条。产业

① 参见本书第三章。

集聚是产业集群形成的过程，产业集群是产业集聚的结果。产业集群最基本的特征是基于分工基础上的竞争性合作。因具有产业链条长而且配套、内部专业化分工细、交易成本低、人才集中、科技领先、公共服务便利等优势，产业集群往往具有强大的竞争力。

我国的会展产业经过不断的发展，已经初步形成了产业集群的雏形，会展场馆、会展公司和定期展会有着明显的集中趋势，形成了五大区域的会展产业带①。在会展产业集群轮廓中，整个产业集群都以会展场馆为依托，以会展企业为核心，围绕会展的举办，产业链上下延伸形成了一个包括会展企业、支持性配套服务企业和支撑机构在内的横跨旅游、酒店、金融、保险、交通、储运、通讯、新闻媒介等行业的完整的产业集群（图 2－9）。农业会展产业作为会展产业的一个分支，在其产业布局上必然受到已经形成的会展产业集群的影响，纳入会展产业带的布局当中。

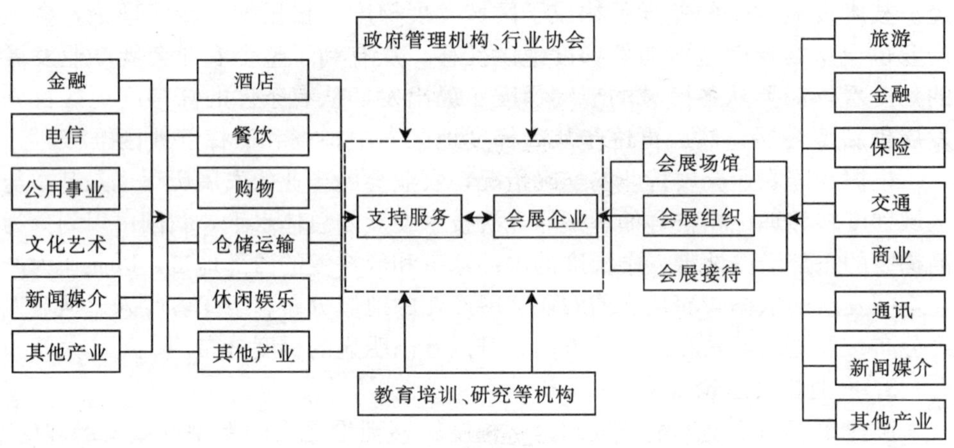

图 2－9　会展产业集群的结构关系网络

资料来源：过聚荣．会展导论．上海：上海交通大学出版社，2006.

（二）农业会展产业布局影响因素分析

1. 原材料、市场和运输

根据主题定位和展出内容的不同，农业会展的布局需要考虑的主要因素也

① 以北京、天津为中心的京津冀会展产业带，以上海为中心的长三角会展产业带，以广州为中心的珠三角会展产业带，以大连、沈阳为中心的东北会展产业带，以及以成都、昆明为代表的西南会展产业带。

不相同。对于涉及大量质量重、体积大、易腐烂的农产品原材料的会展来说，往往需要遵循“产地就近原则”，将其建在原材料产地附近会大大降低运营成本。比如水产类的展览会大多设在沿海城市，主要考虑的就是靠近海港，方便产品的储运。但随着农产品加工的深入，原材料处理技术的进步，交通方式的改进，原材料及运输方式将不再是影响会展产业布局的核心因素。因此，对于大多数农业会展来说，更加需要遵循“市场就近原则”，因为接近市场意味着可以令参展企业更便利地了解顾客的偏好、需求等信息，促进产品的发布和推广，促成企业和消费者的对接和交易。

2. 劳动力

劳动力因素对会展产业布局的影响可以包括几个方面：专业人才储备情况和劳动力成本。不同地区间的人才储备情况差别很大，而会展非常重要的一个绩效指标，是会展的服务质量，这需要大量有会展专业知识的人才和良好的服务作为基础。是否拥有充足的人才或是能够吸引到足够的人才，是与当地的社会经济发展水平相联系的。一般来说，城市中有大量的专业会展人才，同时也拥有大量务工人员，具备不同层次的人力资源基础，其对会展组织者的吸引力就较大。

3. 政策因素

不同地区会展产业的发展会受到当地政府及有关政策的深刻影响。一般而言，政府对会展产业布局的影响有三种不同方式：一是直接支持，包括各种激励措施和经济补贴；二是政策优惠，包括贸易政策、税收政策及各种特殊待遇等；三是环境支撑，包括各项基础设施的改进、文化水平和人员素质的提升等。农业会展产业是与政府政策有着密切联系的产业，尤其是在目前存在大量政府主导型农业会展的情况下，政策因素往往是影响其产业布局的核心要素。

根据产业布局的有关经济理论，农业会展产业应在会展业已有布局的基础上，充分借助产业集群带来的效率提升和创新动力，在具备较好经济技术条件的高梯度地区率先发展，并随宏观经济的变化和产业发展的自身要求有序向中、低梯度地区转移。当农业会展产业具备较为充实的技术创新能力和经济实力时，其技术扩散效应和辐射效应开始发挥作用，以此带动周边地区的农业技术扩散和农业经济发展。

三、产业发展理论

产业发展理论主要研究的是产业发展过程中的发展规律、发展周期、影响因素、产业转移、资源配置、发展政策等问题。对这些问题的研究可以为决策部门根据产业发展的不同阶段选择不同产业政策提供理论依据，同时，也有利于企业根据这些规律采取相应的发展战略。产业发展理论主要包括产业竞争力理论、产业结构演变理论、区域分工理论和发展阶段理论等。针对农业会展产业的情况，下面主要针对产业竞争力理论进行分析。

（一）产业竞争力理论的分析方法

产业竞争力理论的理论框架主要包括两方面的内容：一个是钻石模型为代表的产业竞争力成因理论，主要以定性分析的方法为主；另一个是产业竞争力计量分析理论。产业竞争力计量分析的一般思路是：首先，合理选择评价指标，并对各指标科学分配权重，构建求和模型；然后，按各指标采集数据，经标准化处理后套入求和公式，即得竞争力量化评估水平。产业竞争力计量分析需解决两个关键问题：一个是评价指标的选取和指标体系的建立；另一个是对各指标科学地赋予权重。其中，在指标赋权方面，可以直接借用统计学中的赋权理论，既可以采用传统赋权方法，也可以采用主成分分析法等现代数学计量方法。

有学者将产业竞争力评价指标分为两类：一类是显示性指标，主要反映市场占有率和利润率；另一类是分析性指标，又进一步分为直接原因指标和间接原因指标。直接原因指标主要反映生产率和企业营销管理效率等，间接原因指标大体相当于波特的“国家竞争优势四要素”。产业竞争力理论通过“间接因素指标→直接因素指标→显示性指标”的逻辑顺序，勾画出产业竞争力的形成机理，即“竞争潜力→竞争实力→竞争力”的实现过程。目前国内外对会展产业竞争力的研究成果较为鲜见，但是也有学者试图构建区域展览业竞争力的理论分析框架。下面就分别以“钻石模型”理论和“基础—企业—市场（GEM）模型”理论为例加以介绍。

（二）钻石模型理论

1. “钻石模型”概述

20 世纪 90 年代初，著名产业竞争力研究专家、美国哈佛大学工商管理学院迈克尔·波特（Michael. E. Porter）教授对多个国家、多个产业的竞争力进行深入研究后认为，产业竞争力是由生产要素，国内市场需求，相关与支持性产业，企业战略、企业结构和同业竞争等四个主要因素，以及政府行为、机遇等两个辅助因素共同作用而形成的。他以产业结构“五力竞争”模型为基础，逐步形成了适应经济全球化环境的产业国际竞争力分析框架和方法，即所谓的波特“钻石模型”理论。其中，要素条件、需求状况、支持性产业和相关产业、企业战略结构与竞争这四个因素是决定某一国的特定产业是否具有国际竞争力的主要影响因素，构成“钻石模型”的主体框架。四个因素之间彼此相互影响，形成一个整体，共同决定产业竞争力水平的高低。“钻石模型”构筑了全新的竞争力研究体系，提出的竞争优势理论包含了比较优势原理，并大大超出了后者的解释范围（图 2－10）。

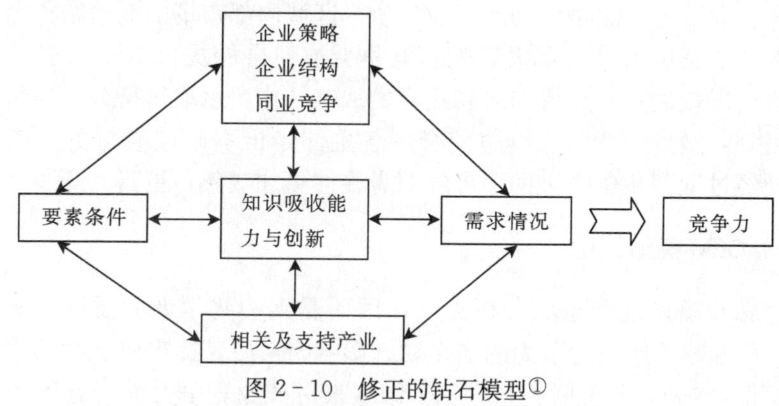

图 2－10　修正的钻石模型①

2. 基于“钻石模型”的农业会展产业竞争力分析

基于“钻石模型”理论揭示的研究思路，可以对农业会展产业竞争力的影响因素进行定性分析，从而得出提升农业会展产业竞争力的有效方法。这些因素具体包括以下四个方面：

（1）要素条件。要素主要包括人力资源、物质资源、知识资源和资本资源等，其又可以分为专门要素和一般要素。农业会展的一般要素是一些适用范围广泛的要素，包括交通运输、信息、宾馆酒店业等基础设施，专业要素则是这个领域的专业人才、展览馆等特殊的基础设施等。

（2）需求状况。国内需求是影响产业竞争力的重要因素，而国内需求对产业竞争力最重要的影响是通过国内买方的结构和买方的性质实现的。对于会展产业来说，参展商的整体素质是影响产业竞争力的重要因素，因为他们会给会展主办机构施加压力，促使其在产品质量、性能和服务等方面建立起高标准。目前我国农业会展在需求层面是否领先于他国，或者某区域的需求是否领先于

① 该图引用了芮明杰提出的“钻石结构的修正模型”。芮明杰认为，产业竞争力的本源性变量是“产业知识吸收与创新能力”，并提出了“修正的钻石模型”。

其他区域，将直接影响着本国或者本区域产业的竞争优势。

（3）相关产业与支持性产业。支持性产业是为农业会展产业提供支持的那些产业如物流产业，而相关产业则是与农业会展产业具有互补性的产业如旅游产业。其对农业会展产业的促进作用主要在于：支持性产业最有可能促进农业会展产业创新；相关产业的成功则对农业会展产业发展具有带动作用。农业会展产业想要获得持久的竞争优势，就必须有具备区域竞争力的支持性产业和相关产业。

（4）企业策略、战略结构与同业竞争。区域内部市场的竞争结构会对农业会展主办方的竞争力产生重大影响。竞争会迫使会展提供方不断提升服务质量，提高会展效益，并形成与之相适应的战略结构，以取得持久、独特的优势地位。另外，激烈的竞争也会迫使会展各主体走出本区域参与更大范围的竞争，因此经过激烈竞争锻炼的会展组织者往往更加成熟，更具有竞争力。

（三）GEM模型理论

波特钻石模型是静态的分析方法，因而受到一些学者的质疑。例如费瑟（Feser）在考虑了产业竞争力的诸多动态影响因素后，提出应从生命周期（时间）、地理（空间）和关联关系等三个维度来对产业竞争力进行分析和评价。①尽管有所改良，然而这些方法还都局限于定性评价，主观性较强。后来，帕德莫和吉布森（Padmore & Gibson）在波特钻石模型的基础上，建立了产业集群竞争力评价的GEM模型。经过广泛的应用证明，GEM模型是一种有效的评价区域产业竞争力的定量分析工具。

1. GEM模型概述

“基础—企业—市场”（Groundings-Enterprises-Markets）模型简称GEM模型，是一种通过定量方法分析区域产业集群竞争力的模型。GEM模型确定了影响产业集群的六大因素，并用一个蛛网图来表示（图2－11）。这六个因素被分为三对，包括由“资源”和“设施”构成的基础因素（Groundings）；由“供应商和相关辅助行业”和“公司的结构、战略和竞争”构成的企业因素（Enterprises）；以及由“本地市场”和“外部市场”构成的市场因素（markets），每对因素之间都存在着互补关系。

GEM模型的量化过程简述如下：

---

① Edward J. Feser. Introduction to Regional Industry Cluster Analysis [R]. Department of City & Regional Planning, University of North Carolina at Chapel Hill, 2001.

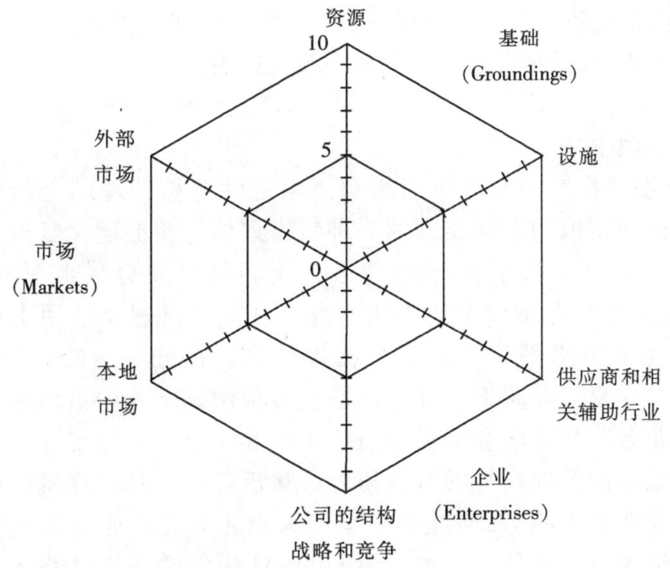

图 2-11　GEM 模型

资料来源：杨静，杨建梅．企业集群竞争力 GEM 模型与钻石模型的对比研究．科技进步与对策，2003 (10)：97-99.

首先，要对影响产业集群竞争力的六个因素赋值，每个因素赋值从 1～10 不等。这是一个主观评定过程，主要依据是评定者的知识背景和模型所要达到的研究目标。

然后，计算“因素对分值”(PAIR SCORE)，具体计算公式如下：

$\text{PAIR SCORE}_i = (D_{2i-1}+D_{2i})/2$，i=1，2，3，其中 D_{2i-1}，D_{2i} 为各个因素的得分。由于 D_{2i-1}，D_{2i} 所代表的“因素对”具有互补性①，因此最终的因素对分值由两者相加得出。

然后，计算“线性集群分值”(LINEAR CLUSTER SCORE)，具体计算公式如下：

$\text{LINEAR CLUSTER SCORE} = \Pi_{i=1\sim3}(\text{PAIR SCORE}_i)$，其中“Π”表示乘积关系。可见，该模型认为“基础”、“企业”和“市场”三个因素对是决定竞争力的三个独立的维度，彼此之间不能替代或补充。

最后，为使结果更加平滑，模型对“线性集群分值”进行了降次处理，同

① GEM 模型认为，每一“因素对”中的两个因素是可以相互弥补的，如“资源”的不足可以由“设施”来弥补，而“本地市场”的不足可以由“外部市场”来弥补。不同因素对之间的因素则不具备这一关系。

时乘以一个调整系数，使结果落在（10，1000）区间上。

因此，GEM 模型集群竞争力的最终表达式为：

$$GEM = 2.5\ (\Pi_{i=1\sim3}\ (D_{2i-1}+D_{2i}))^{2/3}$$

2. GEM 模型的意义

GEM 模型是在对产业竞争力影响因素定性分析的基础上，通过给各项因素设立指标和赋值的方法实现的一种带有评估性质的量化分析，在很多产业的应用研究中都取得了良好的效果。我们可以充分借鉴其指标体系和 GEM 模型在其他行业领域中的应用情况，从而尝试建立适用于评价区域农业会展产业竞争力水平的“GEM”指标体系。在进一步的研究过程当中，可以首先进行专家问卷调查，并运用层次分析法确定各项指标的权重，然后对各区域农业会展行业协会会员单位组织问卷调查，通过统计分析得出农业会展企业对该集群各项指标的有效得分，最后经过汇总计算得出反映各区域农业会展产业竞争力的 GEM 指数，从而为农业会展产业的宏观管理和产业布局规划提供支持。另外，也可以参照 GEM 模型的分析思路，对包括农业会展在内的各行业会展的竞争力进行评估和量化，建立行业间会展竞争力评价的类“GEM”模型。

第三节　农业会展的绩效分析

农业会展的绩效问题，简单来说就是判别什么样的农业会展是好的，什么样的农业会展是差的。对农业会展进行绩效评价是深入考察农业会展发展现状的一个有效途径，也是开展农业会展宏观管理、促进农业会展进一步发展的前提。农业会展作为一种会展活动，首先必须符合会展活动运营效果的一般标准，另外也要考虑其对宏观经济和其他产业发展的外部性效果。而由于农业会展与农业的紧密关联，相比其他会展而言，其对农业的技术进步和农民的行为具有特殊的影响。因此，技术推广效果也是农业会展绩效评价中需要特别考虑的方面。

一、会展运营的一般标准

如果用最简练的词汇表述会展活动的主要功能，人们一般会说，“交流信息、达成交易”。可见，在会展的五个基本属性中，展示性和交易性是最核心、最直接、最明确的属性，也是会展各参与方最为关注的两个属性。因此，评判会展活动组织运营水平的一般标准就包括展示性和交易性两个方面。

（一）展示性

展示性的高低是由知识和信息传播流动的效率决定的，根据传播学的理论，影响会展活动展示性的因素包括以下几个方面：

一是会展中所包含有价值信息的量。这一点取决于展出内容的新颖程度，展出内容中新技术、新知识、新工艺、新产品的比重越高，会展的展示性越好。

二是会展过程中的信噪比。这一点主要取决于会展的专业化程度，换言之即展出内容的相关程度。大型综合性展览所包含的有用信息固然高于一般的专业展览，然而由于其展出内容涵盖的领域太广，那些相关程度较低的展出内容客观上就成为一种噪音，反而影响了会展活动的展示性。

三是受众的数量和匹配程度。这一点取决于会展活动的展商和观众数量、专业观众的比重以及会展的专业化程度。会展参与者越多，专业观众比重越高，会展专业化程度越高，会展的展示性越好。

四是会展传播信息的技术手段。这一点取决于会展的特装比例、展出形式、现场服务等。会展特装展出面积占净展出面积的比重越大，展出形式越贴近展商观众需求，展商观众的现场对接越顺畅，会展的展示性越好。

因此，如果定义某一会展活动的展示性指数为 EI；展示内容中新产品比重为 R；会展专业化程度为 r_s；展商和观众总人数为 N，其中展商数为 N_A，观众数为 N_B，专业观众数为 N_{B1}；净展出面积为 NS；特装展出面积为 SS；会展参加者平均搜寻时间为 t；则有

$$EI=F_1\ (R^+,\ r_s{}^+,\ N_A{}^+,\ N_B{}^+,\ N_{B1}/N_B{}^+,\ SS/NS^+,\ t^-)$$

式中“＋”代表正相关，“－”代表负相关。据此，可对不同的会展活动进行展示性高低的比较。

（二）交易性

衡量会展活动交易性效果的方法有两种：一是通过对会展活动期间实现成交额的调查统计，直接获得反映会展交易成交的相关数据；二是和展示性一样，通过对影响交易性的可能因素的分析，设置出交易性与这些因素的映射关系，代入各因素的值，从而得出不同会展活动的交易性指数。

根据第一种方法，通过对展商的逐一调查，可获得每个展商会展期间达成成交额、意向成交额、投资合作额三项数据；分别对其加总，可得会展活动实现总成交额、总意向成交额和总投资合作额；以上三项分别除以会展净展出面积，可得单位面积实现成交额等三项数据；再与单位面积展位价格相比，得到

三个显示会展活动交易性强弱的指数，可称之为“可见交易性指数”，用 $VDI_{1,2,3}$ 表示。用公式表示就是

$$VDI_1 = \frac{\text{总成交额/净展出面积}}{\text{单位面积展位价格}}$$

$$VDI_2 = \frac{\text{总意向成交额/净展出面积}}{\text{单位面积展位价格}}$$

$$VDI_3 = \frac{\text{总投资合作额/净展出面积}}{\text{单位面积展位价格}}$$

可见，第一种方法的优点是数据及数据间的关系简单，不需要过多理论支持，而且是对交易结果的直接检验，非常明了。然而，这种方法有两个致命缺陷。一是本章第一节提到过的，交易存在“多归属”的问题，即在同主题会展活动存在的情况下，判断某笔交易是由哪个活动促成的时候存在困难。二是由于信息不对称导致的“道德风险”问题使调查数据可能严重失真。尤其是在商业性会展活动当中，主办机构在向展商收取展位价格时的重要依据就是展商可能实现的交易额，因此，展商有极大的动力隐瞒或者低估自己的成交额等项数据；反过来，主办机构在组织会展活动的过程中，为了吸引更多的展商和观众参加，又有极大的动力夸大甚至伪造总成交额等数据。所以无论是通过向展商进行调查，还是从主办机构获取数据，成交额等三项直接关系会展活动交易性的数据几乎不可能真实。这种情况下，我们难以通过这种方法得到会展交易性优劣的准确指标。

根据第二种方法，首先需要确定影响会展交易性的因素。这些因素包括：

（1）会展活动中交易主体的数量。这一点主要取决于两个因素，即参展商数 N_A 和采购商数。由于专业观众群体很大程度上就是潜在的采购商，因此有时也可用专业观众数 N_{B1} 代替采购商数。参与会展的参展商和专业观众数量越多，会展交易性越强。

（2）会展活动中交易主体对接的效率。与展示性相似，对接效率可以用平均搜寻时间 t 来衡量。会展活动中，展商和观众是互相搜寻并实现对接的，因此平均搜寻时间可以以其中一方为准来计算。由于展商数在会展期间是不变的，因此我们用专业观众的总投入时间除以其实现对接洽谈的展商数，就得到专业观众的平均搜寻时间 t。t 值越小，会展的交易性越强。

（3）会展活动的展位市场价格。展位价格之所以能够成为反映会展交易性的因素，是因为在商业性会展活动当中通常存在着市场竞争，而展商在若干个同主题商业会展当中的选择主要取决于不同的交易效果预期。展商的交易效果预期除以其购买展位的价格就是展商在选择会展活动时的标准。这一标准与上

面所提到的可见交易性指数（VDI）非常相似，唯一的不同就是它是隐藏在展商内心而不可见的，因此可以称其为隐蔽交易性指数（IDI）。如果展位价格是市场形成的，那么市场均衡就存在于使不同会展活动的隐蔽交易性指数趋于同一的价格。而隐蔽交易性指数趋于同一时，展位市场价格越高，相应地会展交易性必然越强。

值得注意的是，展位市场价格有时并不等于会展主办机构报出的展位价格。一些交易性很强的会展活动，展位价格往往会有一个二级市场，一些展商从主办机构手中拿到展位后将其在二级市场上再次出售，此时的价格要高于原始价格数倍。这一情况最现实的例子就发生在广交会上。

如果定义某一会展活动的交易性指数为 DI；其展位市场价格为 P；展商数和专业观众数仍为 N_A 和 N_{B1}，专业观众的平均搜寻时间仍为 t；则有

$$DI=F_2\ (N_A^+,\ N_{B1}^+,\ P^+,\ t^-)$$

同样，式中“+”代表正相关，“-”代表负相关。据此，可对不同的会展活动进行交易性高低的比较。

（三）一般标准

在会展活动两个最重要属性——展示性和交易性的评价标准确定以后，我们可以试图得到一个评价会展活动绩效的一般标准。如果我们把交易性作为横轴，把展示性作为纵轴，构建一个二维空间，那么就可以把所有的会展活动以点的形式表示出来。可以看出，越靠近原点的点所表示的会展活动绩效越差，而越远离原点的则越好。

同时，我们也可以得到，靠近纵轴的点所表示的会展活动侧重于展示功能，落在纵轴上的是纯粹展示性活动；而靠近横轴的点所表示的会展活动侧重于交易功能，落在横轴上的则是纯粹交易性活动，按照我们对会展的定义，这些活动不属于会展活动，他们所代表的其实就是超市、批发市场一类的纯交易平台。

在对若干农业展览进行统计调查后我们发现，如果绘制在这个二维坐标系中，当前我国农业展览总体上呈现“上弦月”的形状，凸向原点，这说明我国农业会展的总体绩效水平是亟待提高的。

二、会展活动的外部性效果

会展活动对外部经济的贡献主要可以表现为著名的“乘数效应”，即通常所说的会展经济乘数。很多研究者在对成熟会展经济的研究中发现，会展自身每获得 1 元的收入，往往会带来相关产业 5～8 元的价值增值，即所谓“1：8”

效应。因此，我们在评价会展活动的绩效时不能仅仅限于其自身的运营效果，还要考虑其对宏观经济带来的外部性。

（一）乘数理论

现代西方经济学家凯恩斯在 1936 年提出乘数理论，指出在一个宏观经济中，投资与收入和失业之间存在密切联系，投资的增加可以增加收入，减少失业，投资的减少会减少收入并增加失业。在一定条件下，一定数量的投资额会带来国民收入若干倍的增加。一个部门的新增投资，不仅会使该部门的收入增加，而且会通过连锁反应，引起其他有关部门的收入增加，并促进其他部门增加新投资获得新收入，致使国民收入总量的增长若干倍于最初那笔投资。这种效应被称为“乘数效应”。用公式简单表示为：

$$乘数=\frac{产量增量}{投资增量}$$

（二）会展经济的乘数效应

除了产生直接的经济效益外，会展活动对宏观经济的贡献主要在于其拉动的投资需求和消费需求产生了乘数效应。其中，投资需求是指举办会展活动产生的对场馆及相关配套设施建设的建筑材料、劳动力、资金、设备等的需求；消费需求是指参展者对会展业本身以及旅游、餐饮、通讯、交通、商贸、金融等相关行业产品和服务的需求。

会展活动不仅能够给举办地带来场租费、搭建费、广告费、运输费等与会展经济有关的直接收入，而且还能为房地产、交通、旅游、通讯、广告、零售、印刷、餐饮住宿、装饰等许多行业带来很高的经济效益。通常情况下，会展活动带给以上相关产业的收益远远大于其自身的收入。会展活动通过激励参展、参会企业增加投入，即增加消费，促进消费形成了“消费支出增加——经济增长加快——居民收入增加——消费需求增长”的良性循环，极大地推动了区域经济的发展，促进了国民经济的快速增长。

会展的几项主要乘数①可以表示为：

$$收入乘数=\frac{举办地区的总收入增加额}{会展收入增加额}$$

$$消费乘数=\frac{因会展而带动的该地区社会消费增加额}{会展收入增加额}$$

① 李巾妹．我国农业会展的功能研究［D］．中国农业大学，2007.

$$就业乘数=\frac{会展所创造的直接和间接的就业人数}{会展收入增加额}$$

如果会展收入直接注入会展举办地的经济体系中，则会对各部门产生直接或者间接的影响，从而引发整个经济体的关联效应。按照会展价值链的有关理论，会展产业投资和消费规模的扩大，将带动相关产业的迅速发展，提高产业的收益水平，而产业收益水平的提高又反过来加速会展产业新增投资的力度，进一步促进会展产业规模的扩大，产生新一轮的乘数效应，促进区域经济的增长。值得注意的是，乘数效应的作用可以是双向的，收入增加，则相应的会展举办地的总收入增加额、消费增加额、就业数会以相应的乘数增加，收入减少则会展举办地的总收入增加额、消费增加额、就业数会以相应的乘数减少。

三、农业会展的技术推广效果

除以上两个方面以外，我国的农业会展还具有特殊的功能和意义，这是我国现阶段的特殊国情和农业经济的特点所决定的。中国农业现代化的主要任务是解决“三农”问题，而引导农民进行农业技术的革新和推广，则是中国农业现代化过程中绕不过去又必须解决好的问题。由于农业会展具有很好的宣传展示效果，因此现阶段我国大多数农业会展都肩负着农业技术推广应用的职责。在评价农业会展的绩效时，对这一点不能忽视。

研究和评价农业会展在农业技术推广方面的作用时，可以借鉴农业推广学当中的“双向沟通”理论和农业行为改变理论。

（一）“双向沟通”理论

作为我国农业技术推广体系的一个重要渠道，如何提高农业技术推广的实际效果是举办农业会展必须考虑的问题。

早期的农业技术推广未能达到预期效果的主要原因在于目标客户个人或团体（农民个人或农民群体）与推广信息和方法之间存在信息不对称的问题，也就是说，推广的新技术及方法不适合选定的目标客户的需要。在对这一问题的研究过程中，农业推广学科内产生了“双向沟通”理论。该理论认为任何技术的推广过程都应该是双向的，要取得良好的推广效果，必须解决推广主体与农民之间的沟通问题。而在双向沟通中，推广内容（信息）与推广方法（沟通）是推广过程中的两大要素，共同决定着推广工作的成效，甚至有时“沟通”比“信息”更为重要。这是由于信息（技术、方法、经验等）是一种客观存在，但农民对信息的感受、理解、态度、接受却是多种多样的，要受到多种主、客观因素的影响，同一推广内容可以会遇到农民的不同的态度和看法，所以推广时要根据不同推广对象的实际情况，有针对性地采用有效的沟通方法，才能达到预期的效果。[①]

用公式简示之，即推广效果＝推广内容（信息）×推广方法（沟通）。可见，信息和沟通作为影响最终效果的两个因素，缺一不可，任何一方较弱都会难以实现良好的推广效果。因此，在评价农业会展的推广绩效时需要从两个方面入手。

在沟通较好的农业会展当中，企业通过面对面的交流沟通，可以采用更生动形象的方式向参加展览的观众，尤其是农民观众，展示最新的农业科研成果及方法，提高观众的接受程度，从而提高农业科研成果及方法的推广效果。在这样一个互动过程中，展商将成果及技术信息传达给观众的同时，也可以第一时间得到观众的反馈，更好地了解观众的需求，从而帮助企业进行未来的经营规划。

（二）农户行为改变理论

随着市场经济体制的建立，农户成为农业生产经营的微观主体，其行为模式及思维模式发生了很大变化，为了保证农业推广工作顺利进行，必须深入细致研究农民行为及其改变的规律性。

1. 农户决策行为分析

生产者的决策行为可假设为在一定的约束条件下，追求效用最大化的过程。在农业技术扩散过程中，农户技术采用的行为模型为：

$$\pi(i)=P\times Q(X)\times G(Z)-\sum R(j)\times X(j)$$

其中，$\pi(i)$ 为第 i 个农户对采用某种技术的期望利润；$Q(X)$ 为采用新技术后的预期生产函数；$G(Z)$ 为技术采用决策或信息的转换变量函数，它取决于 Z（影响技术采用的各种因素向量），且 $G(Z)$ 值介于 0～1 之间；X 为 j 种生产投入 $X(j)$ 的投入向量，P 和 $R(j)$ 分别为产出和投入品（X）的预期价格。

只有在满足临界条件 $\pi(i)\geqslant 0$ 的基础上，农户才能够获得投入技术的利润，从而在这种利润的驱动下，产生了技术采用的内在需求，这是技术采用动机形成的基本要素。

农业会展中，企业只有把握住影响农户决策的主要因素，通过将新品种或新技术与传统方法与技术进行比较，使农民真切看到采用新品种或新技术带来的更多的利润，才能促使农民做出采用新品种或新技术的决策，达到推广新品种和新技术的目的。

① 卢敏．农业推广学［M］．中国农业出版社，2005.

2. 动力与阻力互作模式

农业技术推广的目的是要引导和促进农民行为的改变，在某一特定的环境中，农民个人行为的改变通常是环境中阻碍力和驱动力相互作用的结果。根据对发展中国家农民行为的研究结果，并结合我国的实际情况，可以认为影响农民技术采用行为的主要阻碍力和驱动力如图 2-12 所示。[①]

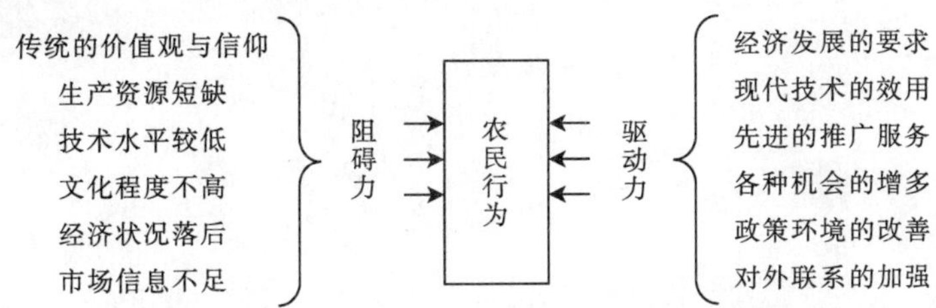

图 2-12　影响农民技术采用行为的阻碍力和驱动力

在农业推广中，驱动力因素促使农民采用创新，而阻碍力因素又阻碍农民采用创新。当两者平衡或阻碍力大于驱动力时，农民不会采用创新。当驱动力大于阻碍力时，农民行为发生变化，创新被采用，达到推广目标，出现新的平衡。随着时间的发展，推广人员不断推广创新技术，需要充分调动农民的积极性，帮助他们增加新的驱动力，以打破平衡，促使农民行为改变（如图 2-13 所示）。因此，农业技术推广工作就是在农民学习和采纳创新的过程中，不断增加驱动力，减少阻碍力，从而促进农民生活条件的改善以及农村经济的全面发展。

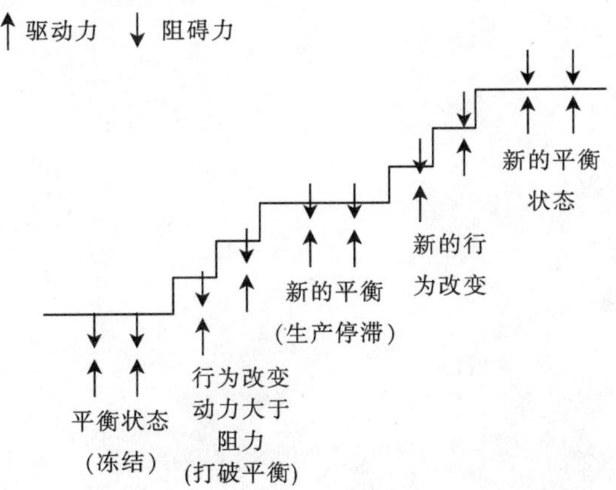

图 2-13　行为改变中动力与阻力的互动模式

① 高启杰．农业技术推广中的农民行为研究［J］．农业科技管理，2000（1）：28-30.

农业会展具有协助农民了解市场动态、把握市场行情的功能，可以通过对创新技术效果的展示，推广成本低、收益好的项目，使农民在经济利益的驱使下采纳创新。同时，农业会展还可以通过开阔农民的视野，直接改变农民的知识、技能、信念和价值观，增加驱动力，减少阻碍力，最终改变其行为。

第三章

农业会展运营状况分析

第一节 农业会展的数量和规模

一、农业会展的数量及时空分布

（一）总体数量

根据上一章的理论分析可知，农业会展是一种具有较强准公共产品属性的服务性平台。而根据公共产品理论，在不存在政府补贴时，准公共产品的社会供给应该是不足的。然而，在对我国农业会展行业的总体发展情况进行深入调查后我们发现，当前我国农业会展活动从总体数量上看却存在着“总体过量”和“结构性失衡”的问题。

根据农业部市场司的不完全统计，2008 年在全国大中城市举办的农业展览有近 300 个，县级以上农业展览、展销和洽谈活动数量超过 600 个，加之各类对公众或特定群体开放的会议、论坛和节庆活动，农业会展活动总数量超过 1 000 个。2009—2010 年，结合中国农业会展分类认定工作的开展，我们对全国农业会展的总体情况进行了一次较为全面的统计梳理。根据收集到的数据，2009 年全国大中城市共举办中等规模（展览总面积 3 000m^2）以上农业会展活动 201 个（详见本书附录 1），扣除 22 个同期同场地举办的会展①，按会展活动举办的实际次数计算为 179 次；县级以上各类农业展览、展销和洽谈活动总数量逾 700 个。

① 此类会展被称为“附属展”。

根据会展活动的主题和主要展出内容，201 个农业会展可以大致划分为 14 类，参见图 3-1。其中，“食品、饮品及其他加工农产品”类会展 48 个，约占总数的 23.9%，为第一大类农业会展；其次为“不限定类别的农产品”类会展 35 个，占比 17.4%；第三类为“不限定类别的农资用品”类会展 23 个，占比 11.4%。以上三类相加约占当年农业会展总数的 52.7%，可见综合性农业会展[①]仍居我国农业会展的主体地位。

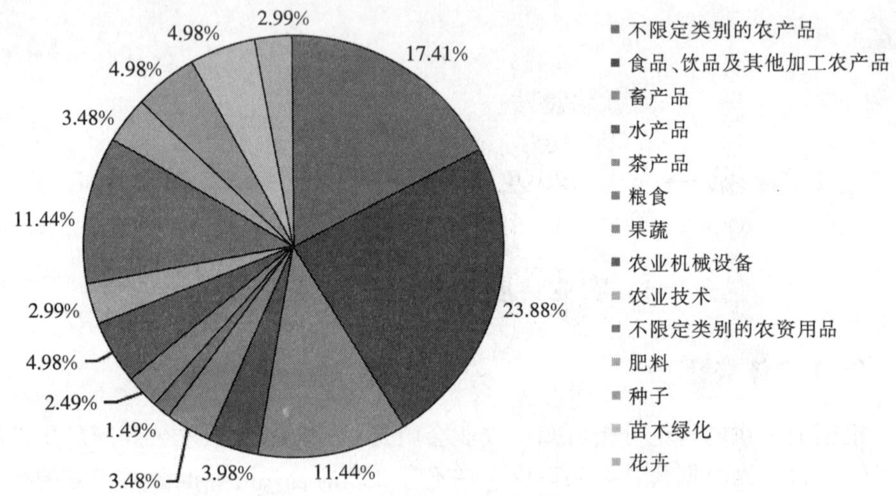

图 3-1 农业会展行业类别分布图

在专业性农业会展当中，“畜产品”类会展最多，共计 23 个，占总数的 11.4%；其次是“农业机械设备”类 10 个（5%），“种子”类 10 个（5%），“苗木绿化”类 10 个（5%）；“水产品”、“肥料”、“花卉”、“果蔬”及“粮食”类等专业性会展占比重较低。从中可以看出，农业会展定位的专业性越强，其数量越少。

从总量上来看，尽管在全球性金融危机和“会展小年”两重因素的影响下，2009 年我国中型以上农业会展的总数有所下降，但仍延续了近几年各地纷纷组办、争办、重复举办农业会展的趋势。全国平均每月举办大中型农业会

① 以上三种类别会展中的绝大部分都属于“综合性”会展（“食品、饮品及加工品”类中有 6 个专业性会展），“农业技术”类的 6 个会展也属于“综合性”会展。具体关于“综合性”与“专业性”的概念参加第一章。

展活动 16.75 个，每省年平均举办大中型农业会展活动 7 个，而如果计算那些小型、临时性和地区性的各类农业会展活动，以上数字将扩大 3 倍以上。相对于其他会展行业，农业会展数目多、层次杂、门槛低、主题重复现象严重，造成了整个行业供给的过量。很多农业会展之间出现争夺展商和观众资源的情况，而展商和采购商用户往往也疲于应付或难以抉择。

农业会展的供需失衡至少还可以从以下三个方面看出：一是农业会展的平均展位价格远低于其他行业会展；二是农业会展的规模普遍较小，且净展出面积占总展出面积的比重平均值较低；三是高质量用户的比重低，并由此造成会展实现贸易效果差。这三点的有关情况将分别在本章其他小节和下一章作详细分析。

除了总体供给过量以外，我国农业会展行业还存在着供求结构性失衡。这种结构性失衡也主要表现在三个方面：

一是综合性会展较多、供过于求，而专业性强的会展较少，供不应求。以“不限定类别的农产品”类会展为例，全国 35 个此类会展，定位和展出内容基本一样，彼此挤占会展资源。由于其展商和产品类型包罗万象，而观众群体也大多是社会大众，反复参加同类展览带来的收益不断递减，因此参展商和观众最多有参加其中一、两个展览的意愿和需求。而“水产品”、“粮食”、“果蔬”等类别的一些专业性会展则因其良好的贸易效果和专业的观众群体而受到企业的青睐，甚至可以在一年中举办多届。

二是重复主题会展较多、供过于求，而创新型会展较少，供不应求。伴随着全国农业会展的迅速发展，各地同主题或近似主题的农业会展大量涌现。在“不限定类别的农产品”类会展当中，规模最大、最有影响力的以“中国杨凌农业高新科技成果博览会”和“中国国际农产品交易会”为代表，截至 2009 年已分别举办了 7 届和 16 届。其余 33 个此类会展则大多是这两个展览会的翻版，展出内容、招展对象、主要活动甚至活动的形式如出一辙。另以“食品、饮品及其他加工农产品”类会展为例，48 个会展当中，直接以“中国绿色食品博览会”为会展主体名称（有的加以举办地点、有的加以“国际”字样）的就有 7 个，而以“绿色食品”为主题的会展更是多达 14 个。能够在活动形式上有所创新的会展尚不多见，而在主题和内容上有所创新的会展更是凤毛麟角。

三是服务质量一般，展示性和交易性较差的会展较多，供过于求，而服务质量高，展示和交易效果好的会展较少，供不应求。农业会展的组织运营过程中包含着大量的隐形成本和投入，一个能够提供优质服务和实现良好效果的会展往往凝聚着会展组织者巨大的心血，而这些对于会展用户来说并不是直观的，即农业会展市场存在着信息不对称的问题。这一问题的客观结果就是大量服务和效果较一般的会展不能有效退出市场，使市场总体供过于求。而极少数高质量的农业会展拥有较忠诚和稳定的用户群体，却出于维持服务质量的考虑不能或不愿过分扩大规模，使市场处于局部的供不应求状态。

（二）时间分布

从时间分布上看，我国农业会展行业具有以下特点：

1. 农业会展举办时间总体较为集中，呈“双峰型”分布

根据 201 个会展的统计数据，2009 年我国农业会展①在举办时间上以下半年为主，月度分布上较不平衡，呈现明显的“双峰型”（参见图 3－2）。其中，第一个高峰出现在 3～4 月（初春），第二个高峰出现在 9～11 月（秋季），年内超过 2/3 的农业会展集中在这五个月份内举办。单月举办会展数量最多的月份为 11 月，达 40 个，占全年总数的近 1/5。1～2 月和 6～7 月则是农业会展举办的低潮期，4 个月份共举办会展 16 个，仅占全年总数的不足 8%。单月举办会展数量最少的月份为 2 月，全国仅有 2 个会展举办。下半年共举办农业会展 131 个，约占全年的 65%。

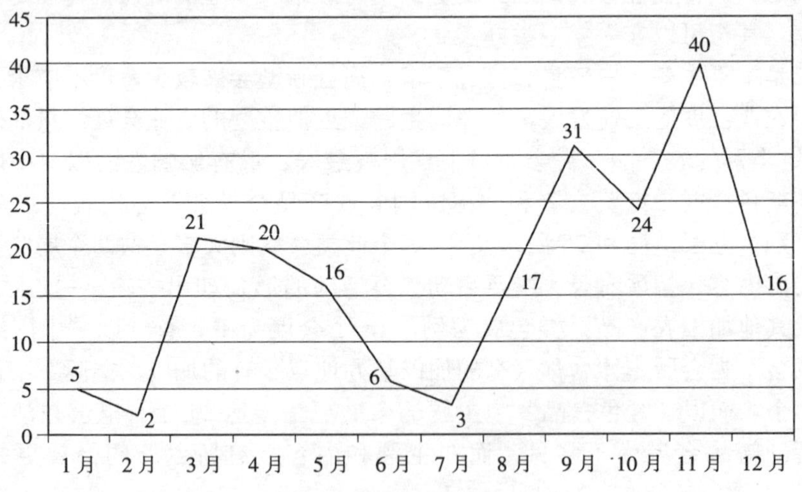

图 3－2　2009 年中国农业会展月度分布图

① 本章所提“农业会展”均指调查所涉及的中型（3 000m²）以上规模的农业会展，小型农业会展由于没有统计数据，不包含在本章研究内。

2. 同（近）主题会展在举办时间上倾向于集中，各类农业会展集中举办的时间不同

结合农业会展的主题对其时间分布进行具体分析可发现，无论是综合性会展还是专业性会展，相同主题和展出内容、具有较强替代性和竞争关系的会展倾向于同（近）期异地举办。其中，综合性会展如“2009 宁夏国际农业博览会暨肥料、种子、农药展示订货会”与“第六届中国武汉农业博览会”举办时间相同（11 月 10—12 日），举办地点分别为银川和武汉；专业性会展如“第三届中国湖南畜牧渔业及饲料工业博览会”与“2009（华南）兽药饲料产品采购及技术交流会”举办时间相同（6 月 16—18 日），举办地点分别为长沙和广州；“2009 中国茶产业（厦门）国际博览会”与“第六届中国国际茶业博览会”均为 10 月下旬举办（会期相差 6 天），而举办地点分别为厦门和北京。

相近主题和展出内容，具有较强互补性和合作关系的会展倾向于同（近）期同地举办。其中，综合性会展如“2009 湖南农资交易会暨新产品、新技术推广会”和“第四届湖南畜牧业暨饲料工业博览会”同为 12 月 10—11 日在长沙举办；专业性会展如“第九届中国（北京）国际绿色食品及有机食品展览会”和“第三届中国（北京）国际健康营养食用油产业博览会”同为 5 月14—16 日在北京中国国际展览中心举办；“2009 中国国际集约化畜牧展览会”和“第三届中国国际马业马术展览会”均为 10 月中旬举办（会期相差 3 天），举办地点同为北京中国国际展览中心。

另外从大类来看，不同类别农业会展集中举办的时间也有所不同，大多数都集中于两个高峰期之一。其中，“不限定类别的农产品”、“食品、饮品及其他加工农产品”、“种子”、“苗木绿化”等类会展主要集中在下半年 9～11 月，“畜产品”类会展主要集中在上半年 3～4 月，其余类别较为平均。

从以上两点可以看出，当前我国农业会展存在着较为明显的“扎堆”办展现象，档期[①]分布较不合理，这在一定程度上加剧了农业会展行业的供需失衡。影响农业会展档期分布的主要因素包括以下四点：

（1）农业生产的季节性。由于农业具有春耕秋收的特性，大多数种植农产品都是在秋季收获，秋季就成为农产品供给最丰富和市场流通最活跃的季节，

① 档期指的是同类会展在举办时间上的间隔，是影响会展效果的核心因素之一。如果同类会展的档期过短，就会造成会展资源的分散，影响会展规模，从而削弱会展效果的发挥；而如果会展的档期过长，就不能很好地满足企业的营销需求，同时也不利于及时反映产品市场的变化。不同的行业会展，其最优档期也有所不同。

因而很多以初级农产品及相关消费产品为主要内容的农业会展通常选择在9～11月份办展，一方面有利于促进农产品的产销对接，满足市场需求；另一方面也可以省去不必要的储藏成本，保证展出产品的鲜活，从而提高展出效果。这是我国农业会展在时间分布上以秋季为最高峰的主因。“畜产品”、“水产品”等产品的生产周期与种植产品不同，而“农机”、“农资”、“农业技术”等生产资料和技术类产品的需求也较少受季节性影响，因此在时间上集中于春季或分散于全年。

（2）政府和企业财务进度安排。当前我国农业会展的政府参与度较高，综合性农业会展大多是政府主导型，因而受到政府财政年度执行情况的较大制约。一般而言，每年1～3月份为国家及各地区财政预算的审批期，4～5月本年度的财政资金才会到达各级政府及事业单位的账下，而农业会展的招展招商工作至少需要4个月到半年，因而每年的9～11月便自然成为此类农业会展举办的高峰期。对于市场主导型会展而言，其举办时间则主要受潜在参展企业的财务计划影响。国内大型企业及外资企业大多于每年7～8月制订下一年度的工作计划及财务预算，包括用于参加会展活动的营销计划，随后一两个月是计划的审核和调整时期，很多会展组织机构此时开展重点参展商的招展工作，加之半年到一年的筹备，因此下一年的3～4月成为此类农业会展举办的高峰期。

（3）节假日、公休日的影响。1月、2月、7月三个月份为我国传统节假日和公休日较为集中的月份，其中1～2月有我国传统节日春节，7月为大多数公共管理部门集中休假的时间，因此这三个月是农业会展举办最少的月份。5月、6月和10月由于有“劳动节”、“端午节”、“国庆节”和“中秋节”四个法定假日，会展举办的数量也受到影响，只有一些直接面向大众用户的消费型会展或休闲型会展才愿选择此时举办。节假日和公休日的存在，加剧了我国农业会展时间分布上的不平衡。

（4）行业内部的竞争与合作。如前所述，相同主题的竞争性会展有同期异地举办的倾向，相近主题的互补性会展则倾向于同期同地举办，因此行业竞争和合作也是影响会展时间分布的重要因素。这一点可以借助经济学理论当中的霍特林（Hotelling）模型解释。

霍特林模型是最早使用线性区位方法研究厂商之间时空竞争问题的理论①。在这里，我们可以将线性市场中的空间替换成时间，以分析两个同主题

① 1929年哈罗德·霍特林从厂商不同空间位置出发，首次建立了一个线性（直线段）市场上的双寡头厂商定位模型，后来被作为差异化条件下市场竞争研究的基础模型。

展览的时间竞争问题。在霍特林模型中，消费者认为每个厂家的产品在地理或产品特征空间中具有一个特殊的位置，两种产品在地理或产品特征中越接近，它们就越是好的替代品。而对两个竞争性会展而言，同样可以认为其同质性越强，即会展规模相近、服务对象相近、地理区位相近、展示内容相近等，它们就是越好的替代品。根据霍特林模型的结论，在没有价格竞争（每一个厂商都以边际成本定价）的情况下，厂商追求利润最大化的结果就是每一个厂商都倾向聚集在市场中心，即“最小差异”原理。因此，如果两个农业会展是无差异的，则遵循霍特林模型的结果，两个会展在市场博弈中最终会达到同一时间，即同期举办。

实践经验表明，对于大多数农业会展来说，在没有同类会展竞争的情况下，半年左右的档期能够最好地实现会展的功效。这就决定了在特定的地域内，某一主题或某类产品的大规模会展在一年中不宜超过两次，如果超过这一限度，就表明该领域会展的竞争分散了会展资源，影响了行业总体功能和效用的实现。

由于多数农产品的生产和经营都有很强的季节性，农业会展在档期安排上有着特殊的要求。这就决定了农业会展行业必须得到政府的有效引导和行业协会的规范协调，同时向着专业化、产品细分的方向发展。而由于缺乏管理，这一问题已经成为影响和制约当前我国农业会展行业发展的重要因素。

（三）地域分布

在根据农业会展的实际举办地点考察其地域分布后发现，我国农业在地域分布上也存在明显的不平衡。

从大的区域上看，东部地区[①]为我国农业会展举办的主要集中地区，2009年共举办农业会展121个，逾全国总数的60%；中、西部地区举办农业会展各40个，不足全国总数的40%。从专业性会展占本地区全部会展的比例来看，三个区域大致相同，分别为47.9%（东部）、45%（中部）、47.5%（西部）。具体情况可见图3-3。

从具体省份来看，山东为农业会展第一大省，2009年共举办农业会展34

① 按照国家行政区划，东部地区指北京、天津、河北、辽宁、山东、江苏、上海、浙江、福建、广东、海南等11个省市；中部地区指黑龙江、吉林、山西、河南、湖北、安徽、湖南、江西等8个省；西部地区指内蒙古、甘肃、宁夏、陕西、青海、新疆、西藏、四川、重庆、云南、贵州、广西等12个省区市。

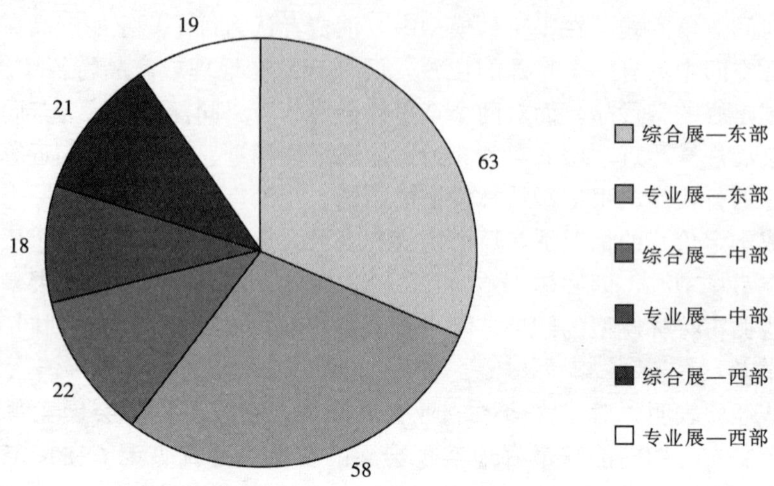

图 3-3　2009 年农业会展地域分布

个（其中有 4 个附属展），约占全国的 17%；其次为上海、广东和北京，分别为 19 个、18 个和 12 个。以上四省市举办的农业会展占到全国总数的 41%。参见表 3-1。

表 3-1　2009 年度农业会展省区分布

省份	山东	上海	广东	北京	河南	河北	浙江	内蒙古	四川	辽宁	江苏	湖北	安徽	湖南	福建
个数	34	19	18	12	9	8	8	7	7	6	6	6	6	6	5
次数	30	16	16	11	9	7	7	5	6	6	6	4	6	5	5
省份	陕西	新疆	吉林	广西	云南	黑龙江	山西	江西	海南	宁夏	贵州	天津	重庆	甘肃	
个数	5	5	4	4	4	3	3	3	3	3	2	2	2	1	
次数	5	3	4	4	4	3	3	3	2	2	2	2	2	1	

由上可见，当前我国农业会展在地域分布上也具有较强的集中性，主要集中在我国东部经济发达地区、农产品贸易发达省份（如山东和广东）和会展一线城市（如北京和上海）。由于交通、信息费用的存在，会展的影响力都存在一定的范围限制，即主要局限在会展举办地的周围。因此，地缘①因素与档期

① 地缘指会展举办的地域分布和区域特征。

一样，成为农业会展行业供需失衡的原因之一。

而要解决地缘分布不合理的问题，首先需要明确其形成的原因，即弄清会展主办机构是如何选择会展的举办地点的。是选择靠近产地以节省参展成本，还是选择靠近市场以促进销售？是选择会展经济发达但办展成本较高的东部地区，还是选择经济相对落后但是办展成本较低的中西部地区？是选择会展一线城市，还是选择二三线城市？

根据会展经济的理论，任何会展活动在选择举办地时，应当遵循的原则有两个，即“产地就近”原则和“市场就近”原则。而优先遵循哪条原则须根据不同的生产和市场状况决定，而其根本目标都是为了更有效地节约成本，促进贸易。

具体来说，影响农业会展地缘选择的主要因素大致包括以下五点：

1. 会展主题和功能定位

主题定位决定了会展的展出内容（产品）和服务对象（企业和消费者），而不同地区在主要产品、潜在参展企业和消费群体等方面具有显著差异，因此会展的主题定位能够很大程度的影响其举办地的选择。例如中国国际辣椒产业博览会，专业的主题定位决定了其展出内容主要集中在辣椒产品、制品、种子种苗、加工设备和相关技术服务等，而湖南省是我国辣椒的主要产地、加工地和消费市场，无论是相关企业还是消费者资源都比较丰富，因此在其他条件准许的情况下，长沙就是较为理想的展览举办地。

在功能定位上，根据农业会展宏观目标的不同可分为三类，即农产品产销对接、特定产业规模化、吸引国内外投资。根据对我国农业会展功能定位情况的调查统计，46%的农业会展的宏观目标定位为农产品产销对接；41%的农业会展为特定产业的规模化；还有13%的农业会展为吸引国内外投资。参见图 3-4。

结合这三类农业会展的举办地分析可发现，功能定位为农产品产销对接的农业会展多在中心城市或农产品集散区举办，这样有利于实现生产者与消费者的直接交流和贸易；功能定位为特定产业规模化的农业会展大多在产业集群地举办，这样可以将产业链上所有相关企业汇集到集群地，有助于区域产业规模化，提升规模经济和范围经济效果；而功能定位为吸引国内外投资的农业会展则多在经济相对落后但是自然资源丰富，亟待进行大规模投资开发的地区举办。由于大多数农业会展的功能集中在产销对接和产业规模化方面，因此农业会展也应该多集中于北京、上海、广州等中心城市和山东、广东等农产品市场化程度较高的区域，而这与前面的现状分析刚好一致。

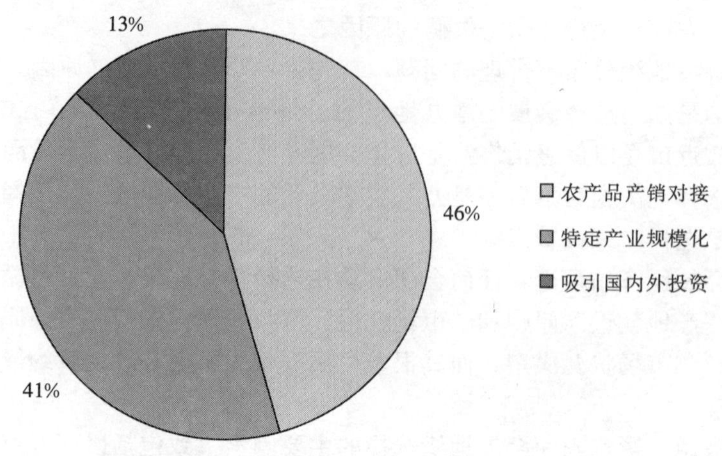

图 3-4　农业会展功能定位比较图

2. 政策条件和区域环境

不同地区政府对农业会展的重视和支持程度不同，这对于政府参与度总体较高的农业会展来说是决定其是否选择在此地办展的重要原因。通常，在会展经济较为发达的地区政府干预较少，政策支持也较为均衡，因此容易吸引那些竞争性较强、市场化程度较高的农业会展。而在会展经济相对落后的地区，政府也可能会对农业会展给予大力支持和政策上的优惠，因此对政府支持依赖度较高的农业会展会选择在此类地区举办。

除政策条件之外，不同地区的经济、人文环境和会展支撑能力也有所不同，会展区域环境较好、会展活动较集中的区域被称为会展“产业带”。农业会展的举办地选择也会受到我国会展产业带分布的影响，一方面会展产业带地区会展经济发达，硬件设施齐全且优良，能够为农业会展的成功举办提供基础条件；另一方面会展产业带地区会展企业数量较多且发展较为成熟，已经形成一套成熟的办展流程，利于保证会展质量。目前我国会展经济有三个比较成熟的产业带：以北京、天津为中心包括河北和山东一带的环渤海会展产业带、以广州为中心的珠三角会展产业带和以上海为中心包括江浙一带的长三角会展产业带。这些区域对农业会展的吸引力自然较高。

3. 准用户参展成本

农业展览作为一种服务产品，参展商和观众是其主要需求者，降低这些准用户的参展成本能够吸引更多的用户来购买。同时，会展自身的聚集性和外部性使其具有用户越多，收益越大的特点，因而准用户的参展成本也是影响展览举办地的一个重要因素。尤其是参展商用户，由于通常要携带参展产品参展，那么交通成本和运输成本是其必须考虑的。以水产品类会展为例，如果选择在中西部地区举办，那么参展商的产品运输成本将大大提升，不仅路程远，交通成本高，水产品保鲜成本也高，由此很多参展商可能会放弃参展；但若选在东部沿海城市举办，参展商只需花费一小部分运输成本，因而会大大激励其参展。

4. 同类会展的竞争与合作

根据上一小节对农业会展时间分布的分析，目前我国的农业展览存在着主题重复、档期集中的问题。很多同主题会展之间存在着或竞争或合作或兼而有之的关系，而这种竞争和合作关系在影响其举办时间的同时也会影响其举办地点的选择。对于两个竞争性的农业会展来说，在竞争力较强一方的举办地点确定后，竞争力较弱的一方往往会选择其辐射范围之外的城市作为举办地；而对于两个互补性农业会展来说，往往选择同地办展。

5. 场馆供应情况

任何会展的主办方在依据以上几项因素选择举办地时通常会选择一个最优举办地，同时选择一个或几个备选举办地。因为举办农业会展需要特定的展出场地和展览条件，如果在预定档期内没有合适的场馆供应，会展是不能够举办的，只能启动备选方案，更改举办地。因此，各地展览场馆的供应情况是决定农业会展地缘的一个硬性条件。

农业会展的举办地大多是在综合考虑以上五个因素并结合特定会展自身的特点而决定的。较之档期而言，农业会展的地缘问题更加复杂，行业管理的难度更大。如何有效发挥地区优势，打造适应区域经济发展要求和会展市场需求的品牌、特色农业会展，将是困扰和考验整个农业会展行业的一个长期性问题。

二、农业会展的规模及成长性

（一）规模

农业会展的数量只是构成其市场供给的一个因素，而另一个则是规模。规模指的是会展平台的容量，主要体现在展览面积和用户数两个方面，而用户数通常又取决于展览面积。为分析当前我国农业会展的行业运营情况，我们对以上 201 个农业会展中的 46 个[①]进行了深入调查，其中包括规模数据的统计。

① 46 个被调查会展的选择过程并非随机抽样，但从其类型、规模、地域分布等情况及统计数据结果看，基本可以作为农业会展总体情况的代表。

根据46个会展的统计结果，2009年农业会展的平均展览面积为16 372m²，最大单个展览面积67 000m²，最小单个展览面积3 000m²；平均每个会展有参展商580家，参观观众约7.6万人次。如果按照全年中等规模以上农业会展共举办179次①来估算，2009年全国农业会展展览总面积约293万m²，参展商总数约10.4万家，参观观众总数约1 376万人次。详细统计结果参见表3-2。

表3-2 2009全国部分农业会展统计概况

指　标	缺失值个数	离群值个数	有效数	平均值	全国估计总数
会展总面积	0	0	46	16 372m²	293万m²
参展商数	2	1	43	580家	10.4万家
参展观众数	4	1	41	7.6万人次	1376万人次

根据以上数据，当前我国农业会展的规模普遍偏小，较之其他行业会展，农业会展行业的资源更加分散，竞争力更弱。另外，我国农业会展在规模方面还有以下两个特点：

1. 综合性会展较之专业性会展，其规模更大一些

在46个被调查会展当中，综合性会展有29个，平均展览面积约为19 779m²；专业性会展17个，平均展览面积约为10 559m²。综合性会展的平均规模约为专业性展览的1.87倍。在13个展出面积超过2万m²的农业会展中，综合性会展有12个，占绝对多数。参见表3-3②。

表3-3 不同类别会展规模分布情况

单位：个、m²

	2万m²以上	0.5万～2万m²	0.5万m²以下	总 计	平均展览面积
综合性	12	14	3	29	19 779.3
专业性	1	12	4	17	10 558.8
合　计	13	27	7	46	

专业性会展之所以规模多为中等甚至偏小，其原因在于专业性会展的针对性强，较之综合性会展大大的缩小了潜在用户的范围，而且专业性会展大多对参展商有一定的准入限制，这些都对其规模造成了限制。另外，专业性会展的市场化运作程度高，在市场机制的调节下，这类会展自动追求“均衡

① 如前所述，多个会展同期同地举办按一次计算。

② 表内“2万m²以上”含2万m²，“1万～2万m²”含1万m²，其他依次类推（表3-4同）。

规模”，以获得利润最大化，避免了刻意求大求全。而大规模综合性展览所占据的数量优势，究其原因，一方面是因为用户准入条件低，各类企业均可参展，通常对观众也几乎没有资质限制；另一方面，则由于综合性会展多为政府主导型会展[①]，受成本和利润的约束较弱，而且不乏主办方政府追求政绩的推动。

结合上一节所述，综合性会展在数量上本来就占多数，其规模又普遍较大，主题重复程度更高，加之时间和地域分布上的集中，这四个因素的综合正是造成我国农业会展总体供需失衡的原因。

2. 不同地区农业会展规模的梯度层次不同

在东部举办的28个农业会展中，有8个规模在2万m^2以上，占28.6%；14个规模在5 000m^2到2万m^2之间，占50%；另有6个规模在5 000m^2以下；中部地区举办的11个农业会展中，72.7%的会展规模在5 000m^2到2万m^2之间；而在西部举办的7个农业会展中，有3个规模在2万m^2以上，另外4个规模都在5 000m^2到2万m^2之间。见表3-4。可见东部地区既有一定比例的大型农业会展，又有众多的中小型专业性会展，其规模层次多样，结构较为合理，而中西部会展则多集中在大中型规模上，结构较为单一。从平均展览面积来看，东部地区约为13 500m^2左右，低于全国平均水平；中部地区约为19 000m^2左右，略高于全国平均水平；西部地区约为23 900m^2左右，远高于全国水平。

出现以上情况，可能是因为西部地区经济较为落后，农业会展数量较少且多数是由政府补贴举办的，市场集中度高和政府的扶持往往使得少数农业会展发展成为大规模的综合性展览。东部地区经济较为发达，市场化程度较高，会展同业竞争也比较激烈，因而成为专业性展览的沃土。而专业性展览定位明确，往往不需要或不能进行大规模的扩充，因而东部自然成为中小型会展的集中区域。中部地区介于两者之间，农业会展的专业化程度和竞争烈度低于东部、高于西部，因此在规模上趋于中等化。

表3-4　不同地区会展规模分布情况

单位：个、m^2

	2万m^2以上	0.5万～2万m^2	0.5万m^2以下	总计	平均展览面积
东部	8	14	6	28	13 489.3
中部	2	8	1	11	18 927.3

① 农业会展的市场性分析见本章第二节。

（续）

	2万m²以上	0.5万～2万m²	0.5万m²以下	总计	平均展览面积
西部	3	4	0	7	23 885.7
合计	13	7	7	46	

（二）成长性

成长性指农业会展的规模增长情况和发展趋势。根据有连续三年（2007—2009）规模数据的37个会展的统计，可以对当前我国农业会展的成长性有一个初步的了解。2008年与2007年相比，54%的会展在规模上保持不变，5.4%的会展规模有所缩减，另外40.6%的会展规模有所增长，其中有占总数27%的会展规模增长在20%以上；2009年与2008年相比，40.6%的会展规模保持不变，10.8%的会展规模有所缩减，另外48.6%的会展规模有所增长，其中有占总数29.7%的会展规模增长在20%以上。综合三年的情况来看，24.3%的会展规模保持了不变，18.9%的会展保持了连续两年增长，其中有占总数10.8%的会展连续两年保持了20%以上的增速。参见表3-5。从37个会展规模的平均值上看，2009年的均值为17 678m²，比2008年增长11%，比2007年增长20.4%。

表3-5　2007—2009年农业会展规模变化情况

单位：个

规模变化情况	2007—2008	2008—2009	连续两年
规模不变	20	15	9
规模扩大（≥20%）	10	11	4
规模扩大（<20%）	5	7	3
规模减少	2	4	0
合计	37	37	** ①

从以上数据可以看出，我国农业会展规模总体呈现稳中有升的态势，其中2009年会展规模增速较2008年有近3个百分点的提高。可见，尽管受金融危机和会展小年的影响，2009年我国农业会展总体数量较2008年有较大幅度下

① 56.8%的会展在三年中没有保持连续变化，即只有一年增长或缩减，另一年保持不变或呈反向变化。

降，但是就单个会展的规模来看，上升的趋势非常明显。出现这一情况有两种可能的原因：一是我国农业会展总体具有较强的成长性，在政府和市场的双重推动下会展规模上升的空间较大；二是大型品牌农业会展活动具有一定的逆周期性。在全球宏观经济不景气的情况下，农业企业订单减少、客户变更，较之平时更需要通过参加会展活动寻找客商，同时企业会力图减少会展营销成本，从而减少所参加会展活动的数量，集中参加知名度和美誉度较高的会展，从而使大型品牌会展规模不减反增。

（三）规模和成长性综合分析

规模及成长性是会展行业发展的一个重要指标，也是我国农业会展目前面临的首要问题。首先，一定的规模是会展收支平衡，从而实现长期可持续发展的保证。要维持农业会展行业的健康、有序发展，必须使会展保持一定的盈利性。根据会展经济的理论，在目前农业会展的平均收费水平下，会展面积3 000m^2，参展商数量120家是大多数会展盈亏的平衡点①。如果不能保证会展的规模在此之上，会展就难以实现可持续发展。其次，就会展的功能发挥程度而言，规模也是一项至关重要的因素。根据传播学的理论，受众的数量是影响传播效果的第一因素。会展活动的展示效果遵循如下“梅特卡夫”定律的影响，即如果有N个受众参与会展活动，会展实现的传播效果为aN^2+bN+c。因此，在其他因素相同的情况下，会展的规模越大实现的效果越好。

影响农业会展规模和成长性的因素包括潜在用户的数量、主办机构的性质、会展的主题定位以及场馆供应情况等四个方面，而其中潜在用户数量是最主要的影响因素。

1. 潜在用户数量

农业会展作为一种商品，用户即参展商和观众是其需求者和最终购买方，当用户的服务需求与主办方的服务供给相等时，供需实现平衡，市场效率会达到最佳状态。由于会展主办方通常需要事先确定会展的规模，因此对潜在用户数量的判断是影响其决策的首要因素。由于同主题会展的竞争会分化一定的用户需求，因此也会间接地对会展规模造成影响。

2. 主办机构性质

一个由政府主办的农业会展的规模通常要大于会展公司或社会机构主办的农业会展，因为政府的目标在于社会效果最大化，而财政支持和行政资源也能

① 农业会展的效益分析见本章第二节。

够支撑一个大型的农业会展，即通常所说的“政府搭台、企业唱戏”。而市场化运作的农业会展往往须遵循利润最大化的经营原则，同时由于资金和能力的限制，短期内难以扩大规模。

3. 会展主题定位

会展的主题定位对其规模的影响与潜在用户数量既有联系，又有区别。一方面，不同主题的会展其对应的行业市场情况不同，行业内的用户数量和价值空间也有所不同，从而决定了不同的规模；另一方面，即使在用户数量和市场价值空间上不存在差别，不同展示内容的会展对展出场地的要求也有很大差异，例如农业机械类会展和食品类会展即使在参展商和观众用户数上完全一致，其展览面积也会相差悬殊。

4. 场馆供应状况

展馆的供应是影响农业会展能否顺利开展和能够多大规模开展的硬性制约因素，若场馆紧缺且面积偏小，那么即使农业会展有扩大规模的需求也不能得到满足。但是，随着 2002 年以来全国各地展览场馆建设热潮的兴起，大规模展馆的数量急剧上升，只要主办方规划合理，场馆目前已基本不会成为制约因素。

农业会展规模的决定主要受以上四个方面因素的影响。通常情况下，一个较大规模的会展，有利于聚集更多的潜在用户，提升交易和传播效率，但这并不意味着会展规模越大越好。会展规模过大，用户数量过多，往往会加大管理和服务的难度，而如果缺乏有序的管理和高效的服务，会展也难以实现良好的效果，往往既浪费了成本，又损害了效率。因此，农业会展在规模的选择上应综合考虑各方面的因素，在保证服务质量的前提下，逐步整合资源、树立品牌，而不能盲目追求扩张规模。

第二节　农业会展的价格和服务

一、农业会展的价格及效益分析

（一）价格

上一节中提到，我国农业会展供需失衡的市场情况会直接反映在农业会展的价格上。根据对 2009 年部分农业会展的调查统计，下面将分析我国农业会展的总体价格和效益情况。在 43 个取得标准展位价格信息的展会中，平均每标准展位[①]价格约为3 166.5元人民币；在39个取得空地展位价格信息的展会中，平均每平方米空地展位价格为446元人民币[②]（参见表3-6）。从均值来看，同等面积情况下空地展位价格略高于标准展位价格，这与其他会展行业的情况一致[③]。但与其他会展行业的价格水平相比，农业会展仅为其40%左右（根据2008年展览行业价格数据）。

表3-6　农业会展价格情况

单位：元/个，元/m²

	缺失值（个）	有效值（个）	加权平均值	简单平均值	最高单价
标准展位（元/个）	3	43	3 166.5	3 569.8	8 100
综合性	3	26	2 557.4	2 638.5	4 800
专业性	0	17	4 427.7	4 994.0	8 100
东部	3	25	3 491.7	3 824.0	8 100
中部	0	11	2 552.8	3 027.3	5 500
西部	0	7	3 259.6	3 514.3	5 000
空地展位（元/m²）	7	39	445.9	413.9	1 000
综合性	4	25	398.0	315.7	1 000
专业性	3	14	705.2	575.4	900
东部	4	24	408.2	392.1	900
中部	2	9	514.7	408.8	1 000
西部	0	7	471.9	488.6	900

从表3-6中还可以看出，无论是标准展位价格还是空地展位价格，综合性会展都明显低于专业性会展。其标准展位平均价格仅为专业性会展标准展位价格的不足58%，空地展位价格仅为专业性会展空地展位价格的56.4%。除了考虑综合性会展具有更强的政府主导性而导致的价格抑制之外，这一差异充分印证了本章第一节所述不同类型农业会展供需关系的不同。

① 绝大多数会展标准展位面积为9m²，极个别展会为6m²或12m²。

② 以上两个数据的取得均为净加权平均算法，而非各会展价格的简单平均（同样给出以作参考）。具体算法为：首先根据每个会展的收费标准展位数（收费空地展位面积）算出其标准展位（空地展位）总收入，加总后除以所有会展标准展位总数（空地展位总面积）。

③ 空地展位的费用中不含搭建费，其价格通常反而更高，原因是空地展位的位置通常较好，能够通过特装实现较好的展示效果，而空地展位的需求者一般是行业内的高端企业，其需求价格弹性较小。

另外，从举办地区的影响来看，东中西部农业会展在价格差异上并没有明显的规律性。这在一定程度上说明了“一价定律”的合理性，即在行业内存在较充分竞争的条件下，地域差别不会是影响价格的主要因素。

影响农业会展价格的最主要因素仍然是会展市场的供求关系。由于会展的供给和价格在形式上是由其主办机构决定的，而供求关系对其的影响却是潜在的，因而会展市场上通常会形成名义价格和实际价格的差别。名义价格即主办方对外公布的展位（门票）价格。实际价格即在供求关系的影响下，经供需双方自动调整后，买方实际支付的展位（门票）价格，即均衡价格。供求关系对会展价格的影响大致可以分为以下两种情况：

一是供大于求。如果一个农业会展在举办的过程中由于宣传不力，或者受到同档期同主题会展的冲击，使原定展出规模出现空置，主办方往往会将展位打折出售甚至免费送出空余展位，或者在不额外收取费用的前提下配送会展服务，比如免费提供宣传，帮助参展商向观众派发小礼品等。这些措施表明，会展的实际价格已低于其名义价格。

二是供不应求。如果一个农业会展的知名度很高或者在举办地的声誉很好，或者受到外来事件的冲击如同类会展的停办，参展商参展的需求高出预期，导致展位供不应求，就会出现展位实际价格比名义价格高的情况。比如广交会，其展位在二级市场上的价格有时甚至可以达到其主办方原始卖价的5倍。另外，有些会展主办方在发现会展供不应求时，会在会展现场提高水电、租赁等可变项目的收费，从而变相地提高了展位的实际价格。

除了供求关系之外，展览行业竞争也会通过影响主办机构定价策略而间接影响到会展的价格。会展市场上也存在着复杂的竞争关系，一般可分为内部竞争和外部竞争。在内部，竞争会在同一个会展内部不同的主体之间发生，如参展商之间对特定展位或观众资源的竞争。而在外部，竞争会在两个或多个会展之间发生。同时，会展作为参展商营销方式中的重要一种，还和其他营销方式，如与媒体等其他类型的双边平台之间存在竞争。在这些不同层次的竞争当中，首要考虑的就是定价问题。

在内部竞争方面，由于会展是一种典型的双边平台，其定价不仅包括价格水平问题，即展览向参展商和消费者收取的总的价格，还包括价格结构问题，也就是如何在参展商和观众之间分配总价格。价格结构影响会展主办者的利润和经济效率，这就需要展览经营者不仅要确定价格总水平，更重要的是要确定价格结构，即确定哪一方承担更多的价格成本，哪一方承担更少的价格成本（成本由另一方补偿）。通常情况下，展览往往对参展商要价更高一些，而向观众要价更低一些。有时对观众的价格可以是零，即免费参观展览，甚至可以是负的，如展览主办者为了吸引参展商，通常会邀请一些特邀买家，并为特邀买家提供免费的交通和食宿服务。

在外部竞争方面，一些处于培育期或者成长期的农业会展，在还没有形成品牌效应和较高的知名度时，为了拓展市场空间，往往会在议价时提供打折或额外服务来吸引参展商。这种注重成长性高于短期经济收益的扩张战略，客观结果便是降低了会展的实际价格。

（二）效益

1. 会展主办机构效益

根据前述 43 个会展的价格和展位信息，可以大致算出其来自展位销售的总收入约为 13957 万元，平均每个会展来自展位的[①]毛收入约 324.5 万元。而在上一节有关规模的分析中提到，农业会展的平均展览面积约 16 372m^2，根据当前会展场馆每日收费标准，每平方米场地租金[②]一般在 8～16 元左右[③]，按照每个会展的会期为 5 天计算，我国农业会展的平均场地租金约为 90 万元。根据农业会展行业的一般情况，场地租金大约能占到会展成本的 30%～40%，如果按照 1∶3（即场地租金占会展总成本的 33.3%）的比例来估计，农业会展平均总成本约为 270 万元。那么，可以粗略地认为，农业会展的平均净收入约为 54.5 万元。就行业平均水平而言，农业会展主办机构的成本收益比约为 1∶1.2。换言之，不考虑税收因素和风险因素，当前我国农业会展行业平均利润率[④]约为 16.8%。较之于会展全行业的平均利润水平（大约 20%～25%），农业会展行业的总体盈利性明显偏低。这与农业会展以农业企业和生产者为主要服务对象，而农业本身利润率低有很大的关系。如果考虑税收和风险因素，在没有政府财政支持的情况下，农业会展的可持续发展将面临较大的问题。

2. 拉动社会经济效果

由于会展经济具有公认的乘数效应（通常所说的“1∶8”、“1∶9”效应），

---

① 即不包含门票收入，也不包含广告、赞助等其他方面的收入。

② 此处的场地租金指展览场馆对空地收取的租金，包含最基本的服务如卫生清洁，不包含标准展位设计、搭建、水电、桌椅租赁、楣板制作等标准服务，更不包含地毯、特殊要求搭建和制作等订制服务。标准服务收费大约与场地租金相当，两项之和约占大多数农业会展组织运营总成本的 60%～80%。

③ 不同城市不同展馆价格差异较大，本节分析将按 11 元/m^2 的场地租金价格进行估算。

④ 此处专指会展主办机构的销售利润率，其他会展服务机构的情况不包含在内。

农业会展在实现自身经济效益的同时也会带动举办地区域经济的发展。如果按照前述农业会展的收入水平来估算其宏观经济效果，则在1：6的乘数效应①下，2009年我国中等规模以上农业会展（按179次计）带动宏观经济的效果可以达到34.8亿元。

除了直接经济效益和对宏观经济的拉动作用以外，会展活动最受人关注的就是其实现的贸易效果，通常包括成交额、意向贸易额以及投资合作金额等。在对39个农业会展的成交额、意向贸易额以及投资合作金额进行调查的基础上，我们对农业的贸易效果及其与会展规模的相关关系进行了研究。

选择其中数据较为齐全的贸易成交额、意向贸易额与相应会展总面积作图，其中横轴为会展面积，纵轴为交易金额，实心点为成交额，空心点为意向成交额。如图3-5所示，被调查农业会展的成交额和意向贸易额的分布非常散乱，几乎没有规律可循。这说明从39个会展的统计数据来看，无论是总成交额还是意向成交额都与会展规模没有相关关系。

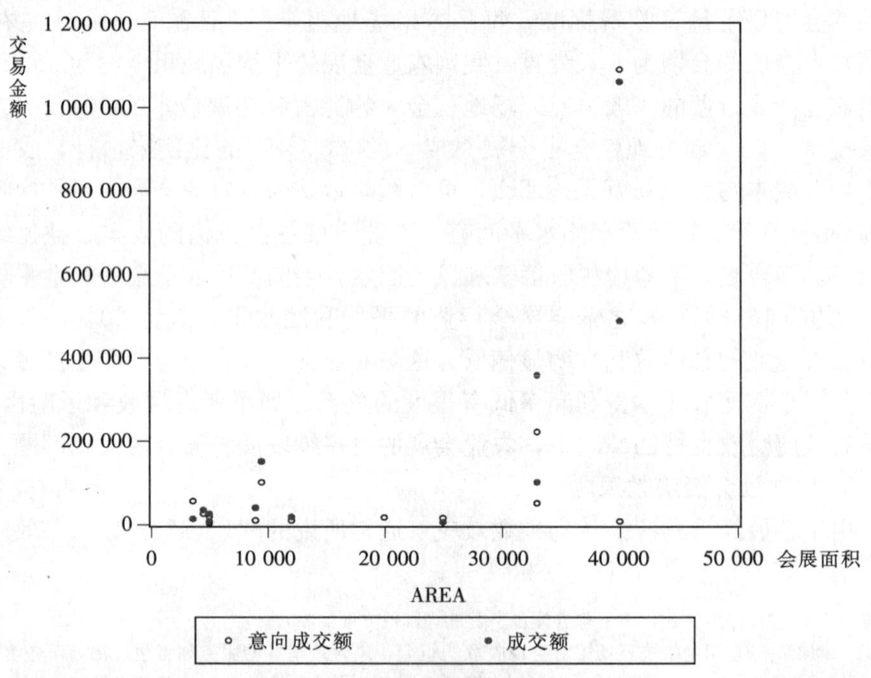

图3-5 2009年我国部分农业会展的会展面积、成交额以及意向成交额

① 此处合理地假设农业会展的乘数效应略低，关于农业会展经济乘数的研究本书从略。

这一结果可能出于以下两方面的原因：一是在统计数据时难以获得真实可靠的数据信息，由于贸易效果和展会规模方面的数据通常是会展主办机构吸引新用户或者宣传政绩的重要工具，因此农业会展的主、承办方，无论是政府还是企业，都有很强的动机去夸大这两方面的数据；二是很多农业会展盲目地追求扩大规模而不重视优化服务，使得会展的贸易效果并未随着会展规模的扩大而增加。针对第一种可能，我们尝试通过逐步去掉明显离群值的方法来考察剩下的数据后发现，即使去掉了较大的离群值，用农业会展面积对贸易成交额进行回归仍然不具有显著性，这说明农业会展的贸易成交额应该受多方面因素的影响，而不仅仅是会展面积。

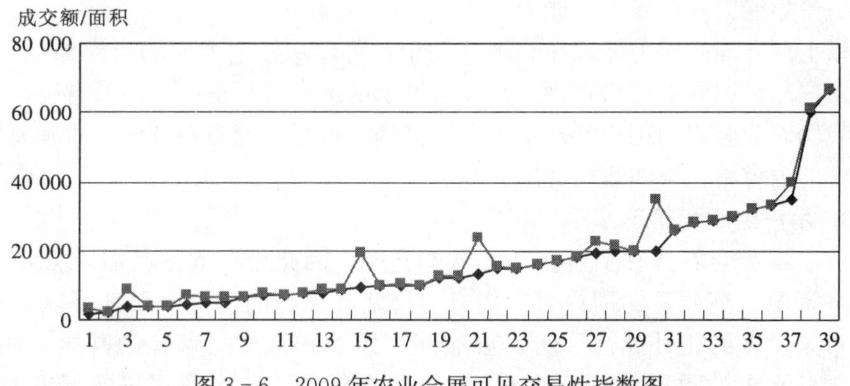

图 3-6 2009 年农业会展可见交易性指数图

如果用农业会展贸易成交总额除以相应农业会展的总面积，可以得到每平方米会展实现的贸易效果[①]，如图 3-6 所示。去掉离群值后，可以得到这一数据的平均值约为 2.16 万元。也就是说，企业通过参加农业会展可以预期得到的平均收益大约为每平方米展位 2.16 万元。结合前述农业会展的展位价格，标准展位价格约为每平方米 351 元，特装展位价格约为每平方米 445 元。根据对 2009 年的 13 个农业会展参展商的问卷调查，购买展位的费用占企业参加农业会展的总成本的比重平均大约为 15%～20%。按此计算，企业参加农业会展的成本收益比仍在 1∶6 以上。如此高的比例显然难以从逻辑上接受[②]。

① 这正是本书第二章中提到的“可见交易性指数”（VDI_1）。

② 一种可能的解释是企业的成交数据存在多归属性，即参加多个同类会展活动的企业达成一笔交易被分别计算在多个会展活动的成果统计当中。然而无论从何种角度来说，当前我国农业会展主办机构发布的各项贸易成交数据都是难以采信的。如果过于相信贸易效果数据，必然夸大农业会展的功能和绩效。

二、农业会展的服务及营销情况

(一) 服务

会展服务指会展主办方为保证会展正常运行所提供的全过程（展前、展中、展后）的服务，既包括发生在会展现场的租赁、广告、保安、清洁、展品运输、仓储、展位搭建等现场服务，也包括发生在会展之前的活动策划、广告宣传、用户邀请、展位设计等组织服务，还包括餐饮、旅游、住宿、交通、运输等相关行业的配套服务。会展服务的总体水平主要取决于会展主、承办机构的组织策划能力和现场管理能力。

以上两方面的能力体现在会展活动中，可以从三个方面的指标加以考察：一是用户的组织和管理水平，二是展览展示的水平，三是用户的满意度。下面将对我国农业会展的用户管理水平和展览展示水平进行简要分析，而有关用户满意度的内容将在第四章内详细介绍。

1. 用户组织和管理水平

由于农业会展具有平台物品的基本属性，因此用户既是其需求方，也是其经济资源。高质量的用户可以提升会展活动本身的价值，因其可以为其他用户带来更多的正外部性。所以会展能否组织和汇聚足够多的高质量用户，是其服务水平的重要体现。在对 46 个农业会展的参展商用户情况调查中，我们重点考察了国际参展商占总参展商的比例、举办省（自治区、直辖市）参展商的比例、高技术参展商的比例和老参展商[①]的比例四项指标，以反映其用户质量情况。在这四项指标中，举办省展商比例越高说明会展的区域影响力越小，因而会展的组织服务水平越差；其余三项越高，表示会展的组织服务水平越好。

根据 46 个农业会展的数据（统计有效数对于各项指标略有不同），国际展商占总参展商数的比例均值为 10%，举办省展商比例均值为 46%，高技术展商比例为 23.6%，老参展商比例为 51.9%（表 3-7）。从结果上看，当前我国农业会展不仅国际化程度较低，国内的区域影响力也不理想，近半的用户来自于举办地本省。高技术用户和重复参展用户的比例尚可。

---

① 指至少曾参加两届该会展活动的参展商。

表 3-7　农业会展各类用户比例均值表

单位：%

	国际展商比例	举办省展商比例	高技术展商比例	老参展商比例
农业会展①	10	46.0	23.6	51.9
综合展	6.86	54.3	30.0	53.1
专业展	16.3	29.5	8.79	48.8
东部	13.6	43.9	30.0	52.3
中部	4.21	52.5	12.1	47.5
西部	4.56	45.1	22.0	56.7

根据表 3-7 还可以看出，综合性会展用户的国际性和区域性上较差，但在高技术用户和老用户方面较好；而专业性会展刚好反过来。由此可见，综合性会展在服务上侧重于本地需求和技术交流，而专业性会展在服务上侧重于行业需求和贸易合作。

从不同地区的数据来看，东部地区会展的各项指标都明显优于中西部地区会展，充分说明了东部地区会展的用户质量较好，而这既有宏观经济环境的影响和参展企业自身的因素，也从一定程度上反映了东部地区会展组织服务能力较强的事实。

较之于其他行业会展，农业会展的用户组织能力和水平尚可，然而在现场管理方面却有较大差距。在当前国内举办的各类农业会展中，只有极少数采用了“会展现场管理信息化系统”。现就该系统简单介绍如下：

该系统以“实现所有会展参与者的价值最大化”为目标，试图通过基于信息管理的会前准备服务、会展现场服务和展后服务来实现会展组织的顺畅和展商与专业观众间的最优化互动。

其会前准备服务主要包括：①参展商预制卡。应用参展商数据提供批量制卡的服务，制作成个性化或通用证卡，在会展举办前寄送到参展商手中。②专业观众预制卡。对于预登记的专业观众批量制卡，制作个性化或通用证卡，在会展举办前寄送或在现场直接领取。③批处理联系工具。在展前批量制作与会

① 表内数据均为单个会展用户比例的简单平均值，因此不能等同于被调查会展的总体用户比例，以国际展商比例为例，如果按照总体平均法计算，则所有 40 个会展国际展商总数占参展商总数的比例为 5%，而非表中的 10%。

展参与者的联系工具，例如标签、信封、批量发送邮件、短信息、传真等。④现场参观导览系统。帮助参与会展的人员自助了解会展的相关情况与相关服务。

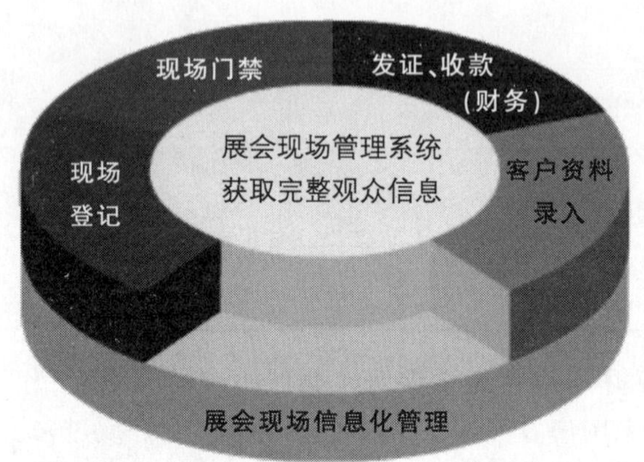

图 3-7　会展现场管理系统结构图

会展现场服务包括展商现场服务和观众现场服务。

(1) 展商现场服务。展商现场服务由展商登记、展商证卡制作、资料管理、欠费管理、展商申请服务管理、展商调查表、展台管理、展商调查表统计等程序组成。报到注册系统可以对数据库中的相关会展参与者进行验证与登记。预注册的展商则可以直接拿到自己的相关证卡、资料等，未预注册的参展商在提交相关信息后现场制卡，领取相关资料。资料管理系统可以方便地对发放给展商的资料进行管理，以及及时发放给展商参展指南、餐券、调查表、搭装证等资料、证明等。其欠费管理系统可以在展商报到登记时，对有欠费的参展商给出提示，欠费参展商交纳欠费后方可根据相关证明办理报到手续。申请服务管理系统允许参展商在报到时可以申请其他服务，如住宿、饮食、租用设备等。参展商调查系统通过发放、回收展商调查表，并录入系统，对结果加以分析统计，最终形成报告，提交主办方作为参考依据，可以避免人工处理的烦琐和错误。

(2) 观众现场服务。观众服务由观众登记、观众信息收集、制作证卡、门禁管理、统计分析、电子会刊、事件管理、调查表分析和观众抽样调查等程序组成。观众登记业务系统主要处理现场观众的注册、报到和预先注册观众的现场报到事务，同时可以登记其申请的会展服务项目。预注册的观众可以直接领取自己的证卡，现场观众在填写观众登记表后可以进行现场制卡。观众信息收集系统可以采集观众姓名、单位、职务、地址、电话等基本信息，并对数据进行录入，分类等操作，可以让主办方和展商在第一时间掌握到场观众的情况。其证卡制作系统可以根据观众提交的表格和名片等信息，为现场参展观众打印和发放入场证件（胸卡），证件信息可根据需要处理。门禁管理系统在观众入场时，对其个人信息和入场时间信息进行采集，用以统计流量。其电子会刊系统是采用光盘为载体的会刊，具有检索分类更方便，成本更低，美观等优点。事件管理系统可以针对会展期间举行的一些酒会、培训、讲座、研讨会等事件进行管理，如对参加资格的审核、收费、特殊要求等的管理。观众调查系统可以管理观众调查表的发放和回收，录入后利用系统对观众信息进行统计和分析，最终形成分析报告提交给展览主办方和展商。抽样分析系统通过设计调查问卷，在参观观众或展商中抽样选取样本进行问卷调查，以更深入的了解展商、观众信息，及他们对会展的评价。

展后服务主要是在展览结束之后，录入和完善现场获得的数据信息，并利用相关数据，制作数据分析报告，包括门禁流量、展台流量、单位情况、观众情况、观众调查表、服务事件、收支等项目的统计分析。

这种信息化管理系统能够大大提高会展服务的质量和效率，是改善农业会展的运营和管理水平的良好工具，值得在农业会展领域广泛推广应用。

2. 展览展示水平

反映农业会展展览展示水平的一个直接指标就是特装（空地）展位面积占总展览面积的比例。由于特装展位所包含的会展服务无论从数量上还是从质量上都要超过标准展位，因此展示效果要远远好于标准展位，从而其价格也往往较高。一个农业会展特装展位面积比重越大，其总体展示效果越好。根据40个会展的有效数据统计（表3-8），2009年我国农业会展特装展位面积占总展览面积的比重平均为18.4%，特装展位收入占会展总收入的45.7%。从这一数据可以看出，特装展位在创造经济收益方面已远远高于标准展位，然而我国农业会展的特装比例普遍还是偏低，这意味着大多数的参展商不能或不愿选择高层次的服务。如果参展商是出于不能选择的原因，只能说明农业企业的实力较弱；如果参展商是出于不愿选择的原因，则说明我国农业会展的服务还存在一些问题，难以满足用户的需求。

表 3-8　农业会展平均特装展位面积比例

特装面积比例	缺失值（个）	有效值（个）	均值（%）	最大值（%）
农业会展	6	40	18.4	53.3
综合展	3	26	20.4	53.3
专业展	3	14	14.7	21.4
东部	4	24	20.6	53.3
中部	2	9	14.3	20.8
西部	0	7	16.1	24.0

在这 40 个会展当中，26 个综合性会展的特装面积比例平均为 20.4%，14 个专业性会展的特装面积比例平均为 14.7%。这一结果看起来有悖常理，因为专业性会展的服务通常要优于综合性会展，然而其特装面积比例却更低。但考虑到我国当前综合性农业会展大多是政府主导型会展，其特装面积中的较大比例是政府补贴甚至买单的“成就展区”，就不难理解其特装比例较高的事实。

从不同地区来看，东部地区会展的特装面积比例平均为 20.6%，中部地区会展的特装面积比例平均为 14.3%，西部地区会展的特装面积比例平均为 16.1%。东部地区的特装比例较高，中西部地区的特装比例较低，这可能意味着我国中西部农业会展在服务水平上还存在一定的差距，但也可能意味着中西部农业会展的参展企业实力总体较弱。

（二）营销

随着农业会展数量和规模的不断扩张，农业会展经济在我国已初具规模。但目前农业会展真正形成品牌和特色的较少，这与大多数农业会展的运作模式有着很大关系。运作模式是会展的组织、管理及营销的方式方法，其直接影响到会展的市场化水平，因此也是影响会展效果的重要因素之一。当前我国农业会展的运作模式仍然有很大程度是政府主导式，即政府在农业会展中的组织和管理方面发挥着较大作用。

根据对 39 个农业会展的调查（图 3-8），从其运作模式的自我定位来看，选择社会公益型有 2.8%，选择市场主导型有 25.7%，选择政府主导型有 71.4%；而从主办机构性质来看，18.4%为行业协会组织主办，7.9%为展览公司主办，73.7%为政府主办；另从承办机构的性质来看，2.9%由行业协会组织承办，31.4%由展览公司承办，65.7%由政府机构承办；在会展营销方面，有至少60%的农业会展曾通过行政手段推动和协助会展的营销工作，而不到40%的会展没有借助行政手段。可见，政府在农业会展的举办中发挥了重要的作用，通过政府发文甚至成为很多政府主导型农业会展的主要营销策略。

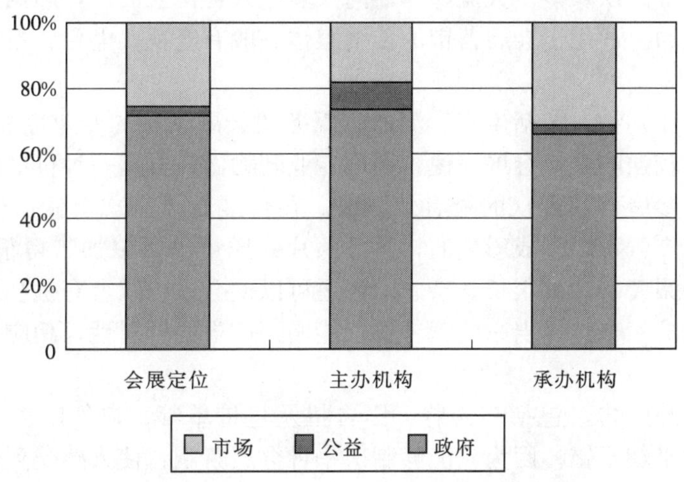

图3-8　2009中国农业会展市场性分析

除了借助政府力量开展营销以外，农业会展还有人际推广和媒体营销两种市场营销方式，无论是政府主导型会展还是市场主导型会展都会采用这些营销手段中的一种或多种，以实现会展的经济价值。

人际推广是一种借助人际交流实现会展营销的模式。会展主办方通过与目标观众直接联络，告之展出情况从而邀请其参加会展。人际营销的方式主要有两种：

一是即时性联系，主要包括电话联系和登门拜访。直接联系的覆盖面是已知目标观众，具体对象是会展最重要的目标用户和重要的目标用户两类。这种营销方式具有良好的效果，但局限是不论从何途径获得的名单都会有遗漏，且成本较高。

二是延时性联系，主要包括发函及电子邮件。发函就是将各种资料直接寄给潜在的会展参与者，并邀请他们参加会展。直接发函是一种直接但单向的宣传方式，是会展业使用最广泛的宣传方式，也是成本效益比最佳的会展营销方式。由于电子技术的迅速发展和普及，利用电子手段包括电子邮件、传真等发送邀请的现象也越来越多。

媒体营销是借助媒体宣传实现会展营销的模式。媒体营销是会展营销的重要方式，也是吸引目标用户的主要手段之一。与人际营销相比，媒体营销的范围可以覆盖已知和未知的所有目标观众，还可以加强直接联络的效果，是覆盖面最广同时也是成本较高的营销方式。媒体营销所借助的媒体大致包括四种：

一是传统大众媒体。大众媒体面向大多数人，覆盖面广，影响力是其他媒体所不能及的。适用于会展营销的传统媒体一般有电视、电台、报纸和综合性杂志。

二是专业刊物，包括生产、流通、服务及会展领域的专业性报纸或杂志。对于专业性较强的农业会展来说，利用专业刊物做广告是一种价格低廉且能直接接触目标参展商及观众的最有效方式。在会展专业杂志上做广告有不少优点。首先，广告可以印成彩色的，并且照片的质量也可以加工得很好。其次，许多杂志的阅读寿命都很长。杂志广告还可以使会展组织者有机会把其会议宣传的目标对准一个选择出来的读者群，能增强广告的针对性，相应提高了广告的效用。

三是户外广告，包括广告牌、广告栏及宣传单等。户外广告成本相对较低，营销效果却不错。因为它能够制造一种会展氛围，使人感受到会展的宣传攻势。

四是互联网。由于计算机网络的迅速发展，以建立会展主页、登广告的方式推销会展的情况已经越来越普遍。互联网广告覆盖面非常广，是目前会展必选宣传方式之一，也是形式最多样、最开放、互动性最好的媒体营销方式。会展组织者和其他决策者通过互联网可以直接得到有关会展服务的各种信息。使用互联网做广告基本上有两种。第一种是在提供相关服务的专业性网站上提供有关会展的信息，如国内的中国会展服务网等，它们对大量的会展做出介绍，大量会展的主办者也非常愿意在其网站上做广告。第二种用途是会展主办者建立自己的网站，为参展商和其他客户提供一个直接了解某个会展或会展单项活动的窗口。

除总体的运作模式和具体的营销方式之外，会展营销的策略也是影响会展营销结果的因素之一。从目前来看，会展营销的策略主要包括以下四种：

1. 服务差异化策略

会展把服务当作是产品，其营销是建立在满足顾客需求的基础上的。但由于不同的顾客有不同的需求，而在不同的时间和地点，同一顾客的需求侧重点也不尽相同，服务产品与客户需求之间的关系并非一成不变。因此，在某些时候，会展服务仅靠严格管理和规范操作并不能获得顾客的普遍满意，只有具有针对性的个性服务才能打动顾客的心。差别化策略的实质是创造出一种能被感觉到的独特服务，它要求会展服务人员根据服务环境的变化向参展商和参展观众提供不同的服务。服务的多样化、特色化、情感化是会展服务差异化营销的基础。个性化差异服务极大地增强了服务的灵活性和创造性，但也意味着成本的增加，这就需要在顾客满意和效益之间寻求一个最佳结合点，以满足多数顾客共同需求的标准化服务为主，辅之以满足顾客的个性化需求的差异化服务，从而彰显会展服务价值。

2. 服务实体化策略

由于服务具有无形性特征，会展企业很难在消费者中建立起普遍和持续的认知。顾客只有通过对服务环境中有形事物（场所、人员、设备等）的感知，来建立对会展企业形象和服务质量的认识。利用服务过程中可传达服务特色及内涵的有形展示手段来辅助服务产品推广的方法即服务实体化策略，其具体方法包括服务承诺化、服务展示化、服务专业化等。

3. 服务延伸化策略

有研究表明，老用户较之新用户可为企业多带来20%～80%的利润。对于强烈依赖顾客消费的会展活动，稳定而忠诚的用户群体对服务价格变动的承受力强，对服务失误持宽容态度，是会展活动宝贵的财富。因此，为了培育固定的消费群体，建设良好的经营环境，很多会展对传统的服务内涵加以延伸，以不断满足老用户的需求变化。

4. 内、外营销整合化策略

在会展服务行业，由于服务产品的生产和销售同时进行，服务人员同消费者的相互作用就直接影响到服务产品的质量。因此，由会展主办方员工构成的内部市场首先应该受到重视。通过保持员工所提供服务产品的一致性，才能为顾客提供满意的服务。

第四章

农业会展用户评价分析

——基于参展商和观众问卷调查的实证研究

第一节 研究方法综述

一、研究目的和方法

(一) 研究目的

对于任何平台物品来说，用户既是实现其市场需求的最终载体，也是构成其经济价值的核心资源。农业会展作为一种平台物品，其最重要、最关键的功能在于吸引足够多的用户进入并停留在平台上，以促成用户间经济信息的交流和商品货物的交易。在农业会展活动中，核心用户可分为参展商和观众两类。所谓农业会展的用户评价，即指参展商、观众两类用户对农业会展活动运营、效果及价值的感受和评判。

从上一章的研究中可见，当前我国农业会展经济正处于加速发展的上升时期，在各级各地政府的大力推动下，各种类型和层次的农业会展纷纷出现。而在数量和规模快速增长的背后，农业会展真正形成品牌和特色的较少，行业的混乱和低效已成为制约行业发展的重要问题。那么，农业会展的总体运行情况究竟如何，其经济社会功能的实现程度究竟有多大，其可持续发展能力究竟有多少，这些问题的答案如果仅从会展组织机构的角度去寻求难免失之片面。因此，通过调查获得农业会展的用户评价信息，是对农业会展行业发展情况研究的一个重要补充，这是本章研究的第一个目的。

同时，农业会展的组织服务是一个多层次、多维度的系统工程，农业会展对其主要用户的功能也是复杂多样的。参展商和观众在参加农业会展活动时更加注重哪些方面的功能和服务，在作出决策时主要受哪些因素制约，而这些因素之间又是如何相互影响的，对这些问题的理解是提升农业会展组织服务水平的前提。本章研究的第二个目的就是通过对农业会展的用户决策行为分析，为农业会展的绩效改进提供参考和依据。

（二）问卷设计

基于上述研究目的，参照服务行业用户满意度研究的基本方法，我们将农业会展的用户评价分为三个方面，即满意度评价、主要收获和继续参展意愿。其中，满意度评价是用户对农业会展活动的主观评价，它是会展活动运营水平的外在体现，但同时也受到不同用户个体在期望、体验、关注点和容忍度等方面差异的影响；主要收获直接考察用户的现实收获，受主观因素影响较弱。

具体来说，满意度评价包括对会展活动的“总体评价”和“实现贸易效果”、“组织、接待、服务”、“宣传及对面用户[①]质量”以及“产品、技术新颖度”四个层面的满意度。按照五级量值的调查方式，提供“很不满意”、“不满意”、“一般”、“满意”和“非常满意”五个备选项，在数据处理时，分别赋值为1、2、3、4、5。

由于参展商用户和观众用户在会展收获（会展需求）上存在一定程度的不同[②]，不同类型用户的问卷上关于主要收获的设定上略有不同。其中，在参展商问卷中给出的收获选项一共有七个，具体包括“签订供货合同”、“提升公司形象”、“拓展公共关系”、“联络老客户”、“开发新客户”、“推介新产品”以及“交流信息和技术”；而在观众问卷中给出的收获选项一共有五个，具体包括“签订采购合同”、“学习新技术”、“了解新产品”、“寻求合作伙伴”和“了解市场情况”。在数据处理时，被调查用户如果选择在该项有收获的，赋值为1，没有收获的，则赋值为0。

在对参展商用户继续参展意愿的调查中，备选项有“有意参展”、“无意参展”和“不确定”三项，数据处理时第一项赋值为1，后两项赋值为0；在对观众用户继续参展意愿的调查中，备选项有“有意参观”和“无意参观”两项，数据处理时分别赋值为1和0。

---

① “对面用户”指与被调查对象不属于同一用户类型的用户，即对于参展商被调查者而言其指的是观众，而对于观众被调查者而言其指参展商。这一概念在双边市场的研究范式中被广泛采用。

② 参考本书第二章“一般价格理论”部分。

除此之外，调查问卷还对被调查者的个人经济信息如“工作单位”、“主营业务”等进行了收集，对参展商的调查问卷中还包含被调查者的参展信息，如“展位面积”、“是否特装”、“参加届数”、“参展支出”等。调查问卷样表参见本书附录。

在会展现场的调查过程中，参展商用户的问卷以企业为单位随机抽样调查，每家参展企业填写一张参展商问卷，而观众用户的问卷以个人为单位随机抽样调查，每位参观观众填写一张观众问卷。在数据整理时，剔除掉每一类用户中重复的问卷，同时剔除掉跨用户类别的问卷，即由参展商填写的观众问卷，余下问卷作为有效问卷加以统计（数据填写严重不全的也予以剔除）。

（三）分析工具

在对所取得的基本数据进行标准化处理之后，首先利用 SPSS 软件分析各项数据的统计特性、分布规律及相关关系，得出反映农业会展行业总体运营情况的满意度水平、主要收获和用户忠诚度；然后以“继续参展意愿”为因变量，影响满意度和收获的各项因素为自变量，进行 Logit 模型分析，得出影响参展商和观众参展决策的主要因素。在进行 Logit 模型分析之前，首先对影响继续参展意愿的各个维度的影响因素进行因子分析，以防止各个变量之间存在相关性进而影响到最终分析的结果，而在因子分析之前，首先进行相关性检验和巴特利球形检验与 KMO 检验，检测现有数据是否适合进行因子分析。

Logit 模型（Logit model，也译作“评定模型”，“分类评定模型”，又作 Logistic regression，“逻辑回归”）是离散选择法模型之一，属于多重变量分析范畴，是社会学、生物统计学、临床医学、数量心理学、市场营销等统计实证分析的常用方法。在本章的研究中我们假设，参展商和观众继续参加会展的意愿受其对会展活动的满意度和收获两大类因素的影响。据此，构造分析模型如下：

以参展商和观众继续参展的意愿作为因变量，即 0－1 型因变量，愿意参加定义为 $y=1$，不愿意参加定义为 $y=0$。设 $y=1$ 的概率为 P，则 y 的分布函数为：

$$f(y) = P_y(1-P_y);\ y=0,1$$

上述函数的期望值为 P，方差为 $1-P$。由于传统的回归模型因变量的取值范围在负无穷大到正无穷大之间，在此处不适用。这里采用二元选择 Logit 模型，将因变量的取值限制在 [0，1] 的范围内，通过采用最大似然估计法对其回归参数进行估计，则 Logit 模型的基本形式为：

$$P_i = F(a + \sum_{j=1}^{m} \beta_j X_{ij} + U) = 1/\left\{1 + \exp\left[-(a + \sum_{j=1}^{m} \beta_j X_{ij} + U)\right]\right\}$$

式中，P_i 是参展商和观众继续参加展会的概率，i 为展商或观众编号；Bj 表示影响因素的回归系数，j 为影响因素编号；m 表示影响因素的个数；X_{ij} 是自变量，表示第 i 个样本的第 j 种影响因素：a 为截距，U 为误差项。

二、研究样本的选择

为系统地考察当前我国农业会展行业的用户评价情况，我们选择 2009 年在华举办的中国国际农产品交易会、中国杨凌农业高新科技成果博览会、全国农产品加工业博览暨东西合作投资贸易洽谈会、中国（贵阳）特色农产品加工博览会、中国国际渔业博览会、中国（寿光）国际蔬菜科技博览会、中国国际种业博览会、武汉种子交易会等 8 个具有代表性的农业会展，对其参展商和观众进行了抽样问卷调查。

在这 8 个取样会展中，规模在 3 万平方米以上的有 4 个，3 万平方米以下的 4 个；举办届数 10 届以上的 5 个，3～10 届的 2 个，3 届以下的 1 个；举办地主要集中在中西部地区的 4 个，主要集中在东部地区的 4 个。从其主题定位来看，综合性展览有 4 个，专业性展览 4 个；从其展出内容来看，生产资料型展览 2 个，消费产品型展览 3 个，复合型展览 3 个；从其主办机构性质来看，政府主导型展览 5 个，市场商业型展览 3 个；从其国际化程度来看，国际性展览 4 个，全国性展览 4 个。就其规模、层次及所属类型而言，基本可以作为我国农业会展行业的代表。问卷调查样本来源（各会展项目）的基本情况见表 4 - 1。

第二节　参展商用户评价

一、调查结果述评

本节研究的样本数据源于对上述 8 个农业会展中展商进行的问卷调查，共回收到 1213 份有效问卷。

（一）参展商满意度

1. 总体评价

“总体评价”项所考察的是参展商对于会展活动各方面情况的综合评价，在一定程度上可以认为是参展商会展需求得到满足的程度，因此也是判断会展

表 4-1 用户问卷调查样本来源项目一览表

	举办届数	举办时间	举办地点	主办机构	展出总面积 m^2	主题定位	展出产品类别	参展商总数	注册观众数	国际展商比重
中国国际农产品交易会	7	2009.10	长春	农业部	40 000	综合性	生产资料 35%，消费产品 65%	2 000	10 000	<5%
中国杨凌农业高新科技成果博览会	16	2009.11	杨凌	科技部等 18 部委	67 000	综合性	生产资料 48%，消费用品 52%	1100	22 000	10.9%
全国农产品加工业博览暨东西合作投资贸易洽谈会	12	2009.09	驻马店	河南省政府	19 200	综合性	复合型	5 947	5 670	<5%
中国（贵阳）特色农产品加工博览会	3	2009.08	贵阳	贵州省政府	7 700	综合性	消费产品 90%以上	484	3 000	<5%
中国国际渔业博览会	14	2009.11	青岛	贸促会农业分会	32 000	专业性	生产资料 30%，消费产品 70%	750	13 900	46.7%
中国（寿光）国际蔬菜科技博览会	10	2009.04	寿光	农业部等 6 部委	120 000	专业性	生产资料 83%，消费产品 17%	1 200	152 万人次	<5%
中国国际种业博览会	2	2009.11	广州	贸促会农业分会	12 000	专业性	生产资料 90%以上	124	4 611	15.3%
武汉种子交易会	26	2009.04	武汉	武汉市政府	16 000	专业性	生产资料 90%以上	450	10 000	<5%

活动是否举办成功的一个主要指标。

如表 4-2 所示，1 213 份问卷中有 47 个缺失值。在 1 166 个有效值中，24.3%的参展商对会展总体评价满意度为 5，即“非常满意”；49.7%的参展商满意度为 4，即“满意”，“满意”和“非常满意”两项占到了 74%；23.2%的参展商认为会展总体评价满意度一般；另外有极少数参展商选择“不满意”和“很不满意”，共占到 2.8%。满意度均值为 3.94，接近 4。总体来看，参展商对我国农业会展运营情况的评价是接近于满意的。

表 4-2　参展商“总体评价”满意度

总体评价		频率	百分比	有效百分比	累积百分比
有效	1	13	1.1	1.1	1.1
	2	19	1.6	1.6	2.7
	3	271	22.3	23.2	26.0
	4	580	47.8	49.7	75.7
	5	283	23.3	24.3	100.0
	合计	1 166	96.1	100.0	
缺失	系统	47	3.9		
合计		1 213	100.0		

具体分布见图 4-1。

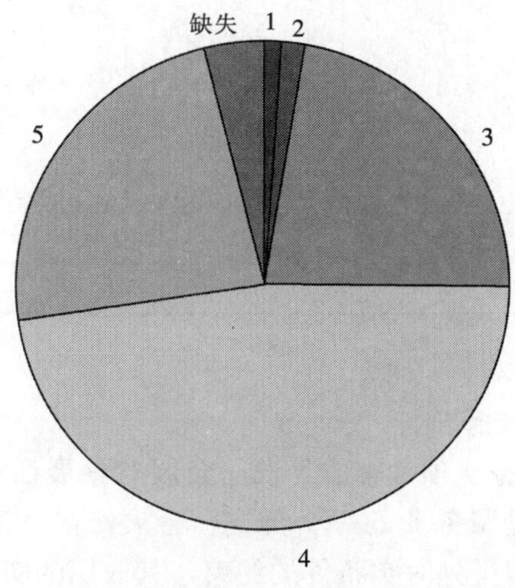

图 4-1　参展商“总体评价”满意度

2. 实现贸易效果

“实现贸易效果”项考察的是农业会展对参展商交易需求的满足程度，即农业会展在多大程度上可以通过搭建贸易平台吸引专业观众，帮助参展商实现自身形象和产品信息的宣传，促成其供销合同或者成交意向的达成。交易功能是商业性会展活动的基本功能和核心功能之一，也是其吸引参展商进入平台甚至为之付费的关键性因素，因此可将交易需求的满足程度作为参展商用户评价的一个维度加以考察。

如表4-3所示，除去85个缺失值，一共有1 128个有效值。17.7%的参展商选择“非常满意”；36.5%的参展商选择“满意”，二者一共占到总数的54.2%，即只有约一半的参展商对通过会展平台实现的贸易效果表示满意；对实现贸易效果满意度评价众数为3（即“一般”），占到了企业总数的39.6%；此外也有6.1%的企业选择“不满意”或“非常不满意”。本项满意度数据均值为3.64，可见参展商对农业会展实现贸易效果的评价相对一般，仍有较大的提升和改善空间。从另外一个侧面也可以认为，参展商用户对会展实现贸易效果的期望值总体偏高，因此带来了四个分项中均值最低的满意度评价。

表4-3 参展商“实现贸易效果”满意度

实现贸易效果		频率	百分比	有效百分比	累积百分比
有效	1	16	1.3	1.4	1.4
	2	53	4.4	4.7	6.1
	3	447	36.9	39.6	45.7
	4	412	34.0	36.5	82.3
	5	200	16.5	17.7	100.0
	合计	1 128	93.0	100.0	
缺失	系统	85	7.0		
合计		1 213	100.0		

具体分布见图4-2。

3. 组织、接待、服务

“组织、接待、服务”项考察的是农业会展对参展商有序性、便利性需求的满足程度。会展业是服务业的一个分支，会展产品本质上是一种服务性商品，服务性商品的消费受到时空条件的约束，其效用的实现程度会因是否便利及有序而受到影响，因此有序性和便利性需求的满足程度也应作为参展商用户

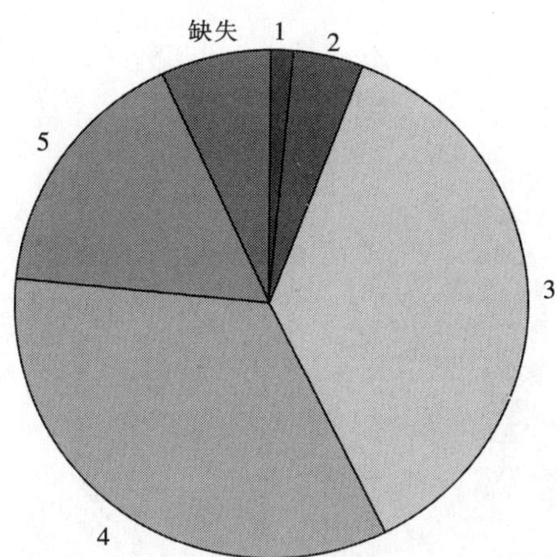

图 4-2 参展商“实现贸易效果”满意度

评价的一个维度加以考察。

如表 4-4 所示，除去 73 个缺失值，在 1 140 个有效值中，23.4%的参展商对会展的组织、接待、服务选择“非常满意”，45.1%的参展商选择“满意”，满意及以上的参展商占到了 68.5%；26.1%的参展商选择“一般”；另外有 5.5%的参展商选择“不满意”。本项满意度的均值为 3.85，与总体评价基本一致，说明我国农业会展行业的组织服务工作基本能够满足参展商对有序性、便利性的需求。

表 4-4 参展商“组织、接待、服务”满意度

组织、接待、服务		频率	百分比	有效百分比	累积百分比
有效	1	20	1.6	1.8	1.8
	2	42	3.5	3.7	5.4
	3	297	24.5	26.1	31.5
	4	514	42.4	45.1	76.6
	5	267	22.0	23.4	100.0
	合计	1 140	94.0	100.0	
缺失	系统	73	6.0		
合计		1 213	100.0		

具体分布见图 4-3。

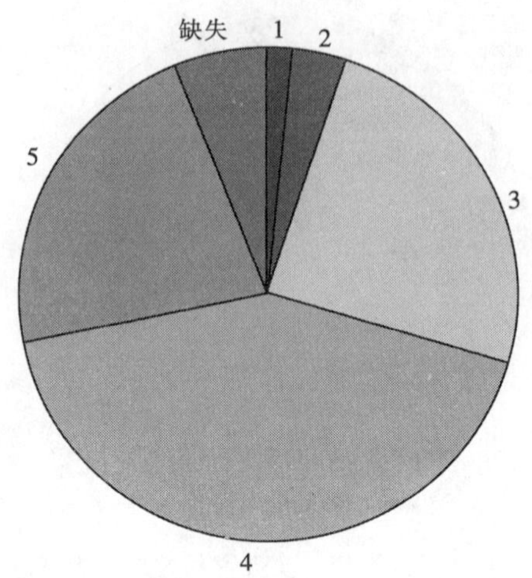

图 4－3　参展商“组织接待服务”满意度

4. 宣传及观众质量

“宣传及观众质量”项考察的是农业会展对参展商展示对接需求的满足程度。展示性是农业会展的第一属性①，除去实现贸易外，参展商参加农业会展的直接目标就是对企业形象和产品进行宣传。而参展商能取得的宣传展示效果不仅取决于会展宣传推广的方式、技术条件和效率，而且取决于受众即观众用户的质量。好的农业会展一定要吸引到优质的专业观众，实现参展商与观众的有效对接，参展商的展示和宣传才能达到目的。因此，绝大多数参展商对农业会展的宣传及观众质量非常关注，展示对接需求的满足程度也成为参展商用户评价的一个重要维度。

如表 4－5 所示，除去 78 个缺失值，在 1 135 个有效数据中，20.3％的参展商对农业会展的宣传及观众质量选择“非常满意”；44.9％的参展商选择“满意”，二者之和为 65.2％；也有 30.0％的参展商选择“一般”；此外还有 4.8％的参展商选择“不满意”和“非常不满意”。本项满意度均值为 3.79。从结果来看，参展商对我国农业会展的宣传展示效果和观众质量的满意度介于“一般”和“满意”之间，是除“实现贸易效果”以外满意度评价最低的方面。

① 参见本书第一章“农业会展的属性”部分。

表 4-5　参展商“宣传及观众质量”满意度

宣传及观众质量		频率	百分比	有效百分比	累积百分比
有效	1	17	1.4	1.5	1.5
	2	37	3.1	3.3	4.8
	3	341	28.1	30.0	34.8
	4	510	42.0	44.9	79.7
	5	230	19.0	20.3	100.0
	合计	1 135	93.6	100.0	
缺失	系统	78	6.4		
合计		1 213	100.0		

具体分布见图 4-4。

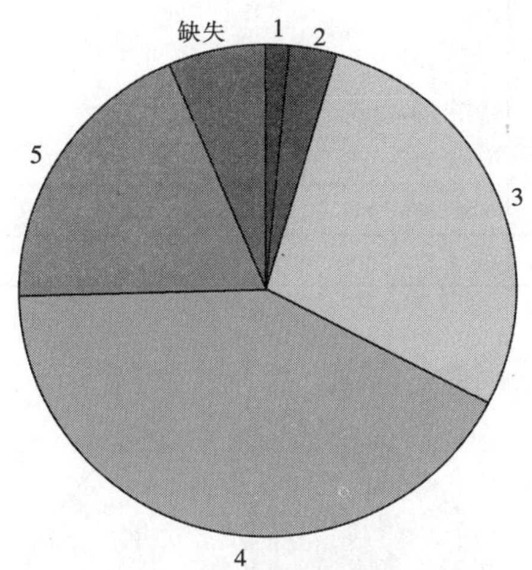

图 4-4　参展商“宣传及观众质量”满意度

5. 产品、技术的新颖度

“产品、技术的新颖度”项考察的是农业会展对参展商学习交流需求的满足程度。农业会展是包含有大量产品信息、技术信息和市场信息的信息交流平台。参展商参加农业会展，在传递发布自己最新产品、技术及对未来市场走向的预测等信息的同时，也可以接受、获取其他参展商的相关信息。这种“学习效应”有利于带动整个行业的发展，尤其是对于在行业中处于竞争者地位的赶超型企业来说更为重要。如果一个农业会展可以吸引到足够多具有创新技术和产品的企业参展，则不仅会提升观众用户的评价，而且也会提升参展商用户的评价。因此，学习交流需求的满足程度也构成参展商用户评价的一个维度。

如表 4-6 所示，除去 98 个缺失值，在 1 115 个有效值中，26.5 的参展商对农业会展产品、技术的新颖度表示非常满意；39.2%的企业选择“满意”；32.2%的企业选择“一般”；此外还有 2.1%的企业选择“不满意”或“非常不满意”。本项满意度评价的均值为 3.89，是参展商用户评价四个维度当中最高的。这说明当前我国农业会展对参展商学习交流需求满足的程度最好。

表 4-6 参展商产品、技术新颖度满意度

产品、技术新颖度		频率	百分比	有效百分比	累积百分比
有效	1	6	0.5	0.5	0.5
	2	18	1.5	1.6	2.2
	3	359	29.6	32.2	34.3
	4	437	36.0	39.2	73.5
	5	295	24.3	26.5	100.0
	合计	1 115	91.9	100.0	
缺失	系统	98	8.1		
合计		1 213	100.0		

具体分布见图 4-5。

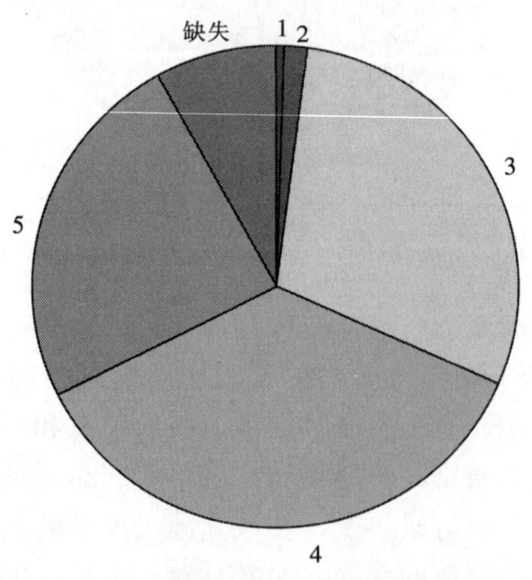

图 4-5 参展商产品、技术新颖度满意度

6. 满意度评价综合分析

我们对“总体评价”及其四个维度的满意度评价作对比分析，结果如表4-7所示。

表4-7　参展企业各项满意度对比分析

描述统计量	有效值	缺失值	众数	均值	标准差
总体评价	1 166	47	4	3.94	0.799
实现贸易效果	1 128	85	3	3.64	0.874
组织、接待、服务	1 140	73	4	3.85	0.882
宣传及观众质量	1 135	78	4	3.79	0.852
产品、技术新颖度	1 115	98	4	3.89	0.830

从均值上看，参展商对我国农业会展的“总体评价”满意度最高，其次为“产品、技术新颖度”，然后是“组织接待服务”和“宣传及观众质量”，满意度评价最低的为“实现贸易效果”。这意味着以下两方面的问题：一是“总体评价”满意度较高，说明当前我国农业会展基本能够满足参展商的综合参展需求，因此对企业有较好的吸引力①；二是“实现贸易效果”满意度最低，且众数为“一般”，说明我国农业会展在实现贸易效果方面的功能最差，因此农业会展在以后的服务中，应该着力解决如何更好地帮助企业实现贸易需求的问题，农业会展才能得到参展商更高程度的认同。

从标准差上看，参展商在“总体评价”方面的看法最为一致（标准差0.799），而对组织、接待、服务方面的看法最不一致（标准差0.882），这说明不同的参展商在农业会展中对组织、接待、服务的感受差异最大，这意味着农业会展在会展组织服务方面应当加强多样化和针对性以满足参展商的不同需求。

（二）参展商主要收获

在对参展商进行的参展收获调查中，给出的收获选项一共有七个：“签订供货合同”、“提升公司形象”、“拓展公共关系”、“联络老客户”、“开发新客户”、“推介新产品”以及“交流信息和技术”。

根据统计数据，在1 213个参展商中，30%的企业认为通过参加农业会展

① “总体评价”均值最高同时也意味着参展商对农业会展的评价不局限于本调查所涉及的四个维度而有其他影响因素，甚至可能存在对“总体评价”的心理加权。

签订了供货合同；45％的企业认为公司形象得到了提升；24％的企业认为在农业会展中拓展了公共关系；联系客户方面，27％的企业在会展中跟老客户保持了联系，40％的企业在农业会展中得以开发新的客户；产品与技术方面，34％的企业认为有效宣传了自己的新产品，26％的企业认为与其他企业及观众实现了信息和技术的交流。具体见表 4－8。

表 4－8　参展企业收获分析

	N	和	百分比	均值
签订供货合同	1 212	359	30％	0.30
提升公司形象	1 211	541	45％	0.45
拓展公共关系	1 212	289	24％	0.24
联络老客户	1 212	327	27％	0.27
开发新客户	1 212	487	40％	0.40
推介新产品	1 211	408	34％	0.34
交流信息和技术	1 212	317	26％	0.26

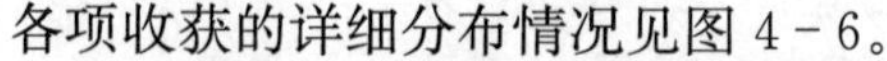
各项收获的详细分布情况见图 4－6。

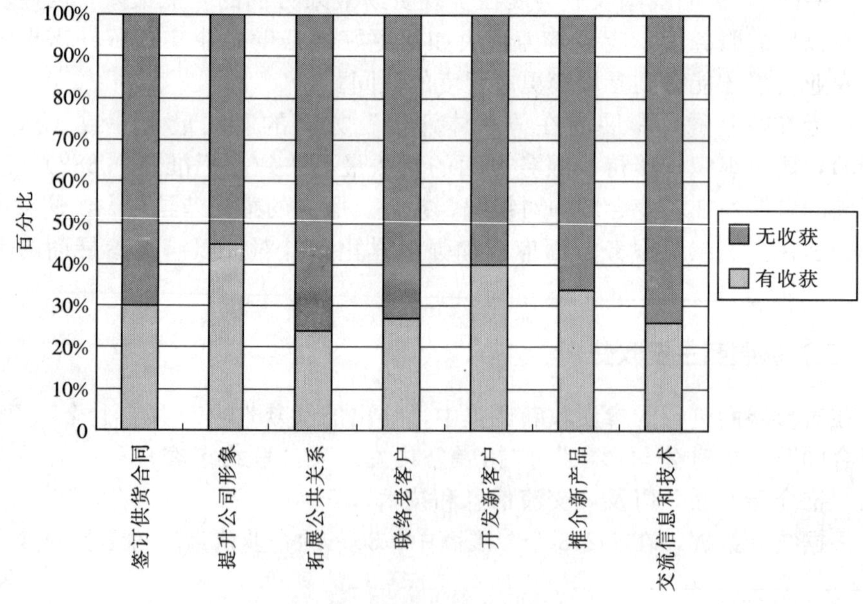

图 4－6　参展商收获分布图

总体来看，签订供货合同、提升公司形象、拓展公共关系、联络老客户、开发新客户、推介新产品以及交流信息和技术七项收获选项中，平均每个参展商得到2.6项收获，而任何一项选项都只有不到半数的企业表示有相应的收获。这一方面说明，企业参与农业会展的目标越来越多元化，贸易、宣传、联系客户、推广新产品以及了解新技术等方面都有各自的需求，单纯为了拿到订单而参加农业会展的企业已不常见；另一方面也说明，农业会展是一个综合性的平台，其经济功能是多方面的，不能仅以某一方面的情况来衡量其运营水平和绩效。

从各项数据的对比来看，提升公司形象和开发新客户是当前我国农业会展中参展商最普遍的收获，而在拓展公共关系、交流信息和技术等方面只有少部分参展商有收获，签订合同、推介产品等方面的收获则居于两者之间。单就这一点而言，我国农业会展的展示和对接功能发挥的较好，交易功能效果一般，技术交流功能和人际联络功能较差。而参照前一小节满意度评价的结果，却可发现技术交流方面满意度高、展示和对接方面满意度一般，促成交易方面满意度最低。这种收获评价和满意度评价不完全一致的现象从一个侧面反映了大多数参展商用户在参加农业会展时其潜在目标或者说期望是不平衡的，对实现交易、展示和对接的期望效果较高，而对技术交流的期望效果较低。因此，如果我国农业会展的主办机构要提高参展商用户的满意度，最有效的着力点就是提升会展的交易、展示和对接功能。

（三）参展商继续参展意愿

在参展意愿方面，1 213个调查样本中，有21.3%的数据缺失，有效数据955个。其中，66.8%的被调查参展商表示仍然会继续参展，只有5.5%的参展商表示不继续参展，27.6%的参展商表示尚难确定，具体数据如表4－9所示。可以看出，农业会展中约2/3的参展商继续参展意愿很高[①]。尚难确定是否继续参展的企业可能有各种考虑，也许是出于自身的原因，而并非都对农业会展存在失望或者不满。

---

① 如果考虑数据缺失的因素，有理由认为被调查参展商可能倾向于选择“不参展”或“难以确定”，则这一比例应有一定程度的降低。

表 4-9 参展商继续参展意愿分析

继续参展意愿		频率	百分比	有效百分比	累积百分比
有效	参展	638	52.6	66.8	66.8
	不参展	53	4.4	5.5	72.4
	不确定	264	21.8	27.6	100.0
	合计	955	78.7	100.0	
缺失	系统	258	21.3		
合计		1 213	100.0		

二、Logit 模型分析

（一）参展商继续参展影响因素的因子分析

1. 相关性检验、巴特利球形检验与 KMO 检验

首先，我们可以假设参展商如果认为会展的质量较高，在本届会展中对各项服务基本满意，并且实现了预期的参展目标，得到了相应的收获，则继续参展的意愿会很高；否则企业没有相应的动机和动力，可能表示不参展或者尚难确定。

在以上假设的基础上，我们可以将被调查参展商对本次会展的满意度及收获的回答作为主要影响变量来进行考察。其中，满意度变量包括：实现贸易效果、组织接待服务、宣传及观众质量、产品技术的新颖度等四项；参展收获变量包括：签订供货合同、提升公司形象、拓展公共关系、联络老客户、开发新客户、推介新产品、交流信息和技术等七项。在以下的分析中，利用 $V1$ 至 $V11$ 分别代表以上 11 项变量，如表 4-10。

表 4-10 变量对应表

$V1$	实现贸易效果
$V2$	组织、接待、服务
$V3$	宣传及观众质量
$V4$	产品、技术新颖度
$V5$	签订供货合同
$V6$	提升公司形象
$V7$	拓展公共关系
$V8$	联络老客户
$V9$	开发新客户
$V10$	推介新产品
$V11$	交流信息和技术

根据 SPSS 的相关性表输出结果可以发现，如表 4－11，实现贸易效果、组织接待服务、宣传及观众质量、产品技术新颖度等 4 个满意度维度之间相关性较高且在 0.01 水平上显著，签订供货合同、提升公司形象、拓展公共关系、联络老客户、开发新客户、推介新产品、交流信息和技术 7 个收获维度之间的也具有相关性且很显著。这说明数据适合因子分析。

表 4－11　相关性分析表

		*V*1	*V*2	*V*3	*V*4	*V*5	*V*6	*V*7	*V*8	*V*9	*V*10	*V*11
	*V*1	1.00	0.50	0.57	0.57	0.15	0.10	0.03	0.00	0.03	0.06	0.05
	*V*2	0.50	1.00	0.58	0.51	0.08	0.08	0.03	−0.01	−0.04	0.06	0.00
	*V*3	0.57	0.58	1.00	0.62	0.09	0.10	0.06	0.02	0.05	0.08	0.03
	*V*4	0.57	0.51	0.62	1.00	0.05	0.12	0.04	0.03	0.02	0.09	0.04
	*V*5	0.15	0.08	0.09	0.05	1.00	0.06	0.07	0.12	0.05	0.01	−0.01
相关系数	*V*6	0.10	0.08	0.10	0.12	0.06	1.00	0.18	0.09	0.07	0.05	0.07
	*V*7	0.03	0.03	0.06	0.04	0.07	0.18	1.00	0.16	0.08	0.11	0.19
	*V*8	0.00	−0.01	0.02	0.03	0.12	0.09	0.16	1.00	0.19	0.06	0.12
	*V*9	0.03	−0.04	0.05	0.02	0.05	0.07	0.08	0.19	1.00	0.10	0.05
	*V*10	0.06	0.06	0.08	0.09	0.01	0.05	0.11	0.06	0.10	1.00	0.11
	*V*11	0.05	0.00	0.03	0.04	−0.01	0.07	0.19	0.12	0.05	0.11	1.00
	*V*1		0.00**	0.00**	0.00**	0.00	0.00	0.16	0.50	0.16	0.03	0.07
	*V*2	0.00**		0.00**	0.00**	0.01	0.01	0.15	0.40	0.09	0.04	0.47
	*V*3	0.00**	0.00**		0.00**	0.00	0.00	0.04	0.26	0.07	0.01	0.18
	*V*4	0.00**	0.00**	0.00**		0.07	0.00	0.13	0.20	0.26	0.00	0.09
	*V*5	0.00**	0.01*	0.00**	0.07		0.03	0.02	0.00**	0.07	0.38	0.32
显著系数	*V*6	0.00**	0.01*	0.00**	0.00	0.03		0.00	0.00**	0.01	0.06	0.01
	*V*7	0.16	0.15	0.04	0.13	0.02	0.00		0.00**	0.01	0.00	0.00**
	*V*8	0.50	0.40	0.26	0.20	0.00	0.00	0.00		0.00**	0.04	0.00**
	*V*9	0.16	0.09	0.07	0.26	0.07	0.01	0.01	0.00**		0.00**	0.07
	*V*10	0.03	0.04	0.01	0.00**	0.38	0.06	0.00	0.04	0.00**		0.00
	*V*11	0.07	0.47	0.18	0.09	0.32	0.01	0.00	0.00	0.07	0.00**	

** 在 1%水平（双侧）上显著相关。

巴特利球形检验（Barlett Test of Sphericity）是以变量的相关系数矩阵为出发点的检验，其零假设为“相关系数矩阵是一个单位阵”。如果巴特利球形检验的统计计量数值较大，且对应的相伴概率值小于用户给定的显著性水平，则应该拒绝零假设；反之，则不能拒绝零假设，认为相关系数矩阵可能是一个单位阵，不适合做因子分析。

在对调查数据进行巴特利球形检验后，统计量为 1 667.6，相应的概率 Sig 为 0.000，因此可认为相关系数矩阵与单位阵有显著差异。同时，KMO 值为 0.780，根据 Kaiser 给出的 KMO 度量标准可知原有变量适合作因子分析。

表 4－12　巴特利球形检验与 KMO 检验

Kaiser－Meyer－Olkin Measure of Sampling Adequacy.		0.780
Bartlett's Test of Sphericity	Approx. Chi－Square	1 667.645
	df	55
	Sig.	0.000

2. 因子分析

利用 SPSS 进行因子分析，输出结果如表 4－13 所示。其中，第一组数据项描述了因子初始解的情况，可以看到，第 1 个因子的特征值是 2.745，解释原有 11 个变量总方差的 25%，第 2 个因子的特征值是 1.543，解释原有 11 个变量总方差的 14%，累计方差贡献率为 39%；其余数据含义类似。第二组数据项描述了因子解的情况，总体上看，前 2 个因子反映了原有变量的大部分信息，因子分析效果较理想。第三组数据描述了经过旋转后最终因子解的情况。可见，因子旋转后累计方差比没有改变，但重新分配了各个因子解释原有变量的方差，改变了各个因子的方差贡献，使得因子更易于解释。

表 4－13　解释的总方差

成分	初始特征值			提取平方和载入			旋转平方和载入		
	合计	方差%	累积 %	合计	方差%	累积 %	合计	方差%	累积 %
1	2.754	25.041	25.041	2.754	25.041	25.041	2.698	24.527	24.527
2	1.543	14.030	39.070	1.543	14.030	39.070	1.600	14.543	39.070
3	1.069	9.715	48.786						
4	0.998	9.074	57.860						
5	0.914	8.309	66.169						
6	0.896	8.145	74.314						
7	0.776	7.056	81.370						

（续）

成分	初始特征值			提取平方和载入			旋转平方和载入		
	合计	方差%	累积 %	合计	方差%	累积 %	合计	方差%	累积 %
8	0.755	6.864	88.233						
9	0.508	4.617	92.851						
10	0.429	3.898	96.749						
11	0.358	3.251	100.000						

碎石图如图 4－7 所示。

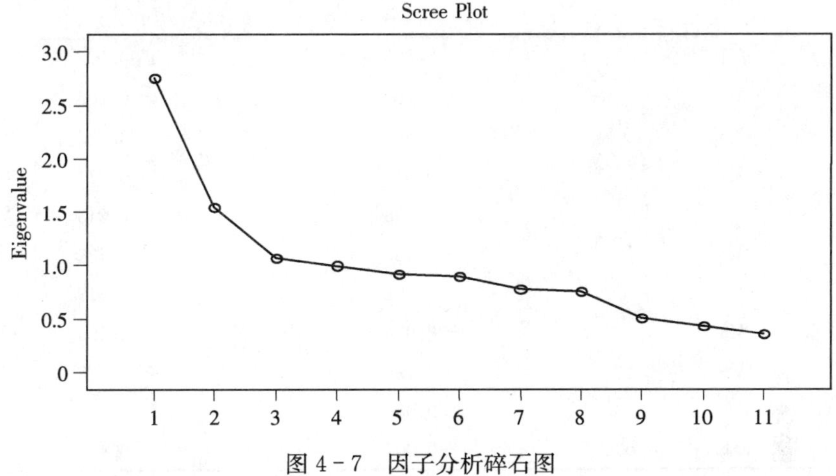

图 4－7　因子分析碎石图

从碎石图也可以看出，选取 2 个公因子较为合适。

在用主成分分析法进行方差极大法旋转后，实现贸易效果，组织、接待、服务，宣传、展商（观众）质量，产品、技术新颖度 4 个变量在第 1 个因子上有较高的负荷，第 1 个因子主要解释这 4 个变量，其意义代表参展商的满意度水平；签订供货合同、提升公司形象、拓展公共关系、联络老客户、开发新客户、推介新产品、交流信息和技术 7 个变量在第 2 个因子上有较高的负荷，第 2 个因子主要解释这 7 个变量，其意义代表参展商的收获水平。具体模式矩阵如下式及表 4－14 所示。

$V1=0.83*F_1+0.072*F_2$

$V2=0.788*F_1-0.009*F_2$

$V3=0.845*F_1+0.083*F_2$

$V4=0.818*F_1+0.077*F_2$

$V5=0.138*F_1+0.245*F_2$

$V6=0.133*F_1+0.432*F_2$

$V7=0.002*F_1+0.617*F_2$

$V8=-0.054*F_1+0.595*F_2$

$V9=0.085*F_1+0.372*F_2$

$V10=0.085*F_1+0.372*F_2$

$V11=-0.007*F_1+0.483*F_2$

表 4-14 模式矩阵

	成分	
	1	2
*V*1	0.803	0.072
*V*2	0.788	−0.009
*V*3	0.845	0.083
*V*4	0.818	0.077
*V*5	0.138	0.245
*V*6	0.133	0.432
*V*7	0.002	0.617
*V*8	−0.054	0.595
*V*9	−0.035	0.478
V 10	0.085	0.372
V 11	−0.007	0.483

各变量的载荷图如图 4-8。

（二）参展企业继续参展意愿的 Logit 分析

考虑到变量之间的相关性，本文以参展商继续参展意愿（*Y*）作为因变量，参展商的满意度和参展收获因子作为自变量进行回归分析。由于各项满意度及收获选项之间具有高度自相关性，因此取其 2 个主要的因子作为变量进行回归分析。回归过程及结果如下：

Logistic regression

Number of obs = 945

LR chi2（2）=.

Log likelihood =−599.54711

Prob > chi2 =.

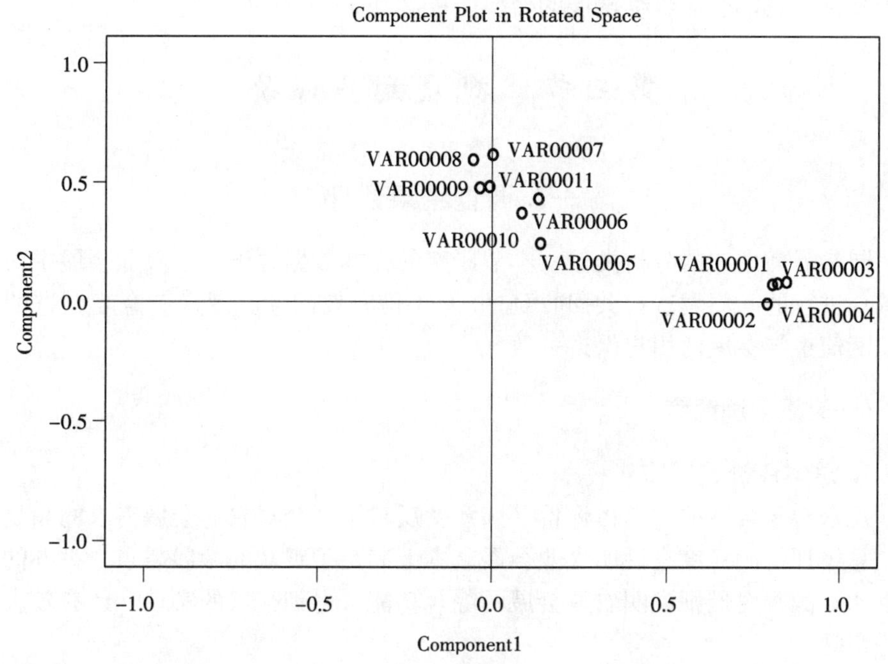

图 4-8　变量载荷图

表 4-15　回归系数表

是否继续参展	Coef.	Std. Err.	z	P>z	[95%Conf.	Interval]
满意度因子	0.737164	0.07692	9.58	0	0.586404	0.887923
收获因子	0.139526	0.069784	2	0.046	0.002753	0.276299

根据回归系数表，可以知道回归方程为：

$$\mathrm{Log}\left[\frac{P(\text{继续参加})}{P(\text{不继续参加})}\right]=0.737\ (\text{满意度因子})+0.139\ (\text{收获因子})+\mu$$

其中 μ 为随机扰动项。根据方差表，该模型在 0.001 的水平上具有显著性，因此是一个拟合度非常好的回归方程。根据因子分析的结果，因子 1 代表了参展商对会展的满意程度，因子 2 代表了参展商在会展上取得的收获。满意度因子的系数为 0.74，在 1%的水平上显著；收获因子的系数为 0.14，在 5%的水平上显著。回归方程表明，参展企业在决定是否继续参展时，确实会受到其对本届会展满意度评价和收获的影响，农业会展的满意度因子每提高 1 个百分点，企业继续参展的概率能提高 0.74 个百分点；农业会展的收获因子每提高1个百分点，企业继续参展的概率能提高0.14个百分点。

第三节　观众用户评价

一、调查结果述评

同参展商用户的分析类似，本节研究的样本数据源于8个农业会展中对参观观众进行的问卷调查，共回收到的1921份有效问卷。观众满意度调查的维度和赋值也与参展商用户保持一致。

（一）观众满意度

1. 总体评价

观众对于会展的“总体评价”满意度反映了观众对农业会展需求的满足程度。总体评价满意度高说明农业会展基本上满足了观众的参展需求，举办的比较成功；满意度低则说明农业会展的综合功能未得到很好的实现，还有较大的改进空间。

根据统计数据，在1905个有效数据中，22.5%的观众选择“非常满意”，58.5%的观众选择“满意”，二者之和高达81%；17.1%的观众选择“一般”；另外有2%的观众选择“不满意”或者“非常不满意”。综合起来，满意度均值高达4.01，高于“满意”的赋值（4），说明被调查观众对于农业会展的总体评价非常好，满意度很高。

表4-16　观众总体评价满意度

总体评价		频率	百分比	有效百分比	累积百分比
有效	1	7	0.4	0.4	0.4
	2	30	1.6	1.6	1.9
	3	325	16.9	17.1	19.0
	4	1115	58.0	58.5	77.5
	5	428	22.3	22.5	100.0
	合计	1905	99.2	100.0	
缺失	系统	16	0.8		
合计		1921	100.0		

具体分布见图 4－9。

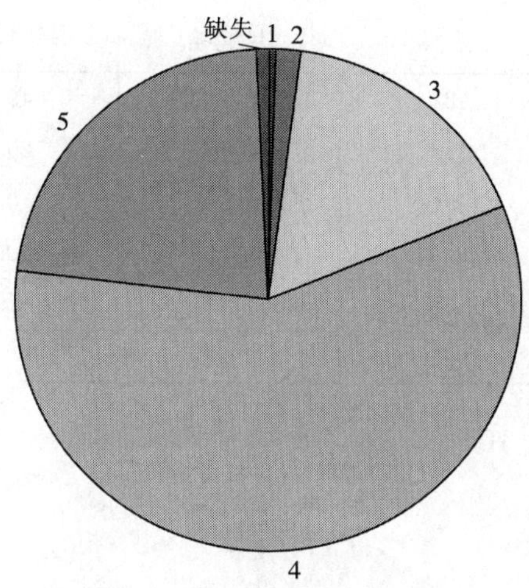

图 4－9　观众总体评价满意度

2. 实现贸易效果

本项考察的是农业会展对观众交易需求的满足程度。农业会展的主要发生在专业观众、采购商与参展商之间，因此参展观众对农业会展的实现贸易效果方面的满意程度是检验农业会展贸易功能的重要指标。

如表 4－17 所示，在 1869 个有效数据中，20.8％的参展观众选择“非常满意”；49.6％的参展观众选择“满意”，二者之和为 70.4％；27.3％的观众对农业会展的贸易效果选择“一般”；另外有 2.3％的观众选择“不满意”或者“非常不满意”，这一比例较小。本项满意度均值为 3.91，可见观众对于农业会展在实现贸易效果方面持基本满意的态度，其满意度明显高于参展商(3.64)。由于在会展活动中绝大多数贸易的达成对参展商和观众两方用户来说是对称的，因此造成其满意度差别的主要原因可能是观众对于实现贸易的预期期望低于参展商。

表 4－17　观众实现贸易效果满意度

实现贸易效果		频率	百分比	有效百分比	累积百分比
有效	1	9	0.5	0.5	0.5
	2	33	1.7	1.8	2.2
	3	510	26.5	27.3	29.5

（续）

实现贸易效果		频率	百分比	有效百分比	累积百分比
	4	927	48.3	49.6	79.1
	5	389	20.2	20.8	99.9
	44	1	0.1	0.1	100.0
	合计	1869	97.3	100.0	
缺失	系统	52	2.7		
合计		1921	100.0		

具体分布见图 4－10。

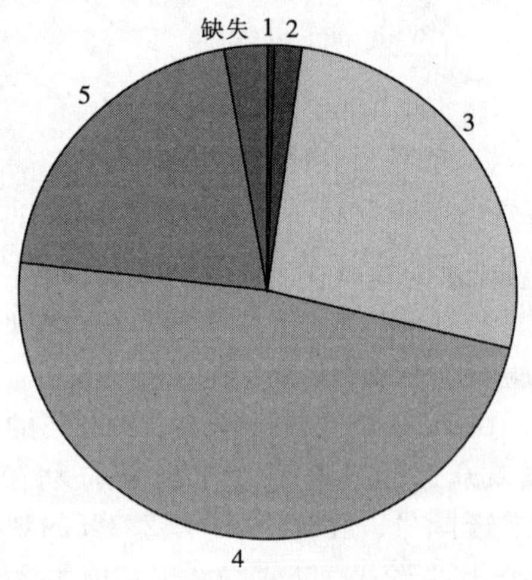

图 4－10　观众实现贸易效果满意度

3. 组织、接待、服务

本项考察的是农业会展对观众有序性、便利性需求的满足程度。农业会展在对观众的组织、接待、服务方面与参展商相比存在差异，从而对其满意度评价产生一定的差别化影响。这一方面是因为参展商数量比参展观众少且有较高的确定性，组织和服务工作比较方便，而参展观众不仅数量多，而且比较随意，需求也多种多样，很难一一满足；另一方面也是因为在大多数农业会展活动中，参展商需要通过付费才能参展，而观众的参会几乎免费甚至受主办机构的补贴，因而在提供的会展服务方面两者差异较大。

如表 4－18 所示，在 1909 个有效数据中，25.2％的观众选择“非常满意”；49.7%的观众选择“满意”，二者之和达 74.9%；此外有 22.2%的观众表示服务质量“一般”；也有 2.9%的观众对农业会展的组织、接待和服务表示不满，且通常会在调查中留下书面意见，如没有提供饮用水、厕所不方便等问题。本项满意度的均值为 3.96，接近于 4。

表 4-18　观众组织、接待、服务满意度

组织、接待、服务		频率	百分比	有效百分比	累积百分比
有效	1	16	0.8	0.8	0.8
	2	41	2.1	2.1	3.0
	3	423	22.0	22.2	25.1
	4	948	49.3	49.7	74.8
	5	481	25.0	25.2	100.0
	合计	1909	99.4	100.0	
缺失	系统	12	0.6		
合计		1921	100.0		

具体分布见图 4-11。

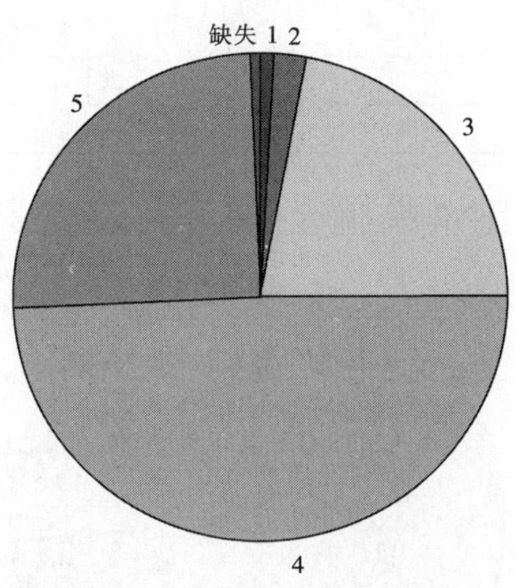

图 4-11　观众组织、接待、服务满意度

4. 宣传及展商质量

观众用户对“宣传及展商质量”满意度的评价标准上与参展商用户也存在一定的不同。参展商在农业会展活动中处于信源的位置，而观众则处于受众的位置，因此参展商具有宣传展示的需求，在此基础上实现与观众的有效对接，

而观众则主要关注能否便捷、高效寻找到可以达成对接的参展商。因此，观众对本项的满意度主要集中在会展活动的宣传效果及参展企业的数量、质量和相关性上。换句话说，农业会展只是一个平台，宣传展示只是方式和渠道，参展企业才是观众最终关心的。

如表 4－19 所示，在 1901 个有效数据中，21.8％的观众对宣传效果及展商质量选择“非常满意”；51.4％的观众选择“满意”，二者之和为 73.2％；24.2％的观众选择“一般”；而仅有 2.5％的观众选择“不满意”或者“非常不满意”。本项满意度的均值为 3.92，也非常接近 4。

表 4－19　观众宣传及展商质量满意度

宣传效果及展商质量		频率	百分比	有效百分比	累积百分比
有效	1	10	0.5	0.5	0.5
	2	38	2.0	2.0	2.5
	3	460	23.9	24.2	26.7
	4	978	50.9	51.4	78.2
	5	415	21.6	21.8	100.0
	合计	1901	99.0	100.0	
缺失	系统	20	1.0		
合计		1921	100.0		

具体分布见图 4－12。

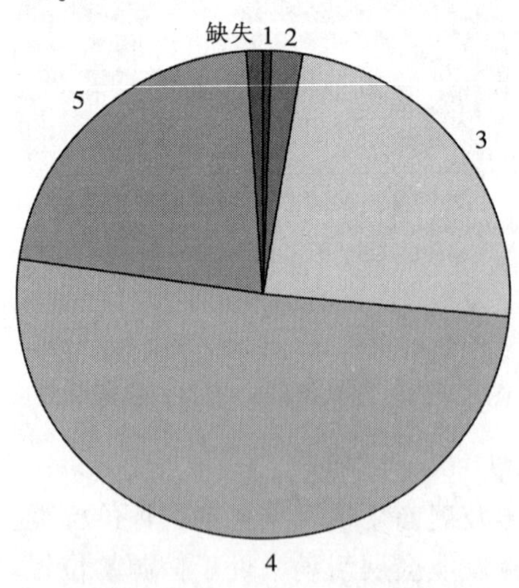

图 4－12　观众宣传效果及展商质量满意度

5. 产品、技术新颖度

与参展商用户类似，本项考察的是农业会展对观众学习体验需求的满足程度。但对于观众用户来说，会展上信息资源是否丰富，不仅取决于展出的产品和技术知识是否具有创新性，还在很大程度上取决于上一个指标，即参展商质量。因为在会展活动中参展商才是信息资源的主要提供者，而非会展平台的主办机构。参展企业的质量是参展产品质量的基础，而参展产品质量是参展企业的表现。如果没有优质的参展商，就不会有大量新颖的产品和技术展出，更不会有知识的推广和扩散。关于这一点，在后面的相关性分析中我们还会得到验证，本维度与上一维度的观众满意度评价相关系数高达 0.59，在所有因素中是最高的。

根据统计数据，如表 4－20 所示，在 1901 个有效数据中，23.0％的观众对农业会展的产品、技术新颖度选择“非常满意”；49.9％的观众选择“满意”，二者之和为 72.9％；25.1％的观众选择“一般”；另外有 1.9％的观众选择“不满意”或者“非常不满意”。本项满意度的均值为 3.94。

表 4－20 观众产品、技术新颖度满意度

产品、技术新颖度		频率	百分比	有效百分比	累积百分比
有效	1	8	0.4	0.4	0.4
	2	29	1.5	1.5	1.9
	3	478	24.9	25.1	27.1
	4	949	49.4	49.9	77.0
	5	437	22.7	23.0	100.0
	合计	1901	99.0	100.0	
缺失	系统	20	1.0		
合计		1921	100.0		

具体分布见图 4－13。

6. 满意度综合比较

将总体评价，实现贸易效果，组织、接待、服务，宣传和展商质量，以及产品、技术新颖度五项满意度对比分析，如表 4－21 所示，各项的众数均为 4，也就是多数观众都选择了“满意”。观众满意度最高的是总体评价，均值达 4.01，满意度最低的是实现贸易效果，为 3.91。事实上，各项满意度都非常接近 4，且差距并不十分明显。这说明相比参展商而言，观众对我国农业会展的总体运行情况更为满意。

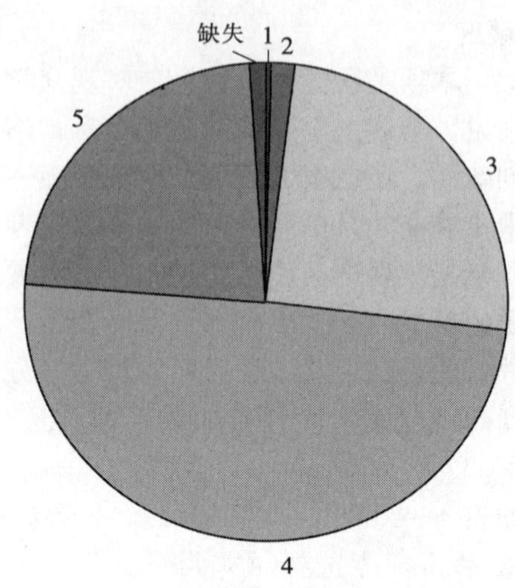

图 4-13　参展观众产品、技术新颖度满意度

从标准差上看，总体评价的满意度分歧最小，这与参展商评价一致；而在实现贸易效果上的分歧最大，呈现两极分化的趋势，这与参展商评价有着明显差异。观众用户在实现贸易效果上的明显分歧可能更多地来源于观众用户群体内部的差异，即贸易观众、采购商和一般观众在参展目的和期望上存在不同。而无论是观众用户还是参展商用户对农业会展的总体满意度都较为一致，说明满意度评价是农业会展总体运营情况的一个合理反映。

表 4-21　参展观众各项满意度对比分析

统计量		总体评价	实现贸易效果	组织、接待、服务	宣传及展商质量	产品、技术新颖度
N	有效	1 905	1 869	1 909	1 901	1 901
	缺失	16	52	12	20	20
均值		4.01	3.91	3.96	3.92	3.94
中值		4.00	4.00	4.00	4.00	4.00
众数		4	4	4	4	4
标准差		0.701	1.201	0.796	0.763	0.759

（二）观众参展收获

在对观众进行的参展收获调查中，给出的收获选项一共有五个："签订采购合同"、"学习新技术"、"了解新产品"、"寻求合作伙伴"、"了解市场情况"。

如表4-22所示，在签订采购合同方面，只有9%的观众有收获，比例非常小；只有17%的观众表示可以通过参加农业会展寻找到合作伙伴；而36%的观众选择了“学习新技术”，40%的观众选择了“了解市场”，高达54%的观众选择了“了解新产品”。在5个备选项中，每个观众通过参展获得了1.5项收获。从中可以看出，观众在农业会展中的扮演的角色主要是学习者和信息受众，其收获主要集中在学习交流方面，达成合作或签订合同的比例非常低。根据2009年对39个农业会展的统计，专业观众占观众总数的比例刚好在5%～20%的区间内[①]，与达成交易、合作收获的比例在逻辑上非常一致，这进一步印证了当前我国农业会展观众用户群体内部存在显著差异性[②]。

表4-22　参展观众收获分析

描述统计量	N	和	均值
签订采购合同	1914	178	0.09
学习新技术	1913	688	0.36
了解新产品	1911	1039	0.54
寻求合作伙伴	1912	319	0.17
了解市场情况	1913	773	0.40

各项收获的分布如图4-14。

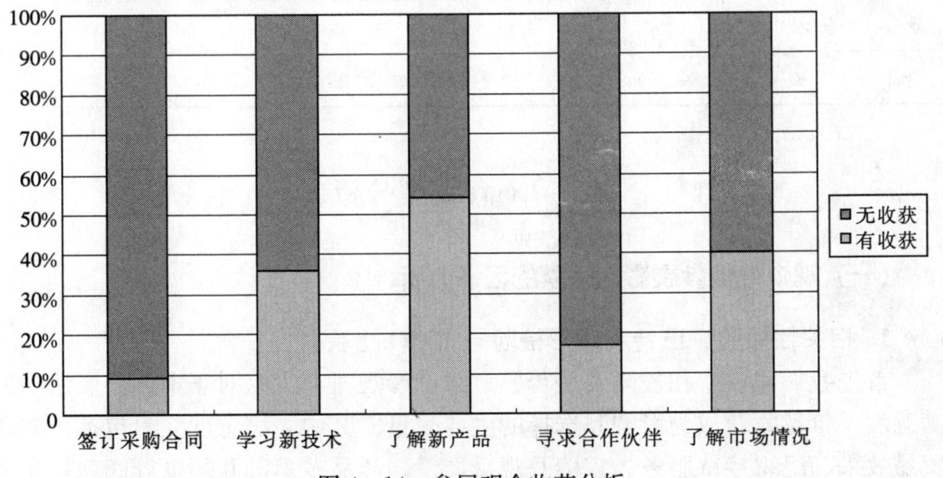

图4-14　参展观众收获分析

① 参见本书第三章。

② 观众用户内部的差异化对会展定价的影响参见本书第二章“双边市场理论”部分。

(三) 观众继续参展意愿

根据统计数据，1921 份问卷中有 1 705 个有效数据。其中 91.4%的观众表示下次农业会展将继续参观，只有 8.7%的观众表示不会参加下一次农业会展。尽管较之于参展商，观众的继续参展意愿要高出近 30 个百分点，但这很大程度上是由于观众参加会展的成本较低，在大多数农业会展中，观众都是免费参观甚至还可获得各种补助和礼品。即使没有在会展中取得预期的收获，观众再次参观的意愿可能依然存在，这一点与参展商用户有较大差异。而 8.7%的不参观观众中，专业观众尤其是贸易观众和采购商可能占大部分，而这部分观众恰恰是会展的核心用户和价值源泉。因此，我们不能简单地将观众用户继续参展意愿高作为我国农业会展运营效果良好的依据。

表 4-23　观众继续参展意愿分析

继续参观意愿		频率	百分比	有效百分比	累积百分比
有效	有意参观	1 557	81.1	91.3	91.3
	无意参观	148	7.7	8.7	100.0
	合计	1 705	88.8	100.0	
缺失	系统	216	11.2		
合计		1 921	100.0		

二、Logit 模型分析

(一) 观众继续参展影响因素的因子分析

1. 相关性检验、巴特利球形检验与 KMO 检验

首先我们假设，在被问及是否愿意继续参观时，观众对于本届会展活动的满意度评价及收获成为影响其选择的主要变量。其中，满意度变量包括：实现贸易效果、组织接待服务、宣传及观众质量、产品技术的新颖度等四项；参观收获变量包括：签订采购合同、学习新技术、了解新产品、寻求合作伙伴、了解市场情况等五项。在以下的分析中，利用 $V1$ 至 $V9$ 代表实现贸易效果、组织接待服务、宣传及观众质量、产品技术新颖度。

表 4-24 变量对应表

$V1$	实现贸易效果
$V2$	组织、接待、服务
$V3$	宣传及展商质量
$V4$	产品、技术新颖度
$V5$	签订采购合同
$V6$	学习新技术
$V7$	了解新产品
$V8$	寻求合作伙伴
$V9$	了解市场情况

根据 SPSS 的双侧显著性检验结果，如表 4-25 所示，参展观众的各项满意度都在 0.01 的水平上显著正相关，也即观众在实现贸易效果、组织接待服务、宣传效果及展商质量以及产品、技术新颖度的满意度是高度相关的，对某一个方面的满意度评价直接影响到对会展其他方面的满意度评价。而签订采购合同、学习新技术、了解新产品、寻求合作伙伴、了解市场情况等 5 个维度之间的也具有相关性且很显著。这说明数据适合因子分析。

表 4-25 相关性分析表

		$V1$	$V2$	$V3$	$V4$	$V5$	$V6$	$V7$	$V8$	$V9$
相关系数	$V1$	1.00	0.47	0.51	0.49	0.03	0.11	0.00	0.00	−0.07
	$V2$	0.47	1.00	0.54	0.43	0.05	0.10	0.05	−0.04	0.00
	$V3$	0.51	0.54	1.00	0.59	0.05	0.10	−0.01	0.03	0.01
	$V4$	0.49	0.43	0.59	1.00	0.03	0.08	0.02	0.05	0.04
	$V5$	0.03	0.05	0.05	0.03	1.00	−0.04	−0.19	0.18	−0.05
	$V6$	0.11	0.10	0.10	0.08	−0.04	1.00	−0.12	−0.05	−0.15
	$V7$	0.00	0.05	−0.01	0.02	−0.19	−0.12	1.00	−0.13	0.02
	$V8$	0.00	−0.04	0.03	0.05	0.18	−0.05	−0.13	1.00	0.09
	$V9$	−0.07	0.00	0.01	0.04	−0.05	−0.15	0.02	0.09	1.00

（续）

		V1	V2	V3	V4	V5	V6	V7	V8	V9
显著系数	V1		0.00**	0.00*	0.00**	0.09	0.00**	0.46	0.49	0.00**
	V2	0.00**		0.00**	0.00**	0.03	0.00**	0.02	0.06	0.47
	V3	0.00**	0.00**		0.00**	0.02	0.00**	0.39	0.13	0.37
	V4	0.00**	0.00**	0.00**		0.08	0.00**	0.16	0.01	0.07
	V5	0.09	0.03	0.02	0.08		0.05	0.00**	0.00	0.02
	V6	0.00**	0.00**	0.00	0.00	0.05		0.00**	0.01	0.00
	V7	0.46	0.02	0.39	0.16	0.00	0.00**		0.00**	0.24
	V8	0.49	0.06	0.13	0.01	0.00	0.01**	0.00**		0.00**
	V9	0.00**	0.47	0.37	0.07	0.02	0.00*	0.24	0.00**	

** 在1%水平（双侧）上显著相关。

巴特利球形检验统计量为2429.38，相应的概率Sig为0.000，因此可认为相关系数矩阵与单位阵有显著差异。同时，KMO值为0.747，根据Kaiser给出的KMO度量标准也可知原有变量适合作因子分析，具体见表4-26。

表4-26 KMO和巴特利球形检验

Kaiser-Meyer-Olkin Measure of Sampling Adequacy.		0.747
Bartlett's Test of Sphericity	Approx. Chi-Square	2 429.381
	df	36
	Sig.	0.000

2. 因子分析

利用SPSS对观众用户满意度评价和主要收获中的各项变量进行因子分析，结果如表4-27所示。其中，第一组数据项描述了因子初始解的情况，可看到第1个因子的特征值是2.554，解释原有9个变量总方差的28.38%，第2个因子的特征值是1.336，解释原有9个变量总方差的14.8%，前两个因子累计方差贡献率为44.23%，其余数据含义类似。第二组数据项描述了因子解的情况，总体上看，2个因子反映了原有变量的大部分信息，因子分析效果较理想。第三组数据描述了经过旋转后最终因子解的情况，因子旋转后累计方差比没有改变，但重新分配了各个因子解释原有变量的方差，改变了各个因子的方差贡献，使得因子更易于解释，可见前 2 个因子的特征值都大于 1，已经解释了总方差的 43%。因此，可以考虑对 9 个变量提取 2 个因子。

表 4-27 解释的总方差

成分	初始特征值			提取平方和载入			旋转平方和载入		
	合计	方差%	累积 %	合计	方差%	累积 %	合计	方差%	累积 %
1	2.554	28.382	28.382	2.554	28.382	28.382	2.554	28.382	28.382
2	1.336	14.846	43.229	1.336	14.846	43.229	1.336	14.847	43.229
3	1.205	13.386	56.615						
4	0.927	10.305	66.920						
5	0.814	9.049	75.969						
6	0.719	7.987	83.956						
7	0.557	6.193	90.149						
8	0.510	5.668	95.818						
9	0.376	4.182	100.000						

碎石图如图 4-15 所示。

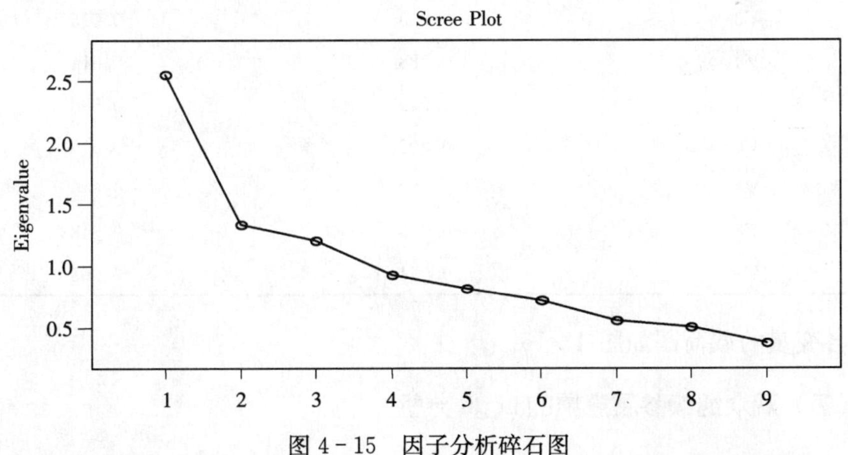

图 4-15 因子分析碎石图

从碎石图也可以看出，选取 2 个公因子较为合适。用主成分分析法进行方差极大法旋转后，实现贸易效果，组织、接待、服务，宣传、展商（观众）质量，产品、技术新颖度 4 个变量在第 1 个因子上有较高的负荷，第 1 个因子主要解释这 4 个变量，其意义主要代表观众的满意度水平；而签订采购合同、学习新技术、了解新产品、寻求合作伙伴、了解市场情况等 5 个变量在第 2 个因子上有较高的负荷，第 2 个因子主要解释这 5 个变量，其意义主要代表观众的参观收获[①]。具体模式矩阵如下式及表 4 - 28 所示。

$V1=0.774*F_1-0.028*F_2$

$V2=0.763*F_1-0.079*F_2$

$V3=0.839*F_1+0.015*F_2$

$V4=0.788*F_1+0.014*F_2$

$V5=0.079*F_1+0.689*F_2$

$V6=0.202*F_1-0.015*F_2$

$V7=0.008*F_1-0.646*F_2$

$V8=0.023*F_1+0.648*F_2$

$V9=-0.034*F_1+0.063*F_2$

表 4 - 28　模式矩阵

	成分	
	1	2
V1	0.774	−0.028
V2	0.763	−0.079
V3	0.839	0.015
V4	0.788	0.014
V5	0.079	0.698
V6	0.202	−0.015
V7	0.008	−0.646
V8	0.023	0.648
V9	−0.034	0.063

各变量的载荷图如图 4 - 16。

（二）观众继续参展意愿的 Logit 分析

考虑到变量之间的相关性，本研究以参展意愿（Y）作为因变量，观众的满意度因子和收获因子作为自变量进行回归分析。回归过程和结果如下：

Log likelihood = −1135.8412

① 从因子分析的结果来看，影响参展商和观众继续参展意愿的主要变量都可以提出满意度因子和收获因子两个因子，其中参展商的模式矩阵更加明显一些。

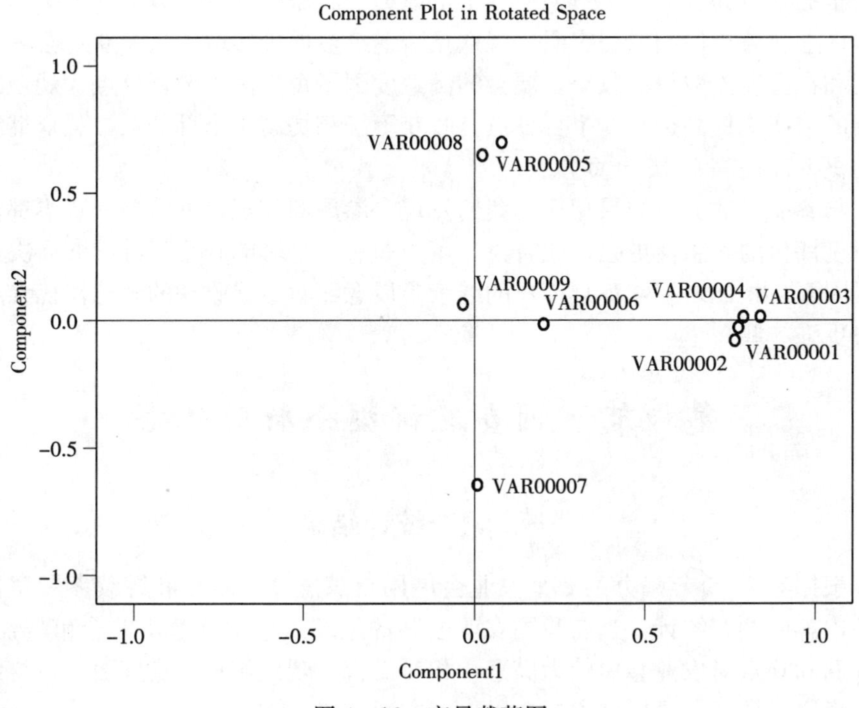

图 4-16　变量载荷图

Number of obs＝1672

LR chi2（2）＝0

Prob ＞ chi2 ＝0

表 4-29　回归系数表

是否继续参观	Coef.	Std. Err.	z	P>z	[95% Conf.	Interval]
满意度因子	0.297 123 1	0.050 687 9	5.86	0	0.197 777	0.396 47
收获因子	0.163 832 1	0.050 116 7	3.27	0.001	0.065 605	0.262 059

根据回归系数表，可以知道回归方程为：

$$\mathrm{Log}\left[\frac{P(\text{继续参加})}{P(\text{不继续参加})}\right]=0.297（满意度因子）+0.164（收获因子）+\mu$$

式中，μ 为随机扰动项。根据方差表，该模型在 0.001 的水平上具有显著性，因此是一个拟合度较好的回归方程。根据因子分析的结果，因子 1 代表了观众对会展的满意度水平，因子 2 代表了观众在会展上取得的收获水平。满意度因子的系数为0.29，在1%的水平上显著，收获因子的系数为0.16，在1%的水平上显著。回归方程表明，观众是否继续参展确实取决于观众对会展的满意度和在会展上取得的收获，展会的满意度因子每提高1个百分点，观众继续参展的概率能提高近0.3个百分点，收获因子每提高1个百分点，观众继续参展的概率能提高0.16个百分点。

与参展商的分析结果相比，我们发现，参展商和观众继续参展意愿都对其满意度评价的敏感性更强，或者说，用户满意度是影响其是否继续参展决策的主要因素；相比之下，观众用户的继续参展意愿对参展收获的敏感性比参展商用户更强一些。

第四节　调查及模型分析的结论

一、调查统计结果

根据对2009年举办的8个农业会展用户满意度、收获和继续参展意愿等三项内容的调查统计，当前我国农业会展的组织运营情况基本符合市场需求，参展商和观众对农业会展较为满意，相对而言，观众用户满意度更高，继续参展的意愿也更强。具体来说，有以下三方面结论：

1. 满意度评价方面，参展商和观众两类用户对农业会展的总体评价趋于一致，即基本满意，而观众用户在各分项的满意度上评价更高

在总体评价方面，观众满意度均值达4.01，参展商满意度为3.94，均接近于“满意”（赋值为4）。在各分项满意度中，观众的评价也都略高于参展商，而两类用户满意度评价最低的都集中在“实现贸易效果”项。因此，在肯定我国农业会展成绩的同时，必须对制约农业会展深入发展的“短板”加以重视，采取有力措施强化农业会展的交易功能。

2. 主要收获方面，参展商收获主要集中在提升公司形象、开发新客户和推介新产品等展示、宣传效果上，而观众收获主要集中在了解市场行情和新产品等学习、体验效果上，会展活动中信息的传播和流动单向性明显

在被问及参展的主要收获时，45%的参展商选择了提升公司形象，另有40%和34%的参展商选择了开发新客户和推介新产品，而54%和40%的观众选择了了解新产品和市场情况。从中可以看出，目前我国农业会展的功能和效果主要集中在展示性方面，且参展商和观众之间明显呈现信息的单向传播和流动，换句话说，我国农业会展的主要作用就是充当企业展示自身和推介产品的平台。无论是企业还是观众，通过参展签订合同或达成合作协议的比例都不是很高。

3. 继续参展意愿方面，农业会展两类用户中的大部分都愿意再次参展，而观众的参展意愿总体高于参展商

根据调查，近2/3的参展商明确表示愿意再次参展，仅有5%左右的参展商明确表示不会再次参展，而高达91.4%的观众表示有意再次出现在下一届会展中；8%左右的观众明确表示不会再次参观。从明确表示参展的用户比例来看①，观众的参展意愿总体高于参展商。其原因可能有以下几方面：其一，观众对会展的满意度比参展商高，因此观众更愿意继续参展，这一点在模型分析中能得到一定的支持；其二，参展商的参展成本远比观众的成本高，下次是否参展还需要根据成本约束情况而定，因此选择“不能确定”的比例较大；第三，参展商可能有一定的动机隐瞒自己的实际收获和参展意愿，以使自己在下次参展时取得价格上的优惠②。

二、因子分析结果

在对参展商和观众满意度评价和收获各分项进行相关性检验后发现，其具有较为明显的相关关系。具体来说，

1. 满意度方面

参展商和观众在“实现贸易效果”、“组织接待服务”、“宣传及对面用户质量”及“产品技术新颖度”四项满意度指标上相关性都非常高且显著。

参展企业对以上四个维度的满意度评价两两之间在0.01的水平上均为显著正相关，相关系数最高达0.62，最低也有0.5。观众满意度评价两两之间在0.01的水平上也为显著正相关，相关系数最高达0.59，最低0.43。

这充分说明了农业会展的组织运营是一个系统工程，参展商和观众在交易、服务、宣传及交流等方面的满意度彼此互相影响，对会展某一方面的正面评价会给其他方面的评价带来正面影响，反之，对会展某一方面的负面评价也会扩散到其他方面。因此，会展主办方应该全面地考虑会展在各个方面的组织、协调和服务工作，才能赢得企业和观众更高的评价。

---

① 如果从明确表示不会再次参展的用户比重来看，则观众中该类用户的比重更大，这与原始问卷的设计有关（观众问卷中没有设“尚难确定”选项），这一问题对调查的结果略有影响。

② 因为按照双边市场理论，平台定价的主要依据是每类用户所获得的外部性好处及由此而产生的需求函数，外部性获益较小和需求弹性较大的一方将获得价格优惠。具体参见本书第二章。

2. 收获方面

尽管参展商和观众在实际收获的具体维度上略有不同，但其各维度之间也存在着一定的相关性。与满意度各维度很强的相关性比较，各项收获之间的相关性要弱一些，但都具有显著性，因此令我们无法忽视。

另外，参展商的各项收获之间呈现较明显的正相关关系，而观众的各项收获相关性更差一些。这可以解释为，参展商较之于观众，其参展的目的性更强，并且居于主动地位，在会展过程中有更多的资源和渠道来实现更多的收获，因此其各项收获可以同时实现，或者某一项收获的实现提高了另一项收获的概率。而观众的机会和资源较少，处于较被动的接收者地位，使其可能实现的收获少，各项收获之间的互相影响较弱。

三、回归分析结果

根据对用户继续参展意愿与其满意度评价和主要收获相关关系的 Logit 模型分析结果，参展商和观众两类用户再次参加农业会展的意愿均受到其本届展会满意度评价和主要收获的影响。

对参展商用户而言，对农业会展各方面的满意程度是影响其是否继续参展的主要原因。如果参展企业对农业会展总体的运营、服务水平满意度越高，则企业参加一下届农业会展的可能性就越大，反之则其参加下一届农业会展的可能性越小。相较之下，企业在签订采购合同、提升公司形象、拓展公共关系、联络老客户、开发新客户、推介新产品、交流信息和技术等方面的现实收获对其继续参展意愿的影响较弱。

较之参展商用户，观众用户继续参展意愿受满意度评价影响小一些，受收获情况的影响大一些；尽管其满意度评价仍是影响继续参展意愿的主因，但两个因素的影响力已大致相当。因此，如果观众对会展的运营水平比较满意，同时在合作伙伴、产品信息或达成交易等方面有收获，则其参加下一届农业会展的概率更高，反之则更低。

因此，农业会展如果要提高其用户忠诚度和持续参展的概率，应当对用户评价给予足够的关注和重视，尤其是参展商的满意度评价。通过改善自身组织运营的能力和水平，切实提高参展商和观众的满意度评价，改善用户参加会展的现实收获，是我国农业会展行业深入、有序和可持续发展的前提和保证。

农业会展与经济发展

第一节 农业会展与产业发展

农业会展是会展业以农业企业和消费者为特定用户而提供的服务产品。据估计，2009年我国农业领域举办的179次会展活动直接产值逾5亿元，参展企业逾10万家。由于农业在国民经济中处于弱质地位，我国农业企业的产业化水平和盈利能力相比其他行业为低，而大多数农业会展都是在政府支持下举办的，其展位平均价格低于会展行业平均水平约60%，因此农业会展的产值在会展业整体中所占比重还处于较低水平。可以预见，随着农业产业化进程的深入、农产品市场价格的稳步提高和企业盈利能力的不断改善，农业会展行业的直接产值将进一步扩大。在行业直接产值不断增长这一现象的背后，隐含着农业会展巨大的经济和社会价值。

一、农业会展与农业发展

农业会展是汇集新技术、新成果、新产品和新发明的主要阵地，集中了农业各个子领域最高技术的代表，它有利于农业科学技术的普及推广，进而推动农业产业的发展和农业经济的繁荣。农业会展的技术推广作用主要体现在以下方面：

桥梁与纽带作用。农业会展一头连接生产者，一头连接市场，为及时了解、搜集市场信息，拓展购销渠道，农业会展的参展企业可以积极开展横向与纵向联系，建立、培育和发展同各界的联系。

提升作用。表现在农业会展连年展出新的工艺、过程和产品在技术上都有新的研发和突破。

服务作用。参展企业在学习先进经验后，围绕产品服务的各环节，推广统一的生产过程、模块化的管理方法，规范统一了生产的各个环节，有利于降低食品安全方面的风险，争创优质品牌，打开市场销路。同时也能激发企业和相关联农户的生产积极性，提高农产品质量和品牌效应，增强抵御市场风险和提高市场竞争的能力。

引导作用。农业会展通过培育高产高效的农业项目示范，引导和鼓励相关区域的农业技术成果的转化，形成比较鲜明特色的带头示范基地，能充分引导农民走向科技致富的道路，尤其在新形势下，农业会展充分发挥了对技术推广的引导作用，提升了农民生产者的市场竞争力以及市场地位。

对产业关联度大、技术水平高、带动能力强的龙头企业来讲，农业会展是其进行宣传和营销的重要窗口。这些企业可以通过会展了解最新、最全的科技和产品动态，展示新产品、新技术，与消费者进行直接的交流和交易，宣传企业形象，同时达到市场考察、产品推广、促进交易和树立良好品牌形象的目标。一些国际性的农业会展，还为龙头企业学习国外先进经营管理理念，起到有力的促进作用。

实践表明，农业会展有利于加速农业产业化，而农业产业化对农业和农村经济结构战略性调整具有重要带动作用：一是可以通过“合同”、“订单”等形式，有效地解决农民的卖难问题。二是可以使农产品实现多次增值增效。三是通过农业会展可以提高农产品的科技含量，把农业增长方式真正转到主要依靠科技进步和提高劳动者素质的轨道上来。

（一）带动农业产业化经营

产业化经营是社会经济发展到一定阶段出现的经营形式，是企业组织形式和经营机制的创新。农业产业化经营的实质就是用现代工业管理的办法来组织现代农业的生产和经营。它以国内外市场为导向，以提高经济效益为中心，以科技进步为支撑，围绕支柱产业和主导产品，优化组合各种生产要素，对农业和农村经济实行区域化布局、专业化生产、一体化经营、社会化服务、企业化管理，形成以市场牵龙头、龙头带基地、基地连农户，形成集种养加、产供销、内外贸、农科教为一体的经济管理体制和运行机制。虽然分散的中小企业难以形成规模化生产，但聚集起来，则可上质量、上规模，出品牌、出名牌，形成产业化经营，带动地方经济。

如本书之前所述，“产业聚集”指的是一个空间范围内部，某种或某几种生产同类产品的、或具有直接上下游产业关联的、或其他具有紧密联系的相关产业大量出现，形成专业化的产业地区或者产业带。产业聚集区内企业之间以地方网络为基础形成正式和非正式协作的产业体系。农业会展作为相关企业之间、企业与公众之间的一个互动的商务平台和交流中介，协助他们进行新技术、新产品的推广，可以起到传播信息、知识、观念、促进经济贸易和沟通交流的作用，促使产生强大的产业聚集效应。首先，农业会展能有效促进企业间的经济技术交流和信息沟通。会展的核心价值在于它能够满足参展商和专业观众之间交流，相关企业可以通过积极参加适合自己销售渠道的主题展览会，降低推广费用。其次，农业会展能促进与会展商品和服务相关的连带产业之间建立更好的互动效应，促使企业之间形成互动产业链。会展促进相关性产业之间形成拉拔效应，吸引更多的投资者进入会展商品的生产领域，或投入与会展商品在生产、消费上具有连带性的产业，最终形成产业集群或产业链。最后，农业会展能促进会展资源的有效整合。农业会展把在消费或生产上相关的商品和服务一起展出，使提供消费和生产上具有连带性的商品和服务的企业组成统一的整体形象，从而实现了综合公关，有效地提高了会展资源的利用率，为产业发展创造良好的社会氛围。

例如，新疆疏附县有着丰富的光热和水土资源，喀什噶尔系列农产品久负盛名，为了能够将资源优势转化成经济优势，新疆疏附县在乌鲁木齐对外经济贸易洽谈会上举办宣传和推介活动后，一批批慕名而来的投资商落户疏附，泰康果品、三合沙棘、慕峰酒业、南达畜牧、清泉油脂、天虹包装、众旺饲料等众多企业的加入，加快了疏附县农业发展，延伸了其经济产业链。又如武汉农博会举办后，湖北省渔业加工企业迅猛发展，淡水鱼深加工发展迅速，直追全国排名第一的湖南。2005 年以来，全省加工企业由 83 家增加到 310 家，销售产值由 3 亿元上涨到去年底 10 亿多元，武汉小龙虾稻田套养面积由 2 万亩扩张到 17 万亩，从事的企业从零增加到 8 家。新疆疏附和武汉农博会的案例，充分显示了农业会展对农业产业扩张的推动促进作用。农业会展，尤其是大型农业会展，是展示农业发展成果的窗口，是国外农业发展成果的浓缩。各级政府通过会展了解农业发展的新情况、新问题、新经验和新的创新成果，并将此作为确定农业投入重点领域、重点产业、重点方向和项目支持的依据之一。投资家、企业家可以通过会展寻求到新的投资合作项目，从而促成全社会关注农业、支持农业、投资农业、发展农业的良好局面，加速农业现代化进程。

（二）加速农业产业带形成

农业会展可以通过其巨大的推广和宣传效果，将产业资源集聚起来，形成一个综合体的产业带以及相应的地域性公共品牌，从而推动了农民收入的增加。

以陕西果品展销订货会为例，展销订货会主办方是中国果品流通协会、陕西省商务厅、陕西省果业管理局。在陕西省果业局的倡导下，陕西 30 个基地县通过普及水果种植关键技术，推进了绿色果品基地、有色果品基地和“五配套”生态果园建设。目前，陕西苹果优果率达到 70%，高出全国 30 个百分点。陕西省的水果面积达到 1 340 万亩，总产量达到 980 万吨。其中苹果面积 730 万亩，产量达到 730 万吨，苹果已成为陕西 30 个基地县的富民产业。据悉，陕西省果业局按照自然条件和历史种植规划水果基地，渭北高原要建成全国乃至世界集中连片面积最大的苹果基地，无定河以南至渭河以北的河流沿岸建成酥梨基地，黄河沿岸建成红枣基地，秦岭北麓和汉江流域建成猕猴桃基地，汉中盆地和秦巴山区建成柑橘基地，城市周围建成时令水果基地。并且依靠科技兴果，品牌带动，进而扩张国内外市场，逐步做大做强陕西的水果产业。

统计显示，“陕西苹果”已在国内外市场赢得良好的口碑和稳定的市场。2009 年仅果汁加工项目就吸引投资 4.5 亿，全省年果汁加工能力达到 75 万吨，陕西已成为世界上重要的果汁加工基地。预计果品年出口量将超过 55 万吨，为陕西创汇突破 5 亿美元。

陕西宜川县农业人口 9.4 万人，从事果业生产有 8.7 万人，全县建成果园 32 万亩，形成“北部苹果，东部梨，南部花椒、核桃”的产业格局。目前，果业收入 3 万元以上的有 2 300 户，人均收入 2 万以上的有 240 户，最高的达到 52.5 万元。

（三）增强农民市场意识

农业会展强化了市场对农业的导向作用，农民可以了解到最新的农产品需求趋势和农资产品的供应信息，从而调整自己的种植计划和农用资料的购置计划。

农业会展的主题之一是现代农业的科技示范。这些农业会展以集中展示高效农业、规模农业、生态农业为发展重点和方向，有效地展示了土地资源紧缺对于发展农业的制约，既能完好地保护基本农业，改善农业生态环境，又能较好地提高农业的产出效益，实现了经济效益和社会效益双丰收。

农业会展在成为企业家的朋友的同时，也成为农民的朋友。作为农业会展，技术培训工作是技术推广工作的前提。充分利用农业会展这个平台，可以为农民提供良好的的技术和市场体验。很多农业会展举办过程中，也通过建立现场示范田、现场指导、发放资料等形式提高农民素质。

二、农业会展与相关产业发展

农业会展对产业结构的影响是多方面的，但其影响作用的传播途径却依赖于会展产业链，因此对会展产业链的分析就成为农业会展经济作用研究的基础。在会展产业链中，除会展业外，还有三个主要组成部分，根据相关产业与会展业间的经济技术联系可以分为上游产业、目标产业和相关产业。

上游产业，又称支撑产业，是指直接为会展业的发展提供服务的各种相关产业，主要包括建筑业、环保产业、市政公共服务业、旅游业、邮电通讯业、金融业、商品贸易业、交通运输业等产业。上游产业是会展业得以建立起来的产业基础，是其发展的产业环境。在上游产业中，可以根据各产业为会展提供的产品或服务不同，分为会展基础产业、会展外围服务业和会展辅助产业。会展基础产业是指为农业会展活动的举办提供物质支撑的相关产业，主要包括建筑业、环保业、建筑装饰业以及与市政公共设施建设相关的产业等；会展基础产业的功能是为会展的举办提供场馆及其相应的配套设施，包括停车、交通、住宿等建筑设施。会展外围服务业是为会展活动的正常运转提供外围相关服务的产业，这些服务为满足参展厂商生活和商务需要及参展便利而提供的，主要包括会展物流业、住宿业、金融保险业、餐饮业以及零售业等产业。会展辅助产业主要是指旅游业和文化产业，发达的旅游业和文化产业可以向参加农业会展的客商提供旅游产品，满足人们对精神愉悦的要求，使会展“锦上添花”，甚至有时会成为会展成功的关键因素。

任何一个会展都应围绕一个主题举办，与此主题相关的行业或产业就是会展产业链中的目标产业，对于农业会展而言，其目标产业就是农业以及与农业相关的行业领域。在目标产业与会展业之间也存在着产品与服务的供需关系，即会展业为目标产业提供会展产品——信息与物资交流的服务平台。

相关产业是指在会展产业链中在更广泛的基础上与会展业的发展产生间接关联关系的产业，主要包括教育及人才培训机构、中介产业、研究机构、信息调查和培训认证机构、政府行政管理机构等。

在各个产业之间，某产业在运作过程中的任一变化，都将通过产业间的关联关系对其他产业发生波及作用。产业波及是指区域经济产业体系中，产业部门的变化按照不同的产业关联方式，引起与其直接相关部门的变化，然后导致与后者直接和间接相关的其他产业部门的变化，并依次传递的现象。

农业会展的综合性和广泛性特点，具有强大的产业关联和波及效应。农业会展活动的举办能够吸引大量的参展商和观众，从而刺激了商品和劳务的消费需求，推动了商业和服务业的发展。农业会展活动所特有的展品、展地和展期，决定了必须要为参展商提供产品展示、交流研讨、新闻通讯、餐饮、住宿等一系列服务，这样就必然会增加举办地区的咨询业、广告业、印刷业、旅游业等产业的需求，刺激了这些行业的发展。农业会展活动的成功开展还需要举办地的交通、运输、电讯等基础产业的配套支持，所以也相应地促进了举办地区整体综合经济的提升。农业会展业关联效应决定了其对所在地的其他相关产业产生影响面广、辐射力强的波及效应。这种经济波及不但会影响会展举办地的各相关产业，而且还会辐射到周围地区的各产业。①

会展经济的功能和作用是综合性、全方位的，在会展业促进相关产业发展的同时，相关产业的发展和质量水平的提高又反过来促进会展业的发展，而这些相关产业之间在发展中也存在影响关系，从而就形成了彼此联系并且互动的会展经济产业链，而产业链的每个环节都能在其他环节的推动下得到提升，会展业无疑是这条产业链整体运作的核心，正是通过会展业强大全面的客流、物流、信息流、资金流的交互扩散，才全盘联动许多产业。如会展业推动了旅游业的发展，而旅游业又能推动交通业发展，发达的交通业又促进会展业的发展，从而形成会展经济产业链彼此促动的良性循环，如图 5-1 所示：

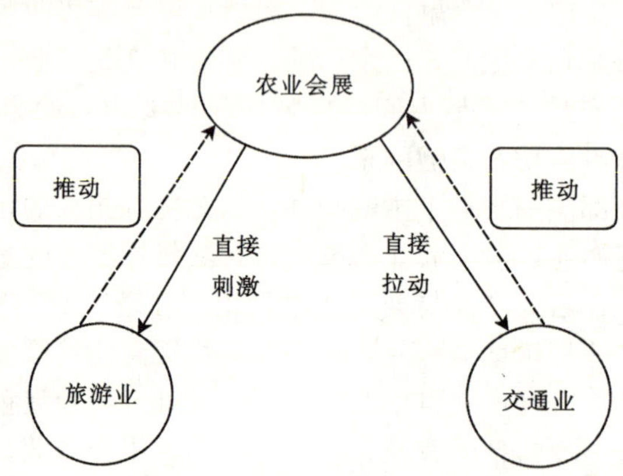

图 5-1　农业会展与相关产业

① 孙明贵. 会展经济学［M］. 北京：机械工业出版社，2006：119.

（一）旅游业

会展经济的发展为旅游业的发展注入了强劲的动力，旅游业的发展又增强了区域会展经济的市场竞争力。城市是会展和旅游的承载体，会展有利于增强城市知名度，从而增强城市对旅游者的吸引力。从参与者的角度，会展活动的参展商、与会者和观展人员因会展活动而流动，参加会展活动期间必然涉及餐馆、交通、住宿等旅行服务。

观光农业是现代农业发展的新热点。观光农业是指与旅游业相结合的一种消遣性农事活动，利用农业自然资源、生产资源、农村传统文化等，开辟活动场所，完善服务设施，强化服务功能，为人们提供休闲旅游、生态观光、体验农业生产和农家生活等服务。它对促进农产品销售、农业科技发展和农业经济合作都有明显的作用。

（二）文化产业

任何会展活动都有文化的成分，会展的举办往往以开发文化资源，获取巨大经济效益作为成功的重要标志。成功的会展能够挖掘区域文化底蕴，展示区域独特的文化特色，以丰富会展的文化内涵，增强市场竞争力，从而有助于营销区域文化，促进区域文化产业的发展。会展的展示、信息沟通和交流等功能，有利于市场主体了解区域的文化，利于各方文化交流，利于潜在的文化产品需求者发现自己的文化需求，并找到相应的供给。文化产业通过会展推出大众化的文化产品，不仅产生了广泛的文化影响力和经济效益，而且增强了会展的市场竞争力。区域品牌已经成为区域核心竞争力的重要组成部分。如果能够在挖掘区域文化底蕴、对区域文化进行市场化配置的基础上，塑造区域的会展品牌和文化品牌，实现会展品牌和文化品牌的对接，放大和叠加区域的品牌效应，将会对区域核心竞争力的培育产生深远的影响。

（三）物流业

区域物流业的发展和区域的产业结构密切相关，一定的区域产业结构与一定的区域物质投入产出系统相适应，一定的物质投入产出系统要求一定的物流配送体系与之相适应，区域产业结构的优化调整，也要求区域物流配送体系随之变化。会展经济是促进区域产业结构升级的重要纽带。会展活动，特别是各类专业博览会，为产品提供了一个展示的平台，有利于加速物资流动，从而促进物流业的发展；而会展活动的举办，又需要相应的物流体系作支撑。以网络化和综合化为特征的现代物流业的发展，已在很大程度上支持生产企业将原料、加工、销售三地分离或异地结合。物流业的发展有利于企业根据不同区域的区位条件和资源禀赋将原料采集、产品加工、市场营销等环节分别放到不同区域，也有利于区域根据各自优势在物质生产、流动链条中选择最能发挥自身优势的环节，从而促进合理的区域分工格局的形成。对于一个区域来说，区域物流规模越大、区域物流组织与管理水平越高、区域物流产业越发达，区域内的联系越紧密、一体化的程度越高，区域经济总量也就越大，区域社会经济效益水平也就越高。[①]

从上述对会展业的产业关联带动效应的分析可以看出，农业会展活动一方面会为相关的产业带来大量的客源、货源，也就是说创造出大量的市场需求；另一方面，会展服务需求的增加会对相关产业产品、服务提出更高的要求，如要求服务具有较大的方便性、快捷性、舒适性、安全性等。[②] 为满足相关需求各相关行业会积极改善经营管理不断提高服务水平，这样就形成了良好的产业循环发展模式。

第二节　农业会展与区域发展

一、农业会展的宏观经济效果

农业会展的发展，能有效地促进区域资源的优化配置，推进区域产业结构优化升级，进而推进区域经济发展。农业会展对区域经济发展的强带动性，主要表现在以下几个方面：

（一）对投资的带动作用

投资乘数理论认为，当总投资增加时，收入增量将是投资增量的若干倍，因为增加了投资，就要增加投资所需的生产要素生产，从而使投资以工资、利息、利润和租金形式流入企业和劳动者手中，增加企业和劳动者的收入；企业和劳动者把这一收入再用于生产和生活消费，又转化为另外一些企业和劳动者的收入，如此循环往复，投资的增加可以导致收入的成倍增加，刺激了生产，

① 曾武佳．现代会展与区域经济发展［M］．成都：四川大学出版社，2008：136.

② 李巾姝．我国农业会展的功能研究［D］．北京：中国农业大学经济管理学院，2007：26.

增加了就业，促进了经济增长。[①]以宁夏自治区政府、商务部等主办的“中国宁夏国际羊绒贸易博览会”为例，通过举办此次展览实现签约项目达 24 个，落实投资项目、合作合同贸易总额达 22 亿元，对中国山羊绒主产地和主要流通集散地之一的宁夏羊绒产业向集约型、效益型和外向型发展产生了极大地推动效应，成为宁夏招商引资的重要平台，为全面打造“西夏羊绒”品牌打下了坚实的基础。

伴随投资商的纷至沓来，必然会需要相关的配套工程，并给予相关行业财政、税收等优惠的政策，给这些行业带来丰厚的利润。因此，农业会展可吸引投资者把大量资金投入到会展所涉及的相关行业中，如农业会展举办地的房地产业、基础设施建设等，这些投资又通过投资乘数作用于区域经济发展。

（二）对消费的带动作用

农业会展的构成环节看，大致可以分为上游、中游和下游环节。上游环节是指农业会展的项目开发者和品牌的拥有者组织开展的，从会展创意、整体策划、行业调研，市场分析、项目可行性研究，到活动范围、参与者、合作单位的遴选以及筹备项目的具体运作、组织和实施等各种组织活动。无论谁作为发起者抑或接受者，都会把活动贯穿于农业会展的整个过程中。中游环节是指为会展活动提供场馆、设施、服务的企业组织实施的，包括会展项目的具体运作、组织和实施，主办方行动方案落实，即农业会展运行的具体操作实施阶段。下游环节是指农业会展活动的支持部门，直接或间接为会展活动主办单位、参与方和观众提供服务，运输代理、旅游代理、服务分包等都可以包括在这个范围内。这些支持部门为农业会展提供了技术、人才、资金和信息的支持。上述三个构成环节必然带动农业会展举办地的电信、广告、印刷、旅游、交通、住宿、餐饮、物流、商业等第三产业的消费需求，产生很强的拉动作用。

（三）对政府购买的带动作用

农业会展的发展必须依托城市良好的城市基础设施。就农业会展本身特点而言，举办城市除了要有良好的基础设施外，还要拥有与周边关联地区往来便捷的水陆交通以及航空港等条件，便于农产品尤其是鲜活农产品的集散和转

① 曾武佳．现代会展与区域经济发展［M］．成都：四川大学出版社，2008：32.

运。举办地还要解决好城市公共交通、城市改造、标志性建筑、城市土地利用与价格问题、城市环境污染问题、城市规划问题等，这些问题的解决需要政府，以政府购买的形式进行支付。政府对基础设施的投资又反过来促进城市的升级和改造，由此形成城市循环加速的“复利式”发展。

（四）对就业的带动作用

由于各产业发展存在着“关联效应”，产业间的劳动就业机会也就有了必然的联系。某一产业的发展会相应地增加一定的劳动就业机会，而该产业带动相关产业的发展，也就必然使这些相关产业增加就业机会，产业间的这种劳动就业联系在西方经济学中被描述为投资乘数在就业中的作用。农业会展的举办，一方面由于会展业本身是服务业的范畴，直接增加就业机会；另一方面，由于农业会展的产业关联效应带动其他产业的发展，从而使其他产业增加劳动就业机会。统计分析表明，每增加 1 000 平方米的展览面积，就可创造近百个就业机会。①

作为市场经济的必然产物，农业会展所带来的多米诺效应在促进就业方面也同样具有积极意义，而会展活动带动最大的是吸收就业人员较多的第三产业。发展农业会展，必须有相配套的专业会展组织、会展中心和会展服务机构，形成合理分工的社会化经营和服务体系，并且刺激外贸、旅游、宾馆、交通、运输、保险、金融、房地产、零售等行业的市场，从而有力推动促进举办地的就业增长。

二、大型农业会展与城市经济发展

大型农业会展的举办需要一定的物质条件保障，具体来说需要举办地在基础设施、交通、通讯、旅游、物流等方面具备各种硬件、软件条件，这些都需要在一、二线城市才具备。从 2009 年我国主要农业会展的举办地来看，会展主要集中在北京、上海以及主要的省会城市。农业会展从筹备到举办所需要的周期较长，少则 4 到 5 个月，多则 10 个以上。很多农业会展是定期举办，一年一届或者两年届，因此农业会展给举办地城市带来的是一个较为长期的客观影响。本节主要从农业会展对城市直接的经济影响、农业会展对城市经济的正外部性以及会展对于打造城市品牌三个方面分析农业会展城市经济带来影响（图 5-2）。

① 曹剑飞．会展经济对区域经济发展的带动作用研究［D］．广西大学，2006：27.

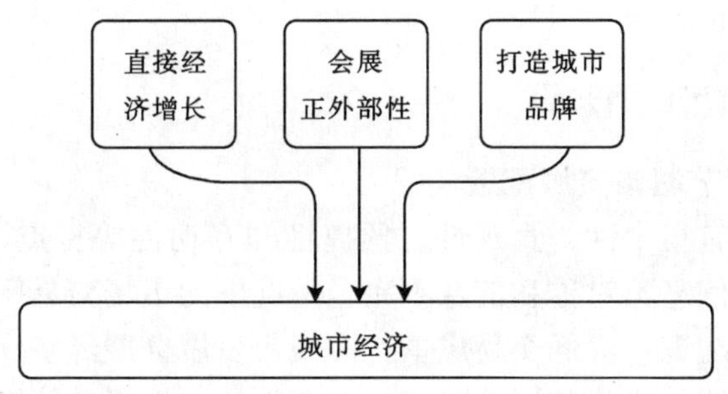

图 5-2 农业会展与城市经济

（一）产生直接经济效益

作为城市经济的重要组成部分，发展会展经济是城市经济实现总体扩张的重要手段。大力发展农业会展活动，对举办城市经济增长具有非常重要的作用。[①] 主要包括：①会展业的收入；②本地企业直接的贸易增长；③参展方对城市的消费、投资、旅游、交通等方面的需求。

农业会展是一种集农产品的生产、加工、包装、营销为一体的大型外贸与投资相结合的经济形式。随着会展经济的成熟发展，农业会展逐渐演化为城市的新的经济增长点。在会展期间促成双方交流信息、转让技术、签订合同等已经成为一种趋势，展览的商业气息越浓，市场运作越明显，其产生的经济效益越好。随着农业产业化、市场化的进程加快，城市发展应该充分利用好农业会展平台，源源不断创造新的经济增长点。

首先，农业会展可以直接带来一笔可观的参展和参观受益，以及参展商与采购商之间达成投资协议。其次，农业会展在某种程度上宣传了当地农业领域的品牌，催生以特色农业为主题的会展旅游等相关产业，给举办城市带来可观的间接经济效益。再次，农业会展能为城市吸引更多的投资机会。会展活动的举办，有助于加深政府、国内外团体和商界彼此之间的了解和交流，推动城市间人员的互访和文化交流。大量具有创新思维和战略眼光的知名专家、学者、企业家聚集一堂，不仅为城市带来了信息、技术、资金的流动和观念的革新，而且也便于这些外界人士更好的了解城市交通、通讯、金融、特色产业等各方面的发展状况，有利于吸引投资，为会展举办城市创造更多的投资机会，推动

① 涂成林，陈仲球，易卫华．会展：现代城市发展的杠杆［M］．北京：中央编译出版社，2008：69.

城市发展与国际接轨。[①]

（二）带动城市经济升级

1. 优化和调节城市资源配置

会展活动具有集中性、直观性、便捷性和互动性等特点，采用会展方式，能够较好地解决信息不对称和信息不完全情况下的市场交易问题。会展的本质功能是调节资源配置，降低交易成本。而城市发展会展经济，正是充分利用了其对城市资源配置的优化与调节功能，并有效地发挥了其能够降低交易成本提高城市生产率的作用，从而促进城市竞争力的提升。通过举办农业会展，将大量的买方、卖方以及商品、技术、信息等在一定时间内集中在某一特定城市，产生聚集效应，形成聚集经济，即因会展活动及相关要素的空间集中而引起资源利用效率的提高。

聚集经济主要体现在两个方面：一是会展中大量商品、技术在一定空间的聚集，能够带来资源的有效利用和搜寻成本的节约，产生大量购销合同、投资、转让和合资意向书，为举办城市企业经济效益的提高做出贡献；二是大量人流的空间聚集，为会展举办城市带来了更多的有效需求，从而使这一地区的收入增加，综合经济效益得以迅速提高。

通过举办会展，可以增加城市的经济发展潜力。一方面，会展业自身的发展可以培育城市的新兴产业群。另一方面，通过举办会展，能够引导特定产业发展与结构优化，可形成新的生产能力甚至新的生产行业，从而带动生产投资，实现产业结构的优化和产品的升级换代，调整区域经济结构。[②]

2. 促进城市产业结构优化

会展经济的关联带动性强，包括产业联动和主体联动。由于会展经济涉及服务、交通、旅游、广告、装饰、边检、海关、餐饮、通信和酒店等多个部门，其长足发展不仅可以培育新兴产业群，而且能够直接或间接带动一系列相关产业的发展（图 5－3）。借助现代会展的展示功能和产业关联带动作用，城市还以会展经济的发展为突破口，促进产业结构优化升级，从而推动城市经济发展。

以寿光蔬菜博览会为例，在其带动下，新建的寿光蔬菜批发市场年交易量 150 万 t，交易额 30 亿元，此外举办城市还新建了农产品电子拍卖市场、物流

① 邹树梁．会展经济与管理［M］．北京：中国经济出版社，2008：120.

② 刘筱柳．区域会展经济发展与城市竞争力提升［J］．西南民族大学学报，2008（4）．

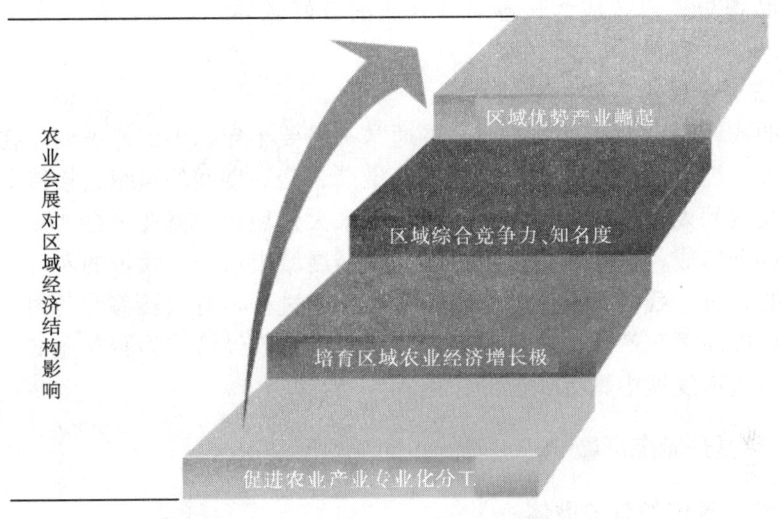

图 5-3　农业会展对区域经济结构的影响

配送中心，并带动了种子、农药、化肥、薄膜、农机等生产资料市场的发展和繁荣，以此为龙头的市场体系不断完善，形成了内外相通、遍布城乡的市场网络，促进了资源和生产要素的城乡互动。目前在寿光务工经商的农民工、外来人口达 10 万人以上，商贸、餐饮、娱乐、旅游、交通，房地产蓬勃兴起，繁荣了城市，活跃了经济，提高了群众的生活质量。特别要指出的是，在菜博会的带动下，寿光已开始大力建设旅游观光景点，开拓了寿光农业观光旅游业的发展。

3. 与城市优势产业互动发展，增强城市经济实力

构建会展和城市优势产业互动发展的循环链，对城市优势产业发展具有十分重要的作用。如我国长春市，依托市域内特色农业的发展，举办农业博览会，从而构建了农业会展和城市产业互动发展的循环链，使得城市经济快速发展。长春是我国重要的商品粮基地，是驰名中外的“黄金玉米带”、“大豆王国”，发展现代农业有着巨大的潜在市场优势和广阔的合作开发前景。凭借现代农业的发展优势，长春于 2000—2002 年成功举办了 3 届中国长春国际农业食品博览会。其中 2002 年举行的第三届长春农博会参展参会人次超过百万，共有 13 000 多种农产品、食品、土特产品和农业机械进行现场交易，实现现场交易额两亿多元，签约项目 104 个，合同金额 8 632 万元。短短三年，长春农博会已经成为国内外颇有名气的农业精品展会之一，成为长春会展业的品牌与亮点，成为长春对外开放的良好载体，成为长春农业走向世界的桥梁。①

4. 农业会展能直接拉动就业

定期或者不定期举办的农业会展通常都需要半年以上的筹备期。在会展场馆的建设、展位的设计、宣传、参展商推广、会展期间的组织、接待和服务等都需要大量的人力投入，这直接给城市带来大量稳定的就业机会。随着城市会展业的逐渐形成，这一作用将更加明显，会展城市将会有大量的专门从事会展服务业的人员。我国目前正处于加速城市化的过程，有效转移劳动力最有效的途径就是提高第三产业也就是服务业的比重。会展经济作为服务业的一种，在推动我国城市发展中具有积极的作用。

（三）提升城市形象

1. 城市宣传的有效载体

一个成功的会展会有大量的商家和消费者前来参展，有利于提高城市的知名度，这就是会展经济独特的“名片效应”，会展是宣传城市形象的有效载体，而且也是城市招商引资不可忽视的一种形式。在信息化和经济全球化背景下，能够吸引市场经济主体注意力的区域总是能把握发展的先机，增强区域的要素聚集能力。会展除了通过本身的“聚集”效应集聚要素及资源外，还使得更多的经济主体了解城市，增强了经济主体的吸引力，从而间接地促进要素及资源的集聚。

会展业是一个综合性很强的行业，涉及城市的方方面面，特别是跟政府管理有密切关系。通过举办会展有利于提高城市政府的办公效率，可以改善政府形象。通过会议、展览、展销等形式的会展活动对该区域或城市的企业、产品、人员、科技、文化等区域要素和信息的集中展示，有利于提升整个城市的品牌形象。会展的主题往往是文化、观念、思想的展示，参展的产品和商家通常是企业形象的展示，而会展的组织者、参与者、策划者和管理者则是人员智慧和水平的展示。会展活动是一个区域或城市展示形象的窗口，是树立城市品牌的重要载体，也是提高城市在国际、国内知名度的重点。同时，具有良好会展品牌、会展形象的城市或区域，更能增强其城市的吸引力。“品牌城市”是靠培育特色和提高信誉度积攒起来的，它所蕴含的特征是较高的公共服务质量，能够极大的服务公众需要，也极大的得到公众的认可和推崇。农业会展活

① 曾武佳．现代会展与区域经济发展［M］．成都：四川大学出版社，2008：202.

动要与区域的地缘优势、产业优势、文化优势、人才优势和区域竞争优势相结合，与区域发展相辅相成，相得益彰，以实现城市定位与会展定位相统一。

会展经济对城市营销产生巨大的推动效应。会展是城市向潜在的消费者营销的重要媒介，会展活动能引起媒体的普遍关注，提升城市的整体形象。大型的农业会展活动可以为举办区域带来源源不断的商流、物流、人流、资金流、信息流，并在扩大开放、招商引资、拉动内需、展示形象等方面具有显著的社会效益和经济效益。一个举办成功的会展业，不仅可以给举办城市带来相当可观的经济效益，更能带来无法估计的社会效益。①

2. 拉动城市建设，保障城市功能的充分发挥

城市基础设施包括为满足城市经济发展和居民生活需要而建成的各种设施以及相应的机构、系统、组织和服务。城市基础设施有巨大的正外部效应，基础设施的建设直接关系到其他部门的产出。基础设施供给充分，则有利于生产要素流动，有利于资源的合理配置，促进规模经济效益的形成和城市经济结构的转变。

会展产业的发展离不开便利的交通和完备的基础设施，会展产业的发展要求有相应水准的基础设施、服务设施、专业人才等城市资源与之配套。这就促使政府加快城市基础设施建设，改善城市环境，培养和引进人才，使得该城市成为人流、物流、资金流、信息流的聚集地，良好的集聚优势反过来进一步促使会展产业快速发展。举办大型农业会展活动，发展会展经济，有助于城市政府发现城市基础设施建设存在的问题和漏洞，从而有的放矢地加强城市基础设施建设。举办会展活动，往往成为城市政府痛下决心，改善城市基础设施状况的诱因，从而引发大规模的城市基础设施建设。会展经济具有高回报性，会展活动的成功举办有助于增强城市政府的财政实力，增加城市基础设施建设的财政投入，从而改善城市基础设施状况，另外城市基础设施状况也是城市会展经济市场竞争力的重要决定因素。②

还以寿光为例，随着蔬菜博览会的举办，寿光城市面貌不断改善。近年来，寿光市新建，改建一批道路桥梁的同时，率先实现了村村通等级柏油路，形成了四通八达的交通网络。高起点规划、高标准建设、高效能管理、高效益经营，寿光的城市功能日益完善，城建水平不断提升，2005 年还被授予“中

① 涂成林，陈仲球，易卫华．会展：现代城市发展的杠杆［M］．北京：中央编译出版社，2008：69.

② 邹树梁．会展经济与管理［M］．北京：中国经济出版社，2008：118.

国优秀旅游城市”和“国家园林城市”称号。菜博会不仅改变了寿光市的城市面貌，而且改变着寿光人民的精神面貌。市民文明程度更高了，政府职能部门的工作更规范了。更为可贵的是，菜博会为农民赢得了荣誉感。寿光农民展示自己的创造，收获自己的成果，受到来自各地人们的赞美，他们对城市心怀感动，对农村深感满足，对农业备感自豪。

3. 协调城市内部各功能以提高城市价值

会展经济对城市功能优化的促进作用首先表现为会展经济促进城市提高其投入产出效率。会展经济是一种重要的资源配置活动，会展活动给各类资源所有者提供了一个比较资源利用效率、发现资源的更优利用途径的舞台，资源利用效率的提高直接表现为城市投入产出效益和城市价值的提高。其次，发展会展经济有助于提高城市的可持续发展能力。会展经济的繁荣、会展经济占城市经济总量比例的提高降低了城市对以资源的耗竭性消费为基础的产业的依赖，这有利于提高城市的可持续发展能力。第三，会展经济有助于城市内部各功能的协调。城市内部各功能的协调常常因城市内部不同主体之间缺乏沟通合作而受到阻碍，举办会展往往成为城市凝聚核心、共同筹备的活动，有助于加强各方的沟通，消除制约城市内部各功能统筹协调的障碍。①

综上所述，农业会展作为会展经济的一个分支，其对城市经济发展的重要作用主要表现在以下几个方面：首先，会展经济是城市经济的重要组成部分，会展经济的发展可以带来城市经济总量的扩张；其次，会展业的关联带动效应强，会展经济带动相关产业发展，从而促进城市经济发展；第三，会展活动同时也是宣传、营销城市的活动，会展经济的发展能够促进各种要素、经济资源向城市集聚，从而促进城市经济的发展。② 但任何事物都有两面，我们要从多角度来考察事物。同样农业会展对举办城市也不全是正面的影响，尽管会展活动对举办城市的第三产业的发展和城市知名度的提高具有积极的促进作用，但举办会展活动也可能由于人流物流的空间聚集而产生一定的拥挤成本。例如在举办会展期间大量人流、车流在展览场馆周边的聚集，往往会造成会展场馆周边的交通不畅通，甚至可能影响人们的正常工作，从而导致社会总成本的增加。

---

① 曾武佳．现代会展与区域经济发展［M］．成都：四川大学出版社，2008：222.

② 曾武佳．现代会展与区域经济发展［M］．成都：四川大学出版社，2008：162.

三、县级农业会展与县域经济发展

县域经济是一种行政区划型区域经济，是以县城为中心、乡镇为纽带、农村为腹地的区域经济。党的十六大第一次提出了“县域”这个概念，而且发出了“积极推进农业产业化经营，提高农民进入市场的组织化程度和农业综合效益。发展农产品加工业，壮大县域经济”的号召，十六届三中全会又进一步强调“要大力发展县域经济”。在这样的大背景下，县域经济的问题被提到了各地政府的议事日程并受到前所未有的重视和关注，种种迹象和现实表明，中国走向县域经济时代已经是大势所趋。国务院副总理回良玉说：“我国的县域经济进入了快速发展的新阶段，对农业的发展，对农村的繁荣，农民的富裕发挥了重要作用，对实现国民经济平稳较快的发展做出了重大的贡献。”

我国拥有13亿人口，而我国人口的绝大多数都居住在县和县以下区域内。我国有9.3亿农业人口，在县城、县级市市区以及县市所辖建制镇居住的城镇居民约有1.5亿人。全国在县域范围内居住的人口总数应该在10.8亿人以上，占全国总人口的85%，且绝大部分是农村人口。因此，发展县域经济是繁荣农村经济的重要保证，农业及农村经济是县域经济发展的基础，而只有县域经济发展了，农业发展的产前、产中、产后服务体系健全了，农业的产业化发展以及农业的基础地位才更加巩固；也只有县域经济发展起来了，带动了农村的商业、生活服务业的发展，才能够促进农村经济的全面发展。

根据有关理论和政策，发展县域经济需要从六个领域入手，包括着力建设现代农业，拓宽农民的就业和增收渠道；着力培育特色支柱产业；加快小城镇发展，尝试引导社会力量参与投入基础设施的改善；加快县域金融改革，缓解农民和企业贷款难的问题；大力改善县域投资环境；打造具有国际竞争力的企业等。为此，首先要把发展县域经济同发展特色经济结合起来。在一定意义上，县域经济就是特色经济，发展县域经济就必须围绕地方特点，坚持资源开发与市场需求的统一，找准地方特色和市场对接的着力点，突出重点，依靠特色，培育产业链条，使资源特色经济产业化，实现以特色产业带动县域经济发展的整体发展。同时要把发展县域经济同扶持农业产业化龙头企业结合起来。龙头企业是县域经济发展的关键。要加快培育龙头骨干，发挥其连接农户、开拓市场、推广科技、开发深加工产品、加强服务的积极运用。完善公司加基地加农户，公司加协会加农户，服务站加协会加农户等多种产业化机制，逐步把龙头企业培育成为和农民利益共享、风险共担的企业，以龙头企业的发展带动农村经济的发展。

在我国县级区域内存在着大量的规模较小，但是对所在区域经济的作用不可忽略的农业会展。据不完全统计，我国在县一级的农业会展每年有500多次，在数量上大大超过了大型农业会展的举办数量，我们不妨将这类会展称作县级农业会展。

县级农业会展一般都有较长的举办历史，通常都在五年以上，每年的举办时间基本一致，在所在区域影响力较高。与大型农业会展不同，县级农业会展最主要的功能不是展览，而是实现销售，为农业生产服务。可以说，县级农业会展大多数为展销会。这是因为，农业县一般经济不发达，仍然以农业生产为主要收入来源。农户较为分散，同时，提供种子、化肥、机械、设备等各种生产资料的厂商也较为分散。彼此之间交易的成本很高。而对于农业生产资料的消费通常具有较强的季节性，在春耕时候需要种子化肥，生长期需要农药，收获期则需要相应的设备。因此，县级农业会展可以在短期内迅速将供需双方聚集在一起，集中进行交易。对于农户来说，除了节约交易成本外，还可以在众多同类生产资料比较，选择更适合自身生产需要的产品，因此对于县级农业会展有较高的需求，参展的积极性较高，并且能从中获得真正的收益。

县级农业会展中大多数为生产资料的展销会，也有部分为农产品的展销会。我国县级农业多为农户经营，规模并不大。农户需要自己完成从生产到销售的各个环节。因此，通过县级农产品会展进行销售也是一种重要的销售方式。此外，农户还可以从县级农产品会展中掌握当前农产品市场的信息，如价格水平，供需情况及未来走势，进而进行农业决策，实现自己的利益最大化。

由上可见，无论是生产资料型农业会展，还是农产品型农业会展，都为农业生产企业和农户提供了积极有效的服务，满足了农户、生产资料供应商以及农产品供销商的需求，这一需求的满足则为农村经济的繁荣奠定了基础，农村经济的繁荣则进一步促进了县域经济的快速发展。因而，县级农业会展的稳定存在是市场特定需求所致，它为我国县域经济发展发挥了重要的作用。

第六章

农业会展与农产品贸易

第一节　农业会展对农产品贸易的影响

在第一章中曾提到，会展活动具有很强的交易属性，交易性在很多用户眼中甚至超过展示属性而成为会展活动最重要的性质。农业会展在促进农产品贸易发展方面的巨大作用，正是基于其交易属性和功能而产生的。

一、企业营销的最佳选择

现代会展不仅有一般营销沟通工具的共性，即具备广告、促销、直销、公共关系等功能，而且有其显著的特性，即还具备展示品牌和形象，汇集生产商、批发商、分销商进行交流沟通，提供调查观察的信息场所，帮助参展商、客商准确把握行业发展趋势，制订符合实际的生产计划、经营战略、管理策略等功能。而且其通常还具有快捷便利、成本低的特点。根据有关资料，会展上寻找1个客户的平均费用，是推销员推销、公关推销、广告推销等手段费用的六分之一，明显优于其他手段。西蒙斯市场研究公司的一项调查也表明会展被称为企业最有效的市场营销工具之一，成为低成本的营销中介体。如表6-1所示，91%的被调查者认为参加贸易会展是其营销主要的手段之一。与其他企业市场营销手段如广告等相比，会展能更好地实现吸引新客户、发现潜在客户、节约费用、节省时间等营销目标。企业利用会展进行营销活动，越来越被认可。很多企业在准备开拓一个新市场的时候，首选是寻找市场中适合自己产品的展览会，尤其是一些在本行业中具有相当声誉的会展活动，已成为许多企业竞相参加的热点。

表 6-1 营销方法效果比较

贸易会展	91%
在商业出版物上刊登文章	86%
朋友/商业伙伴	83%
指南与目录	72%
制造商指定代理	69%
商业出版物上的广告	66%
实地考察	64%
新闻发布会与研讨会	59%
用户群体	41%
内部订购部门	40%
外部顾问	39%
零售/推销员	23%
报纸	22%
其他	2%

数据来源：CEIR.《会展的力量》报告第一版，西蒙斯市场调查署。

市场经济条件下，消费者的关注日益成为知识经济时代的稀缺资源、信息化社会的无形资产和市场经济的宝贵资本，经济的竞争正演变为争夺眼球、争夺注意力的竞争。参加大型会展，可以引起外界注意，便于企业借机进行形象宣传，向集聚会展的业界同行及相关人士展示产品、企业实力和品牌形象。参加会展可以加深社会公众对本企业和产品品牌的印象，进一步树立自己的品牌形象和企业形象，争取潜在购买者。世界著名企业和大型跨国公司无不将参加会展提高到树立企业形象、宣传产品品牌、扩大市场份额的重要营销战略角度来考虑，这就是奔驰花费数以千万计成本参加北京汽车展览会的缘由所在。值得提及的是，会展的基本功能虽然是促进贸易，但这种交易功能不一定直接体现于现场交易多寡和所下订单的厚薄。① 现在，经常参加会展的企业已经很少有把展览会等同于展销会的，在会展上兜售货品、签订单并不再是参与会展的唯一目标，参展已成为一种与已有客户加强联系、与潜在客户交流的重要场合，重点在于树立企业和品牌形象，培育潜在市场。

随着我国会展业的蓬勃发展，农业会展也有了长足的进步，无论从数量

① 贾向峰．谈农业展会在企业营销中的作用［J］．现代农业科技，2009（16）.

上、规模上、影响力上以及专业化程度上都有了质的提高。农业会展已经基本覆盖了所有的农业子产业，并且对该产业的影响力越来越大。定期或者不定期举行的农业会展已经成为该产业中最新供需等市场信息汇聚和交流的最重要的集散地之一，新产品、新技术争相在农业会展中亮相，行业中较有影响力的企业都会参加农业会展来宣传自己，巩固自己在行业中的领先地位。参加农业会展甚至成为农业企业实力的重要体现。当前中国农业企业的特点是数量多，规模基本一致，并且都不大，各行业中有为数众多的中小企业存在，大型的龙头企业较少，行业还处于成长期，稳定的行业格局还没有形成。此时，农业会展对于农业企业从众多竞争对手中脱颖而出有独特的作用，参展的企业可以迅速得到顾客以及同行业企业的认同，提高企业形象，从而实现企业贸易的扩大，加速企业成长。农业会展在促进农产品营销方面至少具有以下三个方面的优势：

（一）节约交易成本，优化资源配置

市场作为一种“看不见的手”，在实现资源优化配置过程中并非没有成本，而这一成本被称作交易成本。交易成本指市场主体为达成一笔交易所要花费的成本，也指买卖过程中所花费的全部时间和货币成本。其包括传播信息、广告、与市场有关的运输以及谈判、协商、签约、合约执行的监督等活动所费的成本。这个概念最先由新制度经济学在传统生产成本之外引入经济分析中。

从市场结构来划分，大部分的农业领域属于完全竞争市场，即有大量的同质的企业存在，并且产品的需求者也很分散。因此，交易需求广泛。产品的供给者难以掌握最新的市场信息来决定最优的销售策略，产品的需求者也很难在短时间内从众多的供给者中寻找到最合适的产品，并且以最有利的价格实现贸易。此外，农产品的交易较为集中，农产品具有特殊的生产周期性，产品容易在集中的空间或者时间上市，并且需要快速的成交，这对于农产品贸易的供给方和需求方都提出了很高的要求。

总之，农产品及农业产业特有的属性决定了农业贸易相对于其他贸易具有较高的交易成本。农业会展在节约农产品贸易的交易成本方面，具有其他市场无可替代的优势，可以降低农产品贸易中的搜寻成本、信息成本、谈判协商成本和信用成本，推动农产品贸易的发展。农业会展节约的交易成本包括：

（1）搜寻成本。农业会展在农业产品供给方和需求方之间搭建桥梁，替代了单个农户各自寻找厂商或者厂商依次寻找农户带来的巨大的交易成本。

（2）信息成本。会展是一个作用的信息汇聚和交流的平台，通过参展可以

全面、快速地了解最新的市场信息、产品信息、技术信息、供求信息等，并且付出的成本很小。

(3) 谈判协商成本。这里指针对契约、价格、质量等内容，农业企业与顾客进行讨价还价的成本。一般情况下，农业企业需要花大量的时间与企业在交易价格、质量上达成协议。而在农业会展中，由于有大量的供给企业和需求者存在，企业可以快速地找到谈判对手，在进行价格的比较后，以合理的价位成交。

(4) 信用成本。可以参加农业会展的企业通常具有较强的经济实力，而经济实力也是信誉的保障，同类参展产品集中展示、相互比较也有利于保证产品质量。而在普通的市场中，则存在较高的风险，信用成本也较高。

(二) 减少信息不对称，提高市场效率

农业会展多对多的模式，可以减少贸易中的信息不对称性，提高市场效率。会展是一个信息集聚与交易的市场，通过这个市场，可以实现“多对多”模式的信息交流，而不是传统市场中“一对一”的交流形态，这对参加会展的各方来说，能很好地解决农产品贸易中的信息不对称问题，扩大选择空间，提高交易效率。

对于农业会展和农产品贸易，更是如此。由于农产品生产、加工、销售以及市场的严重分割，农产品贸易中的交易距离遥远，贸易双方彼此不了解对方的情况，双方各自所掌握的信息量存在差异，信息不对称现象普遍存在，导致贸易中容易出现事前欺骗和事后违约行为，为贸易带来极大的不确定性。尽管信息搜寻能在一定程度上缓解信息不对称的问题，但在贸易双方的交易距离比较遥远的情况下，依靠实地考察与信息搜寻得到准确信息的方式比较困难和昂贵。相较之下，会展具有高效的信息聚集、交流与传播作用，能有效解决信息不对称的问题并且成本相对低廉。人流、物流、信息流在会展中交汇，贸易双方能通过会展所聚集的信息，准确掌握整个交易市场的商品信息和交易情况。通过进一步的交流，双方所掌握的信息更趋于对称，大大降低了欺骗行为发生的几率，从而促进贸易的发展。

(三) 利用多种媒体，实现全方位营销宣传

有着悠久农业历史的中国造就了广博的农业文化，这其中也包括各种各样的特色农业产品、土特产、野生农产品和农业工艺品。土特产是土产和特产的并称。在我国，土产一般指各地的农副业产品和部分手工业产品，如松香、毛

竹、栲胶、陶瓷器、丝织品、花边、水果等。特产指各地土产中具有独特品质、风格或技艺的产品，如杭州的织锦、宜兴的陶器、绍兴的黄酒、南丰的蜜橘、三清山山茶油、汕头的抽纱等；农业工艺品即通过手工将农业原料或半成品加工而成的产品，是对一组价值艺术品的总称。它包括的种类很多，例如，木雕工艺品，桦树皮工艺品，麦秸工艺品、竹雕、炭雕等。但是由于这些特色农产品、土特产、野生农产品、农业工艺品只能在特定的区域才能生产并且这一区域非常小，生产需要特殊的地理环境和加工工艺，因此产量也小。这些独特的因素决定了市场上知道有这些产品存在的消费者很少，因而，需求也很少，贸易量不大。但事实上，这些特色农产品、土特产、野生农产品、农业工艺品附加值非常高，凝结了数千年来中国农业文化精华，一旦进入市场，则深受广大消费者喜爱。因此实现，这部分产品价值的关键在于如何将这些产品推向市场。

而农业会展在宣传和推广这些特殊农业产品中具有其他宣传媒介无可比拟的优势。农业会展是相应产业内最具影响力的宣传和交流产品信息的平台之一。农业会展可以吸引大量专业化的观众参展。专业化的观众不仅对普通农产品有需求，也对以上特殊农业产品有着潜在的需求。一旦参展观众在会展中发现这些产品，产品以其珍稀性、独特的营养价值、收藏价值、美学价值在很大程度上刺激其需求，形成实际的贸易。而专业化的观众还可以将其带向更广阔的市场，实现更大的贸易。推动特殊农产品的贸易。因此，通过农业会展，特色的农业产品、土特产、野生农产品和农业工艺品可以得到很好的宣传和推广，迅速打开潜在市场。

位于粤西中部的德庆，盛产柑橘，逐步发展成为当地的特色产业。但是再好的产品，如果没有市场或者市场范围小，缺乏渠道，也会销售难题，尤其是在德庆柑橘要走高端销售路线后，广州市场的进入开拓是当务之急，因为广州是广东省乃至全国经济最发达、水果交易最旺盛、高消费市场最活跃的区域市场。借助 2006 年首届中国（广州）国家果蔬交易会，通过举办“德庆柑橘进入广州超市和大学城签约仪式暨‘中国柑王’免费品尝活动”，借势发力，以此为契机强势拓展广州市场，占据华南地区水果销售市场的制高点。在不到一年时间，德庆县就与广州惠鲜果蔬、华润万家、宏成、好又多、易初莲花等多家连锁超市和广州大学城建立了合作伙伴关系，从此德庆柑橘进入了广州市场。

通过农业会展这种形式来宣传产品，宣传效果更直接，覆盖面也更广。正是如此，许多参展者借参加农业会展提高企业的知名度，开拓品牌的影响力，建立自己的农产品知名品牌。2006 年农业部向社会推介 96 个中国名牌农产品，包括陕西华圣企业集团股份有限公司的华圣牌苹果、北京顺鑫农业股份有限公司鹏程食品分公司的鹏程牌猪肉，杭州千岛湖发展有限公司的淳牌鳙鱼等，其中许多产品都是通过参加农业展览会并参加评选获奖打开市场的。[①]

二、贸易促进的有效手段

（一）贸易开启效应

贸易开启效应通常发生在一个新的目标市场或客户被发现的情况下。我国是农产品生产大国，在许多劳动密集型农产品的生产中具有比较优势，但在出口贸易中却由于知名度差、没有自己的知名品牌而经常受碍。农业会展是一个产品形象宣传展示的舞台，往往也是新闻媒体报道的热点，参展者可以在会展中宣传自己的产品特点，使更多的人了解产品的特色，提高产品的知名度。许多会展还同时举办一些农业产品、农业生产技术评优评奖活动，获奖产品和技术受到社会各方面的瞩目，企业在短期内就可以建立自己的品牌形象。

贸易开启效应还表现为一个新的企业或产品被带向市场的情况。此时，贸易开启效应具体包括品牌宣传效应、企业形象效应、技术示范效应和产业领跑效应。品牌宣传效应和企业形象效应，是指企业参加会展带来的社会公众对特定品牌和企业形象产生的印象，进一步树立自己的品牌形象和企业形象，从而扩大产品销售。技术示范效应和产业领跑效应，是指先进技术和最新产品展出带来的产业技术进步和产品提升影响。先进技术和最新产品展示、最新研究成果的交流启迪了人们的思想，拓宽了人们的视野，加快了科技发展的进程。展览会新技术和新产品展示，给人们带来了最直观的印象，其观摩、示范和学习效应不言而喻。而正如会展活动的起源所揭示的，展示是交易最好的开端，企业、技术、产品等一旦被市场所认识和接受，贸易就会随之产生。

（二）贸易升级效应

随着农产品国际市场竞争的日趋激烈，竞争形态已经从产品的价格竞争转向质量竞争。农产品在市场竞争中的地位和竞争力的高低取决于产品质量的好坏。我国主要农产品与国外名牌农产品的质量差距明显。以稻米为例，国外消费者喜食长粒米，而我国优质稻米粒长平均为 6.8mm，比国际名牌米短

① 李巾姝．我国农业会展的功能研究［D］．北京：中国农业大学经济管理学院，2007.

0.4mm；千粒重平均为16.7g，比国外名牌米少0.85g；影响煮熟及食味品质的直链淀粉含量，国外名牌大米平均为20.1%，我国8个优质米平均为17.5%，差距较大。现在，我国相当部分农产品质量虽然有了改进，但仍不能满足国际市场提出的要求，主要是因为生产品种结构单一，高新技术滞后，保鲜加工和综合利用技术落伍。

农业会展可以有效地提升农产品的竞争力，促进农产品贸易升级。当农业会展在农产品的产区举办时，直接生产农产品的农民或者农业企业，可以在农业会展中学习到生产和加工产品的新技术，了解到新产品的研发方向，或者有更优质的种子、生产机械设备等在会展中亮相，并且参展企业能够发现这些与生产相关的最新的技术、新设备、新生产资料会是决定企业在该农产品竞争力上的重要因素。如果生产者能够将会展中的新技术、新工艺运用于生产中，利用更优质的种子、化肥或者生产设备，就可以有效提高农产品改进农产品的质量水平和产品结构，从而实现贸易的升级。

如果农业会展举办地在相应农产品的主要销区，农业会展除了有以上展示新技术、新生产资料的功能以外，还会更直接、更全面地反映出最新的市场需求。随着我国经济的发展和人民收入的日益提高，广大消费者对于农产品的消费需求也在发生重大的变化。对农产品从原来的价格便宜、质量较好、满足基本的食用等的初始需求，转向了要求更高的产品质量、更严格的环保标准、更加多样化的产品需求。消费需求不仅在提高，而且在快速变化中。因此，企业通过参加在农产品销售区举办，不仅可以知道市场上哪些产品更受消费者欢迎，哪些生产工艺符合更环保、更绿色的消费需求，也可以及时地把握最新的消费者需求，快速地调整生产，适应市场。将农产品贸易向更高的附加值、更优质、更环保的方向升级。由此可见，无论农业会展是在农产品的产区举办，还是在农产品的销区举办，都可以有效促进农产品贸易的升级。

（三）贸易优化效应

在区域经济一体化、世界经济全球化日益发展的现代经济生活中，会展促进生产要素国际流动和跨国重新组合配置的作用越来越明显。优势要素的跨国流动和组合配置是推动科技进步和产业升级的有效途径，跨国公司通过参加各类型的会展，在世界范围内开发市场，寻找最适合自己的生产基地，进行跨国优化资源配置，把不同生产区位的优势生产要素组合在一起，形成新的、生产效率更高、竞争力更强的加工生产能力，并在世界范围内安排自己的产业链和销售网络，为世界市场加工生产产品。

与此同时，在国际贸易市场经济中，资源、技术及消费者需求的变化往往会打破原有的平衡，使平衡成为一种相对的或者说暂时的市场现象，而使供过于求或供不应求成为绝对的、经常性的国际贸易市场状态。例如，在会展上，如果某参展商的展位关注的人多，买主竞相订货，成交量大，那么就预示着该项产品或技术在未来一段时间内可能有较大的需求，这时厂商就要扩大生产规模，一些投资者也会进入市场。对于国家而言，会展促进优势农产品走出国门，势必促进国内相关企业不断发挥自己的优势，通过改进服务，提高附加值来增强其国际竞争力，从而获得更多的国际认可。

值得注意的是，农业会展对外贸的推动效应还表现在它可以促进中小企业参加对外贸易活动。一些企业，尤其是中小企业，尽管其产品、技术具有一定优势，但由于企业自身规模小，资金、人力有限，加上开拓国际市场不仅需要耗费高昂的国际营销费用，而且还要面临政治、外汇等风险，往往阻碍了这些企业走出国门，进入国际市场。而通过参加贸易展览会、洽谈会、交易会。可以使这些企业在不增加投资和风险的情况下结实大量的国外客户，建立贸易联系，促进其将产品出口，从而增加国家对外贸易出口额，推动贸易的快速发展。在我国，农业企业存在很多中小企业，他们的资源少，能力有限，通过相关的农业会展，在很大程度上能够一个更宽广的平台去接触大量的国外客户，通过与客户加强沟通和联系，最终获得农产品市场价值的实现。

（四）贸易支持效应

农业会展是政府支持和补贴农业的重要平台，是应对国际贸易壁垒的重要途径。如今，农产品贸易自由化面临越来越多的壁垒限制和保护主义，各国纷纷建立国内农业支持政策体系，以在保持农产品出口竞争力的同时加强对国内农业保护。借助农业会展打开国际市场的大门成为农业支持保护体系的一个重要补充。

在当前主要农产品贸易国普遍重视并继续高额补贴支持农产品出口，而中国加入 WTO 承诺取消所有形式出口补贴的情况下，政府通过加强对农业展会的支持，对参展商、采购商进行资助，并将有限的补贴投放到农业营销和市场开拓领域，是符合 WTO 规则的农业补贴措施，也是应对 WTO“后过渡时期”农业发展挑战的有效策略。事实上，政府通过对参加会展的农业企业给予农产品市场开拓补贴和提供公共服务，其促进效应可以等效为对同一部门的一定数量直接补贴。在中国承诺农业补贴总体为零的条件下，应用这一手段，可以有效地保护中国农业不受过度的冲击保护国内农业的安全稳定发展。

第二节　农产品贸易对会展的影响

一、农产品贸易催生农业会展

由于农业会展对促进农产品贸易①发展的功能显著，在农产品贸易发展到一定程度以后，由于原先的市场已经不足以满足原始资本积累后的再投资所带来的技术进步和产量增加，资本逐利的本性和对更广阔市场的向往，必然会产生对新的更高层次的农业会展的需求：从卖方来说，需要扩大市场、增加农产品销量；而从买方来说，则需要更广阔的货源、降低商品成本。另外，我国农业企业数量多、规模小、经营模式复杂的特点也决定了农业会展是农业企业实现低成本营销的重要途径。加入 WTO 以来，中国农产品出口发展迅速，出口额由 2005 年的 271.8 亿美元快速增长到 2009 年的 396 亿美元，年均增长约 15%，远高于 1990—2003 年的年均增长率 5.5%。在此期间，各地国际性、区域性、综合性、专业性的农业类会展也如雨后春笋般出现，从而有力地促进了农产品贸易的进一步发展。

在金融危机冲击下，全球农产品贸易额在短期内下降了约 20%。尽管短期内农产品贸易受到较大冲击，但全球经济衰退并不会导致绝大多数农产品消费的下降。原因在于：一方面，食品作为生活必需品，其消费需求具有刚性，收入下降并不会导致需求大幅下降；另一方面，全球经济发展不平衡导致此次金融危机带来的经济增速下降在以农产品主导的消费国之间并不相同。中国、印度、美国和欧盟 27 国一直是大多数农产品的前几大消费国。对于美国和欧盟而言，由于消费者的高人均收入水平和食品需求缺乏弹性，GDP 的减少不太能导致食品消费的减少。而中国和印度人均收入低，消费者对 GDP 的变动相对敏感，但这些国家受经济危机影响的后果只是 GDP 增长放缓，经济仍在 2009 年保持 5%以上的增长率（ Peters，Shane，Torgerson，2009）。因此，总体来说于农产品贸易的前景仍然趋于活跃。农产品贸易的持续快速发展，带了农产品的不断创新更替，企业展示自身产品成果的愿望愈加强烈，买卖双方的交易需求也愈加浓厚。由于农业会展能够为农业企业提供这种交流的机会，企业也乐于通过这种低成本、高效率的方式来互通有无，全球农产品贸易的恢复和持续发展将为农业会展的发展不断注入前进的动力。

① 本节所称之农产品贸易均以“外贸”即进出口贸易为主。

二、农产品贸易影响和制约农业会展发展格局

（一）农产品贸易的"季节性"影响农业会展的时间分布

由图 6－1 可以看出，我国农产品进出口总体呈现出相反的季节波动规律，出口季节因子呈现出"两头高、中间低"的波动规律，12 月、11 月、1 月的季节因子最大，分别为 1.22、1.13、1.07，季节因子最小的 3 个月是 2 月、5 月、3 月，分别是 0.76、0.955、0.963。农产品进口的季节因子呈现出"两头低、中间高"的波动规律，8 月、4 月、3 月是季节因子最大的三个月，分别是 1.130、1.125、1.10，属农产品进口旺季；最小的 3 个月是 2 月、10 月、1 月，分别是 0.74、0.84、0.94，是农产品进口淡季。因此，总体上，春节前的 11、12、1 月份是我国农产品的出口旺季，2 月份是农产品进出口的淡季，而我国春节一般都在 2 月份；10 月份是我国农产品的进口淡季。综合来看，农产品贸易尤其是出口的旺季和淡季与农业会展尤其是国际性农业会展举办的高峰期和低谷期基本吻合。

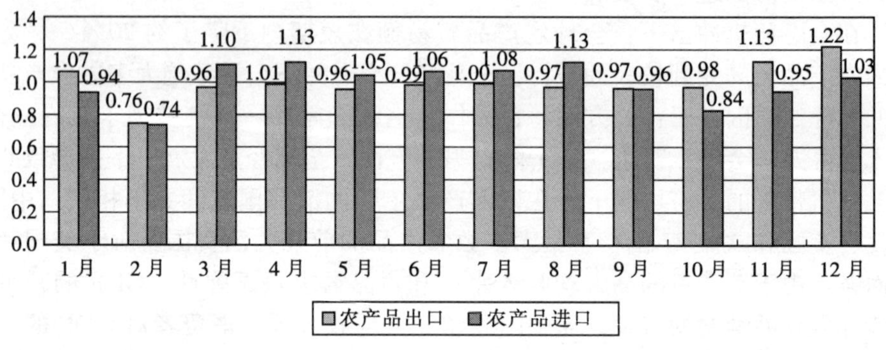

图 6－1　农产品贸易季节因子变化图

（二）农产品贸易的"区域集中度"制约农业会展的空间布局

农产品贸易的"区域集中度"包括对外贸易国家的集中度和国内对外贸易省份的集中度两个方面。从对外贸易区域的角度，我国农产品出口主要集中于亚洲，而进口则集中于美洲。2008 年，我国农产品面向亚洲的出口额为 225.3 亿美元，占总出口额的 56%；从美洲进口的农产品为 356.8 亿美元，占农产品总进口额的 61.17%。从国内农产品进出口省份看，出口农产品最多的 5 个

省份是山东、广东、辽宁、浙江、福建，出口额分别为 99.8、46.3、33.5、33.5、30.3 亿美元，共占农产品出口额的 60.5%，其中山东出口额占 24.8%；进口农产品最多的 5 个省份是北京、山东、广东、上海、江苏，进口额分别为 94.9、88.3、82.7、69.9、61.0 亿美元，共占农产品进口额的 68.03%。总体上，从国际上看，我国农产品贸易的主渠道是从美洲进口，出口到亚洲；从国内看，农产品进出口大省都位于东部沿海地区，其中山东、广东既是农产品出口大省也是农产品进口大省。

由于我国农产品贸易的区域结构性，受产地集中、市场就近和集中贸易原则的影响，由贸易产生的会展规模参差不齐，地域分布不均。就全国而言，由于受场馆、交通、运输、人流、物流的限制，当前的各类农业会展大多集中在条件相对便利的沿海经济发达城市，初步形成了以北京、上海、广州、深圳、大连、青岛、成都、西安为举办地的展会经济格局。

（三）农产品贸易的高关注度决定农业会展的政府主导特征

改革开放以来，我国农产品贸易虽然迅速发展，但是至今仍然只有三十多年的历史，因此由农产品贸易带来的农业会展发育时间比较短，国内仅有少数展会举办次数超过 10 届，而且规模和影响力也参差不齐，同有 100 多年农业展览史的国外会展业相比仍有一段距离。

另外，由于农业在一国国民经济中关乎国计民生的战略地位，农业贸易领域一直是全球贸易自由化程度最低的领域，各国特别是发达国家对本国农业实行高度保护的政策。因此，相对非农产品而言，全球农产品贸易壁垒森严。一方面，农产品高关税依然存在，税率远高于非农产品；另一方面，各种非关税壁垒如 SPS 和 TBT、当地含量要求、投资措施等广泛存在，并且在金融危机带来的压力下呈快递增长态势。

在这种情况下，政府作为一国经济的调控者，有必要制定出保护农业、扶持农业、促进农业的产业政策，为农业的安全高速发展提供一个有利的政策环境。作为对农产品贸易有显著功效的农业会展，自然成为政府扶持农业发展的一个有效手段。

三、农产品贸易的发展变化决定了农业会展的发展趋势

（一）农产品贸易结构变化引起农业会展区域变化

由于全球经济在 2010 年恢复增长，因此农产品贸易将随经济复苏而恢复

增长。预计到2015—2017年，绝大多数农产品消费增长将恢复并稳定在危机前的水平，全球主要农产品贸易也将恢复并在未来继续增长。到2017年，农产品贸易总体将保持快速增长，与2005—2007年平均水平比较，在主要的农产品中，粮食类产品如粗粮、小麦、大米等增长幅度约为15％～20％，而奶粉、乳酪和牛肉、猪肉、家禽等动物肉类产品将增长较快，增长幅度将达到40％以上。不同产品增长率的差异源于新兴和发展中国家经济增长带来的消费升级趋势，即从日常饮食向增加肉类消费的变动。这意味着新兴国家的经济增长前景将决定世界农产品贸易结构的改变。

在世界农产品贸易恢复增长进程中新兴和发展中国家将居主导地位。到2017年，无论是小麦、粗粮、大米等粮食类产品，还是植物油、油籽等油料类产品，以及奶粉和肉类产品，发展中国家的进口都可能主导世界进口。这表明，未来发展中国家带来的农产品贸易机会潜力超过发达国家，开拓发展中国家市场既有利于市场多元化，亦有利于给未来农产品出口创造新的增长机会。

在世界农产品贸易机构由发达国家主导向发展中国家主导的转变过程中，农业会展的区域结构也将会相应发生改变，发展中国家市场将会成为国际会展业关注的重点。未来我国国内的国际性农业会展将吸引越来越多的发展中国家展商及采购商，从而促进双边贸易的发展。

（二）农产品贸易方式的改变引导了农业会展的“虚拟化”

随着互联网技术的不断发展，传统商务交往的手段正在逐渐被一种以Internet/Intranet网络为架构，以交易双方为主体，以银行支付和结算为手段，以客户数据库为依托的全新的商业模式所改变，电子商务正以不可抵挡的势头在全世界范围内普及和发展。

电子商务的基础是建立电子商务平台，把企业的商务活动和资源管理整合起来，重组业务流程，提高经营效率，降低经营成本，建立协同运行机制，把企业管理提高到新水平。它为企业提供了全球性的贸易环境，大大提高了通信速度、节约了管理环节的开销、降低企业成本、尤其能帮助中小企业以较低的成本进入了国际市场参与竞争，增强了企业之间的交流和合作．提供了交互式的销售渠道，同时电子商务还给消费者提供了多种消费选择，大大方便了消费者。其中企业与企业的电子商务模式（B2B）是电子商务中的重头戏。它是指企业在开放的网络中寻求贸易伙伴、与伙伴谈判、定购到结算的整个贸易过程。通过电子商务，处于生产领域的商品生产企业可以根据买方的需求和数量进行生产，可以实现个性化的生产；处于流通领域的商贸企业可以更及时、准确地获取消费者信息，从而准确定货、减少库存，并通过网络促进销售，以提高效率、降低成本，获取更大的利益。

B2B电子商务模式的发展，改变了传统的农产品贸易方式，使得企业可以通过互联网直接进行商品的买卖，这对不同国家间的商家而言，无疑是一个更加节省成本、提高效率的交易模式。当然，这种交易的背后需要一个强大的服务平台，能够提供包括展示、购销、结算等贯穿贸易过程始终的一系列支持。

虽然由于农业实物会展在展示农业科技发展、加强农业技术交流等方面的作用不可替代，实物会展未来仍将会是一种主要的会展形式，但是随着农产品贸易发展带来的贸易方式革新，以农业网上展厅等为主要形式的虚拟农业会展也将在会展业中成为一支主要力量而发挥越来越重要的作用，实物会展部分功能将会被虚拟会展替代。目前，由中国农业部开办的中国农业网上展厅就为外国商家认识我国的农产品提供了品质保证，树立了安全品牌形象。

第三节　农业会展与农产品贸易的相关关系
——以水产品、畜产品和茶叶为例

一、水产品会展与贸易

（一）水产品生产和贸易特点

水产品是我国具有较强比较优势的农产品，自2000年以来，我国水产品出口额保持了连续增长，2004—2009年年均增长11%，水产品出口额占我国农产品出口总额的比重一直保持在26%～28%左右。水产品的生产、消费和贸易具有以下特点：

1. 生产和贸易区域性强，呈带状分布

受水产品的自然属性影响，我国水产品的生产主要集中在青岛、大连、广东、浙江、天津、上海等沿海省市，区域性特征非常明显，而水产品的消费则遍布全国各地，尤其是经济较为发达的地区对水产品的需求更大。在对外贸易方面，山东、辽宁、广东、浙江、福建、海南六省出口额占水产品出口总额的90%以上，2008年出口额分别为34.5亿美元、16.2亿美元、16亿美元、14.3亿美元、11.6亿美元和4.1亿美元。内陆水产品的生产和出口主要集中在湖北、江西等省，西部地区很少。可见，水产品的生产和贸易呈现明显的带状分布。

2. 生产受季节性影响大，价格波动性强

水产品的生产受季节性影响非常明显。鱼、虾、蟹、贝都有各自的生产周期，在生长旺季，水产品产量大幅度提高，供给充分，生长淡季则无论农户用怎么样的技术手段，都不可能在产量上有太大改观。而水产品需求也有季节性，例如春节期间，水产品的需求旺盛，但此时并不是水产品的生产旺季，因此供给会小于需求，价格上涨。水产品市场瞬息万变，波动较大。水产品的生产容易受到如气候、寒流等的影响而波动，水产品的需求也会随消费者的偏好而变动，例如鲍鱼的价格从2008年下半年起价格便一路下滑，需求低迷，而2009年底突然需求增长，价格上涨超过40%。

3. 国际贸易比较活跃，主要贸易产品既有初级产品又有精深加工品

水产品行业是农产品中商业化程度较高的行业，水产品生产主要是为了实现贸易、获得收益。我国水产品的国际贸易一直比较活跃，2002—2008年我国水产品出口量占总产量的比重一直维持在6%～7%左右，在各类农产品中算是比较高的。从主要贸易产品上看，既有初级产品如鲜、冷冻鱼，又有一般加工品如鱼片，还有精深加工品如烤虾等。而在水产品出口贸易方式中，一般贸易、进料加工和来料加工所占比例大致为60%、25%和12%，约40%为进口原料加工再出口。2009年，国内自产资源水产品出口占出口总额的64.7%，进口原料加工再出口占出口总额的35.3%。

此外，水产品品种更新的速度较快，先进种苗、生产技术的不断出现，对水产品成本的影响显著。

（二）水产品会展的特点

以上水产品的生产和贸易特点决定了水产品会展活动在总体上具有以下三个方面的特点：

1. 主要集中在东部沿海城市举办

东部沿海地区既是大多数水产品的产区，又具备较为便利的海运条件，有利于减少国际贸易的运输成本，同时其城市经济发展水平通常较高，水产品的市场需求量大。因此，绝大部分水产品会展活动都选择东部沿海城市为举办地，这同时符合会展举办的“产地就近”和“市场就近”原则。由于水产品会展的地域要求很强，其行业集中程度也是各类农产品会展中最高的，具体表现为会展数量少、平均规模大。

2. 大多数会展均为专业性贸易展

水产品会展中展出的主要产品中既有直接消费产品，又有中间产品和初级产品，而后者的比例通常更大，因此水产品会展的主要用户一般不是普通公众，而是从事相关产品生产、加工、销售的厂商和专业人士。这就使水产品会展具有较强的专业性，贸易展居多，展示推广型会展和直接销售型会展较少。另外，这也使水产品会展中展商间交易的现象较其他行业会展更为普遍。

3. 较之其他行业会展国际性更强

水产品国际贸易的活跃使水产品会展的国际化程度高于其他行业会展，其国际展商比例通常都在15%以上，国际专业观众和采购商比重也普遍较高。以已举办14届的中国国际渔业博览会为例，在其举办之初的前六届中，国际展商的比例曾高达近50%。

（三）水产品国际贸易与会展的关系

水产品贸易的活跃一方面提升了行业内企业的实力，另一方面又使企业有了更强的会展营销需求，从而为水产品会展的发展提供了更广阔的市场空间。如表6-2，2005—2009年，我国水产品贸易总额由120亿美元增长至160亿美元，国内举办的各类水产品会展活动数量也由14个增加到21个，水产品会展总规模由17.6万m^2增加到25万m^2。从增长速度上看，会展活动的数量和规模都快于贸易额，这说明除了外贸以外，国内贸易的活跃也对会展活动的举办起到了刺激和推动的作用。

表6-2　水产品会展数量、规模与水产品贸易情况

年　份	2005	2006	2007	2008	2009
贸易总额（亿美元）	120.3	136.74	144.76	159.9	160.66
出口总额（亿美元）	79	93.67	97.54	105.8	108.0
会展总数（个）	—	14	16	18	21
会展总面积（万m^2）	—	17.6	20.2	22.6	25

贸易数据来源：2006—2009中国农产品贸易发展报告。

水产品会展尤其是大型国际性水产品会展活动的举办，一个直接的经济效果就是促使企业达成交易协议。一般来说，企业之间达成的供货协议可根据合同期间分为短期（3个月以内）、中期（3个月到1年）、长期（1年以上）等类别。由于水产品的储运和保鲜成本较高，无论是何种期限的协议，一般首批货物交易都会在达成协议的当月或下月内发生。在结合2009年水产品进出口量月度数据与年内举办的国际性会展活动可以发现，3月3—5日举办的“第三届中国（广州）国际渔业博览会”、6月11—13日举办的“第七届中国（大连）国际水产品暨技术设备展览会"、11 月 3～5 日举办的"第十四届中国国际渔业博览会"、12 月 9～12 日举办的"第四届上海国际渔业博览会"四项具有较大影响力水产品会展举办的当月及下月内，水产品的进出口量均有不同程度的增长，参见图 6－2。

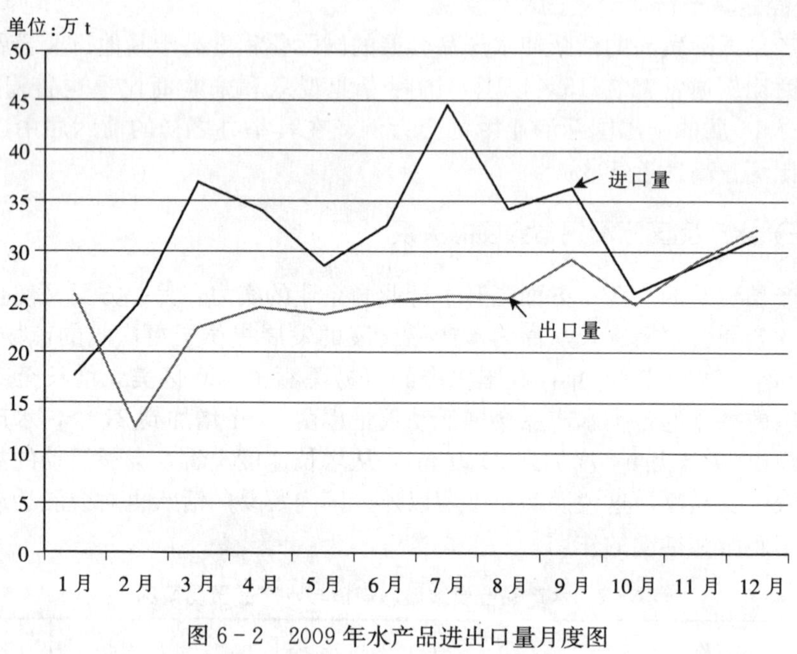

图 6－2　2009 年水产品进出口量月度图

由以上分析可见，水产品国际贸易与水产品会展之间存在着明显的相互促进关系。水产行业的特性决定了水产品贸易在时间和空间上的集聚，要求国际化程度高，信息和技术交流需求广泛，这促使了大型的、专业化、国际化的水产业会展的形成；反过来，会展又会促进水产品以较低的交易成本实现交易，促进国内、国际最新产品、技术和市场信息的交流，从而更加持久、高效地促进水产品贸易。

二、畜产品会展与贸易

（一）畜产品生产和贸易特点

畜产品的产品种类比较复杂，从广义上讲，畜产品包括肉、乳、蛋、禽、脂、肠、皮张、绒毛、鬃尾、细尾毛、羽毛、骨、角及其初加工品等；

从狭义上讲，肉、乳、蛋、脂、禽等产品属食品和副食品范畴，也就是通常所说的畜禽产品，皮张、绒毛、鬃尾、细尾毛、羽毛、肠衣等也属畜产品，而骨、角、蹄壳等分别属废旧物资和中药材商品。畜产品的生产和贸易具有以下特点：

1. 产区较为分散，生产者规模和层次不一

我国农业生产的小规模、分散化经营对畜产品的市场供给具有较大影响。畜产品的种类较多，不同种类的畜产品其主要产地不同，即便是特定种类的畜产品大多在产区分布上也比较分散。根据 2008 年数据①，我国各省市大牲畜年底存栏量前五名的省份分别是四川、河南、内蒙古、云南和西藏，羊年底存栏量前五名的省份分别是内蒙古、新疆、山东、河南和四川；从产量上看，猪肉产量前五名的省份是四川、湖南、河南、山东和湖北，牛肉产量前五名的省份是河南、山东、河北、内蒙古和吉林，羊肉产量前五名的是内蒙古、新疆、山东、河北和河南，奶类产量前五名的是内蒙古、河北、黑龙江、河南和山东，禽蛋产量前五名的是河北、河南、山东、辽宁和江苏。畜产品的市场供给主体既有规模化养殖的大型养殖企业，又有分散化经营的单一农户，其生产的标准化程度、质量水平和经营成本都有较大差别。

2. 出口优势总体较弱，国际贸易量较小

在畜产品中，我国在部分产品上具有一定的出口优势，而在部分产品上比较缺乏优势，如果把畜产品作为一个大类来看，则其是我国比较不具有优势的农产品，2000 年以来，畜产品出口增长相对缓慢，在农产品出口中的比重不断下降。2000—2008 年，中国畜产品出口由 25.9 亿美元增长到 44.1 亿美元，年均增长 6.7%；畜产品出口占农产品出口总额的比重由 16.6%下降至 10.8%。2009 年畜产品出口额 39.1 亿美元，进口额 66.0 亿美元，贸易逆差 26.9 亿美元，其中动物生皮、动物毛和乳制品是贸易逆差的主要来源。尽管我国已成为世界畜牧业生产大国，但是畜产品的国际贸易量很小，以最具出口优势的生猪产品为例，2008 年我国共出口生猪 164.4 万头，加工猪肉 8.95 万吨，鲜冷冻猪肉 8.22 万吨，而当年我国肉猪出栏量逾 6.1 亿头，猪肉总产量达 4 620 万吨。我国畜产品的进出口贸易量不仅占国内畜产品生产总量的比重小，而且在世界贸易总量中的比重也非常小。

3. 贸易受质量安全问题影响较大

影响畜产品国际贸易的诸多因素中，最突出的就是畜产品的质量安全问

① 根据 2009 中国统计年鉴发布数据。

题，加之很多出口目标市场设置基于质量安全的技术性壁垒，直接造成了我国畜产品出口的困难。如2006年日本“肯定列表制度”中规定，被检测允许存在的残留农药由724种缩小至229种，农药残留标准由9 000个增至2.8万个。而我国畜产品在质量安全方面确实存在一定的问题，主要是一些畜禽饲养户在生产过程中大量使用、甚至滥用农药、抗生素和兽药等，致使药物残留严重超标，某些动物疾病的流行也直接影响了家畜肉的食用安全性。由于近年来我国畜产品方面出现的质量安全问题较多，畜产品贸易的量、额和价格波动性非常大，畜产品的卫生及质量状况已严重削弱了其国际竞争力。如出口日本的肉鸡，由于“克球粉”在鸡肉中残留超标，相继被退货和中断出口；某些肉鸡企业向南非出口的肉鸡产品中检出沙门氏杆菌使其出口受阻；而受“三聚氰胺”事件影响，2009年我国乳制品出口额大降81.2%，在畜产品出口中的比重降至1.5%。

（二）畜产品会展的特点

以上畜产品的生产和贸易特点决定我国当前畜产品会展具有以下两大特点：

1. 举办地多样，会展专业性较强

在各类农业会展活动中，畜产品会展在地域分布上最为分散，2009年举办的30个畜产品会展分别在21个省、自治区、直辖市举办，基本涵盖了我国东、中、西部的主要畜产品产区。这一方面是由于畜产品的生产和市场都比较分散，另一方面也与畜产品会展的展出内容多为初级产品或生产资料有关，相比之下，畜产品深加工而成的食品相关会展在举办地上就多集中于主销区的中心城市。由于畜产品种类的多样，不同类别畜产品之间的相关性又较弱，畜产品会展大多专业性较强，行业区分更加细致。

2. 宣传产品质量安全，改善市场环境成为其重要功能

鉴于畜产品生产和市场特点以及畜产品贸易所存在的问题，在努力提高畜产品质量、建立符合国际市场标准的生产加工体系之外，成功举办有关畜产品的综合性会展和畜产品专业会展，积极发挥畜产品会展的中介功能，可以有效突破贸易壁垒，化解畜产品质量安全带来的市场僵局，促进畜产品贸易的顺利健康发展。贸易双方通过会展展开直接交流和对话，亲身体验，能够充分交流信息。尤其是在畜产品饲养地举办会展，买方通过实地考察、参观，可以了解从饲养到屠宰再到运输和销售的整个过程。同时，优秀的农业会展通常对于参展产品质量有较为严格的要求，对于参展厂商的展出产品是一种监督和检验，可以有效地避免交易中的道德风险，规范畜产品生产和贸易。

（三）畜产品国际贸易与会展的关系

与水产品相似，畜产品贸易的活跃也极大地刺激和带动了畜产品会展的发展。如表 6-3，2005—2009 年，我国畜产品贸易总额由 78 亿美元增长至 105 元，国内举办的各类畜产品会展活动数量也由 21 个增加到 30 个，畜产品会展总规模由 35 万 m^2 增加到 42 万 m^2。值得一提的是，2009 年我国畜产品贸易额和出口额都有所下滑，分别同比下降 14%和 12%，但畜产品会展的数量和规模却沿袭了增长的趋势，分别同比增长 15%和 7%。首先这可能意味着贸易对会展的影响具有一定的时滞性，即在贸易情况出现总体变化时，会展的主办方往往不能在短期内就调整会展的计划以适应市场需求，已确定举办的会展可能会压缩一定的规模但一般不会停办。而另一个可能的解释是我国畜产品国际贸易对国内市场的影响不是很大，多数畜产品会展主要立足满足国内贸易和交流的需求。

表 6-3　畜产品会展数量、规模与畜产品贸易情况

年　份	2005	2006	2007	2008	2009
贸易总额（亿美元）	78.31	82.74	105.16	121.4	105.1
出口总额（亿美元）	36.04	37.23	40.46	44.14	39.13
会展总数（个）	—	21	23	26	30
会展总面积（万 m^2）	—	35.4	37.1	38.9	42.1

贸易资料来源：2006—2009 中国农产品贸易发展报告。

在对 2009 年内举办的国际性畜产品会展进行分析后可见，5 月 17—19 日举办的“2009 中国畜牧业暨饲料工业展览会”、5 月 30 日—6 月 1 日举办的“第七届中国国际奶业展览会及高层论坛”、7 月 13—15 日举办的“第四届中国（上海）国际肉类工业展览会”、10 月 19—21 日举办的“2009 中国国际集约化畜牧展览会”等四项具有较大规模和影响力的畜产品会展活动与相应月份或季度的畜产品进出口量并不表现出明显的对应关系，这一点上与水产品有所不同。参见图 6-3。究其原因，可能有以下两个方面：一是畜产品的品种和种类较为多样，各产品贸易之间的相关性也较低，而畜产品会展的专业性又较强，即使一个产品领域的会展在推动该产品的贸易方面具有实效，但由于其他产品的贸易缩减，畜产品总的贸易量不会大幅上升甚至有所下降①。二是目前

① 在对畜产品贸易进行细分分析后可以发现，这一方面的原因确实存在。

我国畜产品会展的作用主要集中在促进畜产品国内贸易和交流方面，对国际贸易的影响较小。

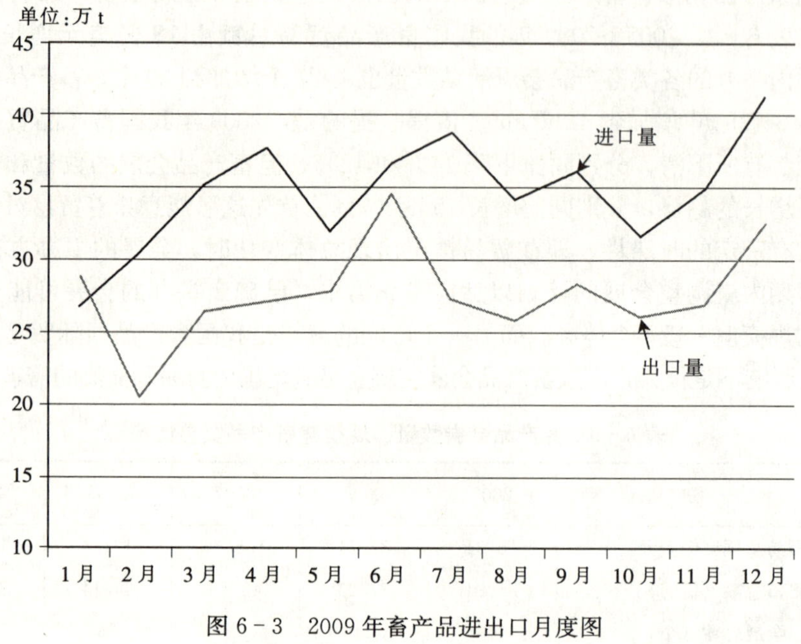

图 6－3　2009 年畜产品进出口月度图

根据以上分析，畜产品国际贸易刺激了畜产品会展的发展，但畜产品会展对畜产品国际贸易的影响不十分明显。这并不意味着畜产品会展在促进贸易方面没有发挥必要的功能，只能说当前我国畜产品会展的功能以促进国内贸易和交流为主。此外，畜产品本身的特点决定了畜产品会展在改善市场环境方面的功能比其他行业会展更为突出。

三、茶叶会展与贸易

（一）茶产品生产和贸易特点

茶叶种植和加工自古以来就是我国农业生产的重要组成部分，茶产品贸易也一直是中国农产品贸易的重要组成部分，在古代和近代一度是我国出口的主要优势产品。我国茶叶的生产和贸易具有以下几方面的特点：

1. 茶叶生产呈现大分散、小集中的特征

茶叶和茶产品的品种较为多样，从大类上分有红茶、绿茶、花茶和其他茶，从加工工艺和产品特性上又可分为红茶、绿茶、黄茶、白茶、黑茶、乌龙茶及代茶，而从产地及品种上划分则更是可以分为若干种类，比如龙井茶、铁观音、瓜片茶等等。这些不同品种和工艺的茶产品在产地上分散于全国十几个省份，而每一特定品种茶叶的生产和加工，却又常常集中在某一特定的地区。茶叶生产这种独特的地域特征对茶叶会展的分布具有很大的影响。

2. 茶叶消费对贸易的依赖度高

茶叶作为一种特殊的经济作物，其不同的品种对自然环境、产地、温度、湿度等都有较高的要求，可以种植和生产优良茶叶的区域较少。茶叶又是深受不同地区消费者喜爱的产品，而大部分消费者集中的地区并不生产茶叶或只能生产特定品种的茶叶，因此茶叶的消费广泛地依赖于贸易，包括国内贸易和国际贸易。

3. 茶叶出口优势明显，增长稳定

我国是继斯里兰卡、肯尼亚之后的世界第三大茶叶出口国，2009 年茶叶出口金额为 7.4 亿美元，占农产品出口总额的 2%左右。相较之下，我国茶叶进口量尚不到出口量的 2%，在贸易中的比重几可忽略，可见我国茶叶具有相当明显的比较优势。2000—2008 年，我国茶叶出口保持平稳上升态势，年均增长 9.1%。2009 年在金融危机的影响下，我国农产品出口总体面临不利的形势，茶叶出口额仍保持了 3.3%的增长。

4. 我国茶叶出口价格升值空间较大

过去较长时期内我国茶叶的出口价格被严重低估，2006 年美国进口我国茶叶的平均价格为 2 289 美元/t，而从印度、斯里兰卡和英国的进口价格分别比中国茶叶价格高 48%、1.1 倍和 4 倍。同年，日本进口我国茶叶的平均价格为 2 908 美元/t，而从斯里兰卡、印度尼西亚、印度、中国台湾和英国的进口价格分别比中国价格高 31.4%，37.96%、1.79 倍、1.8 倍和 7.1 倍。近年来我国茶叶出口价格不断提高，带动了茶叶贸易额的大幅增长。

5. 茶叶出口受质量和工艺影响较大

我国作为世界第一大产茶国，茶叶出口之所以仅排第三位，一个很大的原因就是受茶叶质量和加工工艺的影响。其中，质量问题主要集中在药残超标上，而加工工艺则体现在产品以绿茶为主上。

（二）茶叶会展的特点

我国目前茶叶会展行业的发展与茶叶生产和贸易的特殊性具有一定的关

联，但又不是完全适应的。具体来说主要有以下两个特点：

1. 会展数量较多，层次高、影响力大的少

由于茶叶生产大分散、小集中的地域分布特性，形成了很多以特定茶叶生产为特色和支柱产业的产区县、市，为了促进本地茶产品的市场化和商品化，各地举办了大量的茶叶推介和营销活动。这些活动最初多是以集中展销的方式进行，随着规模和影响力的扩大，逐渐转为茶叶会展的形式，这一趋势自2004年开始迅速兴起扩散，最终使茶叶会展的市场集中度极低，成为农业会展当中数量最多，层次最杂的一类。与之相对应的，是组织服务水平较高、行业影响力较大的茶叶会展较少。

2. 立足国内贸易的较多，国际性会展少

尽管对外贸易在茶叶生产和贸易中的比重和作用不容忽视，但我国目前茶叶会展的国际化程度普遍不高。大多数茶叶会展立足于促进国内贸易，其参展商主要是来自产区的生产加工企业，观众主要是国内不同地区的消费者或中间商，只有少数几个茶叶会展能够邀请到国际采购商。

（三）茶叶国际贸易与会展的关系

如果将会展看作一种商品的话，其出现也是因为对该种商品有较高的需求。茶叶贸易就是这一需求的重要推动者。作为世界重要的茶叶生产基地，中国在世界茶叶市场上具有较高的影响力，中国的茶叶吸引着世界各地的消费者和茶商。不断扩大的贸易额使得更为集中和扩大的茶叶市场形成成为可能，茶叶会展也就随之形成，并且举办时间逐渐形成规律，规模也不断扩大。如表6-4，2005—2009年，我国茶叶对外贸易总额由4.9亿美元增长至7.6亿美元，国内举办的各类茶叶会展活动数量由48个增加到71个，茶叶会展总规模由67.5万m^2增加到110万m^2。从增长速度上看，茶叶会展的数量和规模略慢于茶叶贸易额。这与茶叶会展的数量和规模基数比较大有关。

2009年我国境内举办的具有较强国际性的茶叶会展主要有：5月15—17日举办的“2009中国（上海）国际茶业博览会”、10月16—18日举办的“2009中国茶产业（厦门）国际博览会”、10月24—27日举办的“第六届中国国际茶业博览会”和12月25—28日举办的“2009中国秋季茶产业（上海）博览会”。从以上四个茶叶会展举办当月及下月茶叶进出口量数据来看，普遍呈现明显增长，说明茶叶会展对促进茶叶进出口确实起到了一定的推动作用。参见图6-4。

表 6-4　茶叶会展数量、规模与茶叶贸易情况

年　份	2005	2006	2007	2008	2009
贸易总额（亿美元）	4.92	5.56	6.21	7	7.64
出口总额（亿美元）	4.84	5.47	6.08	6.82	7.40
会展总数（个）	——	48	57	64	71
会展总面积（万 m^2）	——	67.5	80	90.3	110

贸易资料来源：2006—2009 中国农产品贸易发展报告。

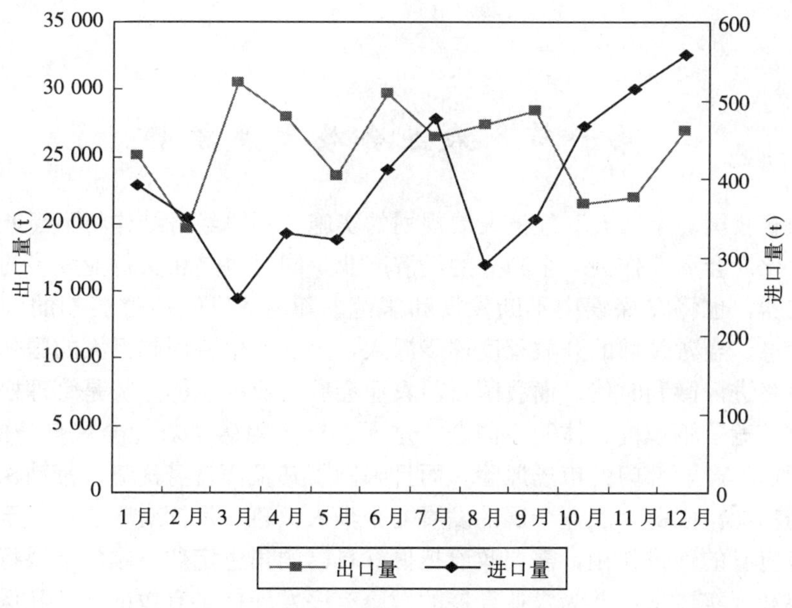

图 6-4　2009 年茶业进出口月度图

综合以上分析，茶叶国际贸易的发展带动了茶叶会展的活跃，而国际性茶叶会展的举办又促进了茶产品的出口，两者的相关关系也是比较明晰的。

第七章

农业会展发展趋势与管理

第一节 农业会展发展趋势

随着我国“十二五”经济发展规划的实施，国民经济结构将不断调整、升级、优化。会展业作为一个独立的经济产业，同时也是相关行业发展的催化剂和助推器，也将在探索中不断发展和规范。随着 WTO 后过渡期的到来，服务、信息、金融领域的开放程度逐步深入，会展业也将面临巨大的国际竞争压力，最终进入微利时代。而我国目前农业会展行业的总体形势是管理松散、资源分散、竞争不规范、体制不健全。这不仅严重阻碍了农业会展自身的发展，提高了这一产业部门的市场风险，而且限制了其发挥自身优势、带动相关产业发展的功能。因此，农业会展的发展能否步入正轨、发挥对于农业乃至整个国民经济应有的促进作用，需要政府把握好自己的角色定位，顺应会展行业发展的趋势和现实要求，并为农业会展的健康有序发展提供有效的支持和保障。本章将结合会展业发展的总体趋势和会展行业管理的发展演变，探讨我国未来农业会展行业有序发展和规范管理的可能方向。

一、会展业发展趋势

（一）国际会展业发展趋势

经过多年的发展，欧美等发达国家的会展业已成为一个成熟的产业，无论是在组织、管理方面，还是在市场拓展、品牌扩张等方面都积累了丰富的经验。从发展形势来看，国际会展业呈现出如下特点和趋势：

1. 会展内容专业化

由于专业性会展能够集中反映某个行业或其相关行业的整体状况，并具有更强的市场功能，因而从产生之日起就受到世界各国的青睐。专业化是全球会展业未来发展的必然趋势，只有具有明确的展览主题和市场定位，会展才能对参展商或观众保持足够的吸引力。

2. 会展运作国际化

会展运作的国际化主要表现在举办机构、管理体制、规则规范和活动组织四个方面。由于举办一场大型的国际会展需要调动多方面的资源，其市场范围也往往突破了国家的地域限制，因此全球大型展览公司都向着国际化、跨国化的方向发展。这一方面使区域市场内的竞争日趋激烈，另一方面也促进了国际规则在会展运作中成为惯例。

3. 会展规模大型化

随着会展行业的竞争日趋激烈，“大鱼吃小鱼”的现象越来越普遍。规模成为会展组织者盈利甚至生存的生命线，从而使会展规模的扩张具备了很强的内在驱动。而且，会展本身具有聚集性和吸附性的经济特征，一旦具备一定的生存空间和影响力，通常会向周边及产业链条的上下游扩张，也在客观上导致会展的规模越办越大。

4. 会展企业集团化

会展业是一项投入大、成长慢但回报高的产业。大规模会展对其组织者的资产总额、人力资源、社会资源、技术力量等都有很高的要求。随着会展市场竞争的日益加剧，众多小规模的会展公司已力不从心，逐渐退出市场，或被有实力的公司兼并或收购；而实力雄厚的会展组织或服务公司则可以以资本为纽带，采取联合办展、收购展会、资产兼并等方式不断壮大自己，同时扩展会展业务，由某一方面和某一领域的服务扩张到其他方面或领域。会展企业日益集团化，会展行业的集中化程度也越来越高。

5. 会展技术现代化

会展活动的表现形式和自身发展与科技水平的高低一向是紧密相关的。随着科学技术的迅猛发展，尤其是大量新设备、新工艺、新材料的出现，会展技术和设备的现代化已经成为行业发展的一个不争的事实。事实上，技术和设备现代化也是会展内容、会展形式和会展标准发展的共同要求。在这一过程中，信息技术及设备的创新和应用是对会展行业影响最大的因素之一，正深刻地改变着会展行业的内容、形式和游戏规则。

6. 会展市场多元化

近几年，发展中国家尤其是亚太地区在国际会展业市场中的地位得到显著提高。如在国际会议市场上，欧美国家所占的份额已从过去的80%下降至60%左右。为抢占国际会展市场，发达国家的大型跨国会展公司纷纷采取各种手段，积极向海外扩张。

（二）我国会展业发展趋势

目前，我国会展业正以前所未有的速度与国际接轨，但由于起步较晚，与欧美发达国家相比还存在很大差距。综合我国会展业的市场和政策情况，中国会展业未来将呈现以下发展趋势：

1. 大型会展集中化，会展场馆面临过剩

由于会展业对举办地基础设施、政策条件、经济潜力乃至文化环境都有较高的要求，因此大型会展活动与举办地城市之间会形成一种互相促进、共同壮大的关系。大型会展活动集中的城市会在改善基础设施、提高城市管理水平方面具有更大的动力，而城市总体环境的改善又可以容纳和吸引更多的大型会展，或者加速已有会展成长以形成更大的规模。因此，北京、上海、广州等会展一线城市将成为国内大型及超大型会展活动的首选。

而近年来各地纷纷以发展会展经济、打造会展城市为目标，大建会展场馆，很多场馆的规模甚至比一线城市场馆还大。但会展经济的发展绝不是只有基础建设之类的硬件要求，城市总体经济、文化水平等软件有时更为重要。从国际会展业向大城市集中的发展趋势上看，今后几年除北京、上海等国际大都市的会展场馆效益稳定以及一些具有独特资源的中等城市可以发展特色会展以外，相当一部分二三线会展城市的大型场馆将面临生存困境。从总体而非结构上看，我国的会展场馆将会面临过剩问题。

2. 会展运营国际化，专业细分程度加深

加入WTO以后，随着我国会展市场的开放，国际上组织和经营会展的大型公司大批涌进我国，其多方面全方位的介入促使我国会展行业形成了更加激烈的竞争局面，同时也将国际经验和标准带入我国会展市场，推动了会展运营的国际化进程。

经过多年的竞争和发展，国际会展业已经形成了非常细致的市场分工。以会议市场为例，国际会议协会（ICCA）主要成员的市场范围主要集中在50人以上的会议，而国际协会联盟（UIA）成员组织的会议则大多在300人以上。而目前我国的大多数会展公司还处于发展初期，只要有会展就接办，没有形成细分化的市场。今后随着市场竞争的加剧，会展行业的专业化分工必将加深，形成专门经营展览业、会议业乃至更细分市场的格局。

3. 会展主体多元化，市场办展比例提升

随着国际会展的增加，会展业培训体系的建立和国际会展人才的引进，各类从事专业化会展组织和服务的企业和机构将大批出现。同时，与会展具有较强相关性的其他行业企业，如大型旅游企业、新闻媒体、教育科研机构甚至社团组织等都可能进入会展市场，从而使会展的主体更加多元化。

尽管当前我国很多大型会展还掌控在一些政府部门及带有行政色彩的机构或组织手中，但随着会展行业市场体制的不断完善和政府职能的转变，会展活动的具体组织和运营必定会越来越多地从这些职能部门转出，转由多元市场主体承担，从而使会展的市场化程度不断提升。

二、我国农业会展发展趋势

（一）我国农业会展面临的主要问题

近年来，我国各地农业会展活动蓬勃开展，农业会展市场发展迅速，但作为行业或产业来说只是粗具雏形①。当前我国农业会展业的行政管理体制、组织运营水平和服务营销能力与市场经济的要求还相去甚远，产业的基本要素还不甚完备，面临着较为严峻的挑战。

1. 政府参与度较高，市场机制受到抑制

目前，政府主导型会展在我国农业会展中占据主导作用，大部分有影响力的农业会展都是政府举办的，整个行业市场化程度和社会化程度较低。这在一定程度上是由我国国情所决定的。一方面，农业会展业的发展尚属初级阶段，还是一个刚刚起步的朝阳产业，资本积累和服务体系尚不完备，而这些单靠市场的力量在短期内不能完全满足，因此有赖于政府的资源，使政府成为会展市场供给的重要主体；另一方面，我国整个经济都处于转型时期，市场经济本身尚不完善，有时市场机制的供需调节也存在着这样那样的问题，因此短时期内政府也不会完全退出会展产业。认真分析我国农业会展供给主体的构成，就会发现，除外资企业以外，几乎没有完全市场化的公司办展。相当大一部分会展主承办机构是由政府有关部门组建或授权成立的公有单位，或者与政府部门有着千丝万缕联系的企业。而按市场化方式经营的规范会展企业所占的市场份额还十分小，真正的市场主体尚未成长壮大，这十分不利于农业会展市场的形成，更不利于农业会展整体竞争能力的提高。

---

① 参见第三章。

由于政府在市场中的行为多具有强行政性和弱预算约束的特点，往往带来农业会展产业对政府的过度依赖，使市场机制在农业会展经济发展中的作用受到一定程度的抑制，从而使农业会展总体社会化、市场化程度较弱，专业队伍成长较慢，产业组织水平较低。尤其是近年来，许多公共部门为追求部门利益，大做"会展经济"文章，主题相同、性质类似的农业会展被多家主办者重复推出，致使会展效果大打折扣。再加上许多地方政府把农业会展当作当地的"形象展示会"，将农业会展的展示水平当成其政绩的一部分，过多干预会展，使会展操作程序极具浓重的行政化色彩，而忽视会展实际功能的发挥，许多农业会展既无特色，又无实质内容，缺乏良好的组织与服务，且收费混乱，低水平恶性竞争，参展者的利益无法得到保护，客观上加剧了农业会展市场的混乱和无序。由于缺乏有效的市场准入和退出机制，很多不具备会展经营资格、无市场竞争能力的机构无法退出市场，而那些既有会展服务意识又有服务能力的农业会展企业，却被"挤出"会展市场，也严重阻碍了农业会展的健康发展。

2. 专业人才较为缺乏，会展服务发展滞后

会展业是一个涉及面广、系统性强、专业化程度高的产业，对专业人才和复合型人才的需求特别大，而目前我国会展业总体面临着专业人才队伍建设严重滞后的问题。具体来说表现在以下两个方面：一是会展人才总量不足。我国会展业的市场化运作起步较晚，因而专业化的会展组织、策划、营销人员较为缺乏，也没有专门的学校为会展业输送人才，因而导致会展人才数量偏少。据国内媒体2007年的调查，上海、北京、广州会展专业人才岗位需求与求职者的比例分别为10∶1、8∶1、8∶1。二是专业素质不高。据不完全统计，至2008年秋，我国开设本专科会展类专业的高校有123所，其中高职90所，高专7所，招收会展类专业新生的高职类院校占所有招生院校的78.9%，2008年秋招收新生7 176人，其中高职类和高专类5 869人，占新生总数的81.8%。会展人才的培养机构层次不高，培养方向也以基础性服务人才为主，与会展行业发展需求相距较远。而农业会展在我国发展的时间较短，相关理论研究、实践教育和培训方面的积累更少，加之农业会展总体效益较之其他行业会展要低，面对其他行业会展对人才强有力的吸引，农业会展从业人员的素质更成问题。

会展产业本身是服务业的组成部分，是一种服务经济，要取得理想的效果，特别是经济效益，服务质量是第一位的。良好的会展除了好的策划和内容以外，组织者还要为参展商和观众提供"量体裁衣"式专业服务，而且这种服务要贯穿展会全过程，甚至贯穿在历届展会中，才能使会展积累成为具有巨大吸引力的品牌展会，并实现预期的经济效益和社会效益。在农业会展活动中，展馆、展览公司、展览服务公司应该分工明确，各司其职，相互协作，形成一个有机高效的服务系统，才能确保农业会展的成功。而我国农业会展专业化分工协作的格局还没有形成，大多数会展还停留在封闭、单一、服务水平低下的层次上，为展览提供辅助服务的行业，如展览信息、展览咨询、施工、评估、道具、设计装潢等行业也相对滞后，专业服务能力明显不足，成为制约行业发展的短板。在国内举办的农业会展活动中，只有极少数设立了相关的服务商、法律咨询机构、专业观众检录系统，参观商和观众在参加会展时遇到的问题有时不能得到高效、及时的解决。

3. 规模化、国际化、品牌化程度不高

在开发市场条件下，农业会展要做大做强，必须具备一定的规模，同时不断提升国际化水平和国际竞争能力，最终实现品牌化和稳定持续发展。在会展规模方面，根据对2009年46个农业会展的调查，2万 m^2 以上的只有13个①。在国际性方面，按照国际展览联盟的标准，国际性会展需要满足四项条件，即至少已连续举办3次以上，至少要有2万 m^2 的展出面积，20%的国外参展商，4%的海外观众。而根据对39个会展的数据统计，国际参展商共6 883家，仅占参展商总数的11.3%。可见，我国农业会展离真正的国际化还有很大差距。在品牌培育方面，目前我国农业会展中的绝大多数尚没有明确的品牌定位，更不用说品牌战略、发展策略和品牌管理。而由于行业管理尤其是会展知识产权监督保护的缺位，当前我国农业展览的效仿复制现象非常严重，市场集中度很低。现实中一旦有某个主题的农业会展适应了市场的需要，取得了良好的经济效益和社会效果，立即就会有同主题或类似主题的会展跟风出现，致使会展资源严重分散。在整个行业低成本大量复制的侵蚀下，市场创新的动力日益萎缩。

（二）我国农业会展的发展趋势

1. 行业规范意识增强，促进会展项目品牌化

鉴于我国农业会展目前发展的状况，结合实现农业会展效用的规模要求，整合我国农业会展资源，减少无序竞争，保证有较大影响力的品牌会展优先发展成为行业发展的必然选择。首先，会展举办地上合理布局，兼顾产品地区差异和地域生产季节的差别，实现布局科学、合理；其次，在同类会展的档期安

① 详见本书第三章。

排上，尽量做到统筹规划，避免档期重叠或过近，从而造成资源的浪费和会展质量的降低；第三，加强会展知识产权管理，规范会展市场，避免重复办展、拷贝办展等现象，杜绝会展企业之间的恶性竞争。

同时，农业会展由于存在着“二重性”的弱点，其发展就需要更多的支持，除了资金投入之外，相关配套政策的建立健全也尤为重要，尤其是农业会展行业的管理体系、知识产权保护体系的建设，都需要相关政策和制度的保证。而随着行业规范发展意识的增强，政府将重点扶持和保护知名的农业会展项目，对于不具有品牌优势和办展特色、容易造成资源浪费和行业发展失序的会展项目减少支持和干预，引导其逐渐退出市场。

2. 行业竞争压力增大，促进会展运营专业化

我国农业会展的发展目前主要面临两方面的压力，一方面是来自于国内其他行业会展对于农业会展资源的挤占，另一方面是来自于国际会展公司的竞争。由于资源在农业领域的报酬率低于其他行业，农业会展的报酬率一般来说也低于其他行业的会展，因此，会展行业内部的资源就可能被从农业领域“挤压”出去，造成农业会展的发展出现“贫血”局面。加入 WTO 后，我国的会展市场已经开放，国际会展行业巨头，纷纷看中中国这个巨大市场，进军中国。

对于来自于会展强国的竞争，逃避或者一味的保护都不是合理的做法。既然必然要面对来自于国际会展巨头的巨大冲击，就应该把这个冲击的过程变成一个学习先进管理理念的机会。针对我国农业发展的需要，农业会展专业化是未来发展的必然趋势。这不仅要求专业化的经营，也要求专业化的管理，专业化的监督。

3. 会展行业研究强化，促进会展决策科学化

从长期来看，对于一个行业的智力支持是促进行业不断发展的最有效的手段，农业会展信息和统计数据的搜集和分析，是行业顺利发展的重要条件。会展产业发达的国家对于会展产业相关的基础研究、统计资料搜集体系的建立投入了巨大的资源。随着我国农业会展研究的不断深入，有关政府部门和行业机构正在筹划建立完善的统计资料搜集制度，为行业监测和研究提供有力的数据支持。

目前农业会展研究的主要热点方向包括以下几个方面：一是农业会展对于经济发展的推动作用的分析——了解中国的农业会展对于农业乃至整个经济的推动作用到底有多大。二是参展公司的收益评估（收益的组成、收益的来源等）——为农业会展组织和管理提供参考，为政府制定支持政策提供依据。三是对于国外展览业支持政策和运作模式的考察等。四是农业会展的认定和评估系统——哪些会展是优秀的展会，应该进行重点的扶持；哪些会展是效率低下的展会，应该淘汰。在对于农业会展相关数据科学分析基础上的相关理论研究，能够为行业政策、发展规划、人员培训提供理论指导，从而使会展主承办机构在决策时有据可依，促进会展决策的科学化。

第二节　农业会展行业管理

一、国外会展行业管理的模式

由于会展业对国民经济具有很强的正外部性作用，各国都采取有力措施推动支持会展业的发展。尤其是在经济发达的国家与地区，如德国、法国、美国、加拿大、澳大利亚等，会展行业的组织运营和管理水平已是遥遥领先。近年来，我国会展的数量不断增加，质量也有所提升，但总体而言发展时间尚短，与发达国家或地区经过 100 多年的办展经验所积累的较为完善的发展模式相比还有一定的差距。从会展业发展的国际经验来看，政府对会展业的宏观管理和政策扶持，是其协调健康发展的重要保证。根据政府对会展市场调节力度的大小，国外会展行业的管理模式大致可分为两种，即以德国为代表的政府推动型模式和以美国为代表的市场主导型模式。

（一）政府推动型模式

德国是世界会展业强国，其会展业的突出特点是国际性会展比重高、规模大、辐射影响力强。德国举办的各种大型会展活动中，国外参展商和参观观众数量众多，最高的国外参展商比率高达 88%，最低的参展比率也达到了 46.7%，参展观众的国际比率最低水平为 24.3%。在行业管理方面，德国是政府推动型模式的典型代表，政府在会展业的发展中发挥着极为重要的作用，具体表现在以下三个方面：

1. 政府控股大型会展公司，制订会展业发展战略

以汉诺威为例，汉诺威是德国下萨克森州首府，也是德国北部重要的经济文化中心，曾承办过两届世界博览会，拥有全球最大的展览中心—汉诺威博览中心，世界十大展览会有五个在汉诺威市举办。汉诺威会展业发达的原动力就来自于政府的高度重视和扶持，该市几个大的展览公司都有政府背景，而全球排名第一的展览公司—汉诺威展览公司，其两大股东就是下萨克森州政府和汉诺威市政府，分别持有其49.8%的股权。在政府的大力支持下，少数大型展览公司不断发展壮大，在行业中起到了引领和支柱的作用。

同时，德国很多地方政府都将会展业作为所辖区域的支柱产业，在制定经济发展战略和城市发展规划时，首先考虑会展业发展的需要，积极调配资源，优先扶持会展业发展，推动会展产业链形成。

2. 政府投资基础设施建设，协调会展活动组织服务

德国地方政府对展馆及其配套设施和交通建设均予合理规划和大力支持。几乎所有的展览中心都拥有先进的配套设施，场馆内常设有邮局、银行、通讯、宾馆等服务设施，确保现场服务便利、齐全，为举办高水准会展打下良好的基石。为办好每个会展，当地政府会出面协调各有关方面的工作，借助市政力量保证会展顺利举办，如交通管理部门增派人员、延长工作时间、加强现场疏导、保证道路畅通；公交部门增加车次、临时开辟从市中心各主要路段到展览馆的公交线路，机场大巴不停穿梭于机场和场馆之间，以方便参展商、观众参加展会。在这种统一协调的管理制度下，会展活动期间，整个城市犹如一个巨大的场馆。

3. 政府整合各市场主体关系，授权半官方协会组织进行宏观管理

德国于1907年就成立了专门的贸易展览业协会（AUMA），总部设在科隆。该协会系由德国政府出面倡导，由会展主办方、参展商和采购商三方市场主体组合而成的联合体，在处理全国性的展览事务方面具有很强的统一性和权威性。

根据德国政府的授权，该协会的主要职能包括：审定各地区年度会展计划；严格审查和评定会展的名称、内容；监督会展服务；核查会展组织者的能力和信誉；统计调查会展实现的经济效果；为中小企业赴海外参展提供政策和资金支持等。作为全国性和权威性的展览行业管理部门，该协会以政府伙伴和行业代言人的身份在会展活动的组织与协调中扮演着重要角色。

（二）市场导向型模式

作为世界头号经济体和典型的自由主义市场经济国家，美国会展业的发展也居世界领先水平。美国会展业的突出特点是会展数量多、规模和形式多样、经济效益好。在行业管理方面，与德国的政府推动型模式不同，美国会展业的管理采用的是市场力量起主导作用、政府提供间接支持和配合的市场导向型模式，具体表现在以下三个方面：

1. 重视会展主体独立性，政府采取间接手段引导

美国不存在会展审批制度，任何商业机构和贸易组织都不需要特殊的审批程序就可以进入会展业。美国拥有众多健全的会展市场主体，而且各会展主体具有较强的行业自律性，加上发达的会展信息传递系统，所以美国对会展项目基本不需要审批，也没有专门的政府部门通过行政手段来对会展业进行统一管理，而是由市场来主导和协调。联邦和州政府在会展业发展中的主要职能是编制产业发展规划、开展行业统计、制定政策法规和提供配套服务。当然，美国各级政府在会展业的发展中也不是不作为，而是主要通过一些间接手段进行引导和扶持，如美国商务部通过推动“贸易会展认证”计划和实施“国际采购商项目”等措施，实现对行业会展组织水平的整体规范和提升。

2. 政府投资建设场馆，外包给私人展览公司运营

由于会展场馆的建设通常需要耗费大量的经济和社会资源，具有投资大、风险高、收回成本期限长等特点，私人产业部门很难独立承担。因此，美国的大多数会展场馆也是由地方政府投资兴建的，在全美面积超过 2 500m^2 的展览中心中，约 64%都归地方政府所有。这些政府拥有所有权的会展场馆，其运营却并非都由政府组织实施。部分会展场馆是由地方政府成立的展览管理局或大会进行管理，部分则是由议会或政府组织的独立的非营利性委员会负责管理，而更多的是则是委托私人展览公司进行管理和运营。而且由于私人部门在管理上有诸多的优势，如经营自主性强、激励机制有效、预算约束较强、盈利能力较强、人才队伍职业化、服务意识较强、财政风险较小等，已有越来越多的会展场馆采取外包的方式进行运营。

3. 行业协会组织体系完善，行业发展自律性强

美国的行业协会系统发展得十分完善，成为会展行业市场主导型管理模式的重要基础。在美国，会展产业的各个子领域都有全国性的专业协会，如展览行业有国际展览管理协会（IAEM），会议行业有专业会议管理协会（PCMA）和国际会议专家协会（MPI），另外还有代表所有参展商利益的贸易参展商协会（TSES）。美国的会展行业协会大多是一种会展企业自发形成、自主推动的组织，具有自愿参加的特点和较强的民间性，在管理上通常重视企业的自由经营权利，设定的规范比较宽松。这些会展行业协会最大的特点就是自发性和协调性。这是由于会展企业参与市场的过程中，碰到同行业内部价格上相互倾轧或出现质量问题时，出于维护自身利益和市场秩序的需要，尝试着用行业自律的方式规范市场行业秩序。由于这些行业组织的规模和行业影响力较大，尽管其不具有行政管理和执法的权力，但对会员企业甚至行业内非会员企业通常具有很强的约束力和指导性，在业内都有足够的权威。完善的行业协会系统对实现行业自律，协调行业内部关系，促进行业持续健康发展发挥着重要作用。

此外，以法国、瑞士、中国香港等国家和地区为代表的会展行业管理模式介于政府推动型和市场导向型之间，通常既有政府的有力推动，各市场主体也发挥重要作用，很难分清企业还是政府在其中起主导作用。

（三）国际会展行业管理模式对我国的启示

1. 政府职能定位必须明确

在会展业的发展过程中，政府的支持和投入是不可或缺的。会展经济作为国民经济和国际贸易发展战略中的一个重要环节，受到了各国政府的高度重视，即便在市场机制较为发达的国家或地区，政府不直接介入或插手会展行业管理，其也会在改善会展业发展的宏观环境和基础条件方面有所作为，如投资会展场馆、建设相关基础设施、出台会展行业政策法规以及制定长期战略规划等。同时，政府又不能完全替代市场机制。因为市场机制的充分发挥，有利于促进真正的市场主体——会展企业积极参与市场竞争，提高自身竞争力，进而不断成长壮大。即便在政府市场参与程度较高、发挥作用较大的国家和地区，会展行业的微观主体仍然以企业为主，会展的组织运营大多以市场化、商业化的方式进行，政府只是提供外围的服务和支持，而并非直接参与会展项目的经营。综观会展业发达国家或地区，政府的职能主要是通过法律、法规、产业政策等方式调控宏观经济运行和优化资源配置，为会展业发展营造宽松的产业环境，为企业公平竞争制定行之有效的规则，在这一点上非常值得我国借鉴。

2. 行业协会组织作用突出

从会展业发展的国际经验上看，无论在哪种行业管理模式下，行业协会都起到了举足轻重的作用。很多会展业较为发达的国家和地区都有统一的展览专业协会，例如德国贸易展览业协会（AUMA）、美国展览管理协会（IAEM）、英国展览业联合会（EFI）、法国会展协会（FSCF）、新加坡会议展览协会（SACEOS）以及香港地区的展览会议协会（HKECOSA）等。这些行业协会不论是在政府支持下成立的，还是自发形成的，都在事实上承担着会展行业的主要管理职责，同时扮演着政府和企业沟通桥梁的角色。它们既是会展企业利益的代言人，同时又是贯彻政府意图、执行政府政策的助手，在协调行业发展、制定行业规范、进行会展资质评估、培训专业会展人才方面发挥着非常重要的作用。也有部分国家将会展的管理机构设在国家的贸易促进部门，如意大利对外贸易协会（ICE）、西班牙外贸协会（ICEX）等，其工作方式和作用与上述行业协会相仿。相比之下，我国目前还没有具有管理职能和行业规范能力的全国性会展行业协会①，尽管一些地方性会展行业协会发展迅速，但其大多从属于地方政府部门，在会展业发展中的作用非常有限。

3. 行业法规和标准意义重大

行业法规是约束业内主体经济行为的基本规范。会展业发达国家或地区的行业法律法规和制度建设都比较健全与完善，为本地会展业持续健康发展营造了良好的法制环境。国外一些专业的会展协会或国际组织，出于内部规范或认可审计的需要，先后着手研究和制定了一些自律性标准，在提升会展行业总体水平方面取得了积极的效果。如国际展览与项目协会（IAEE）和会议产业委员会（CIC）联合制定了《会议、展览产业术语》标准，包括了会展的基本定义、分类分级、场馆要求、工作程序、信息化建设等方面的术语。交易会及展览统计自愿控制学会（FKM）推出了展览统计方法系列标准和审计系列标准，在欧盟国家具有很高的认可度和权威性，每年可对数千个欧盟国家主办的展会进行统计和分析。国际展览业协会（UFI）则制定有《UFI 统计标准和定义》，在世界范围内得到广泛的认可和引用。

二、我国会展行业管理的尝试和进展

（一）我国会展管理体制的演变

相对于欧洲、北美等地区的会展发达国家而言，我国的会展业起步较晚，会展经济的概念被广为接受也不过二十几年的时间。在会展管理体制方面，也是随着会展经济发展和相关理论、政策研究的不断深化而在探索中推进，其大致的发展脉络如下：

1. 无正式规定管理阶段（1982 年以前）

建国以后一直到改革开放之初，在我国境内举办的各类会展活动尽管也有不少，但国家对于如何管理会展活动尚无明确具体的政策规定。在此条件下，一般涉外会展活动都要遵照相应的外事管理权限进行管理，而不涉外的会展活动就根据行政管理的权限由各级政府部门自行管理。

① 目前，中国国际贸易促进委员会在出国参展上和举办国际性来华展览有一定的审批权，可以算是我国会展行业管理的权威性部门，但国内举办的非国际性展览尚没有统一的管理。

2. 集中审批管理阶段（1982—2003年）

1982年，国务院发出国发［1982］115号文件《国务院关于批转中国国际贸易促进委员会、对外经济贸易部、外交部〈关于出国举办经济贸易展览会若干问题的规定〉和〈关于接待外国来华经济贸易与技术展览会若干问题的规定〉的通知》。这是我国出台的第一个关于展览会的正式管理文件，也是迄今我国级别最高的关于对展览活动进行管理、具有法规性质的文件。这一文件的颁发，标志着我国涉外会展的管理开始步入规范化和法制化的轨道。根据该文件的规定，在我国境内举办涉外展览活动和出国举办经贸展览均需预先报中国国际贸易促进委员会（下称"贸促总会"）统一协调，报国务院审批。

1985年，中央发出中发［1985］10号文件，结合改革开放的新形势，对全国涉外工作的事权进行了调整、下放。按照该文件规定，境内举办国际展览会，除了面积特别大（原则上是1 000m²，但后来已经大大突破）仍上报国务院审批以外，其他可由国务院各主管部门及省、市、自治区政府自行审批。出国举办经贸展览也由以上各系统分别审批。

1991年，国务院办公厅又发出国办发［1991］53号《国务院办公厅关于加强对出国举办经济贸易展览会统一协调管理的通知》，根据该文件规定，出国举办经济贸易展览会事务由贸促总会归口协调后，报经贸部或国务院审批。而"出国举办科技展览会，仍按中共中央中发［1985］10号文件规定，由国家科委归口协调、审批、管理。"根据该文件，外经贸部于1992年1月发布《对外经济贸易合作部〈关于出国举办经济贸易展览会协调审批管理办法〉的通知》，贸促总会于同年7月发布《中国贸促会关于成立出国展览协调办公室的通知》。1993年，国务院办公厅发出国办发［1993］41号《国务院办公厅关于对赴港澳地区招商办展等经贸活动加强管理的通知》，随后外经贸部连续发布了《对外经济贸易合作部〈关于赴港澳地区举办经贸活动的审批办法〉的通知》和《对外经济贸易合作部〈关于出国（境）举办招商和办展等经贸活动的管理办法〉的通知》。

1997年，国务院办公厅发布国办发［1997］25号《国务院办公厅关于对在我国境内举办对外经济技术展览会加强管理的通知》，该文件规定，"对外经济技术展览会的主办和承办单位，必须具有外经贸主管部门批准的主办和承办资格；境外机构在华举办经济技术展览会，必须联合或委托我国境内有主办资格的单位进行。""对外贸易经济合作部应会同有关部门，近期内重新清理审核主办单位，对符合条件的单位授予主办资格，并分期公布名单。工商行政管理机关凭对外贸易经济合作部的批准文件，重新核定有关单位的经营范围。"根据该文件精神，外经贸部和工商总局联合发布《对外经济贸易合作部、国家工商行政管理局关于审核境内举办对外经济技术展览会主办资格的通知》。1998年1月，工商总局又发布《关于〈商品展销会的管理办法〉的公告》；9月，外经贸部发布《对外经济贸易合作部〈关于在境内举办对外经济技术展览会暂行管理办法〉的通知》和《对外经济贸易合作部〈关于在祖国大陆举办台湾经济技术展览会暂行管理办法〉的通知》。1999年1月，科技部发布《科学技术部、外交部、海关总署关于进一步加强境内科技会议及展览会管理的通知》。

2001年2月，贸促总会、外经贸部发布《出国举办经济贸易展览会审批管理办法》。该年6月，国家经贸委又发布《关于申报国内展览会有关事项的通知》，要求各单位报送"出国展"、"国际展"、"国内展"的情况，以便"进一步加强对展览会的管理和协调"。对于经贸委的这一举动，外经贸部在12月发布《重申和明确在境内举办对外经济技术展览会有关管理规定的通知》，强调涉外展览会的管理权限在外经贸部。

2002年11月，国务院办公厅以国办函［2002］93号《国务院办公厅关于在我国境内举办对外经济技术展览会审批程序有关事项的复函》的形式规定，"对国务院已批准的以国务院部门或省级人民政府名义主办的对外经济技术展览会，如需再次举办，国务院授权你部（外经贸部）受理申请。对符合国家产业政策及当地产业特点、达到一定办展规模和办展水平、企业反映良好且取得较好社会经济效益的，由你部直接审批，并报国务院备案；经审核不宜或暂不宜再次举办的，由你部提出处理意见，报国务院审批后函复主办单位。"

从以上国家关于会展行业管理的有关文件来看，本阶段我国会展行业的管理具有以下三个特点：

一是集中审批。在我国境内举办涉外会展活动规模超过1 000m^2的必须经过国家有关部门集中审批，境外办展机构在华举办会展活动必须联合或委托国内有关单位进行。在审批权限的归属上，不同管理部门之间一度存在一定的交叉和争议。

二是分类审批。经济贸易类涉外会展的审批权主要集中在外经贸部、贸促总会两个部门，科学技术类涉外会展的审批权集中在科技部。这一划分方法基本上是按交易性会展和展示性会展来区分的①，但是会展活动往往都是介于纯粹的交易性和展示性之间的，并不存在绝对明确的界限，因此在分类审批管理

① 参见本书第二章。

上存在着困难。

三是资格审批。无论是哪一类的会展，在审批内容上，对主、承办机构的资格审查都是一个重要方面。而在主办机构的资格方面，各部委和省市政府的有关部门都不须审批就可以具备，而相关行业协会、展览公司等市场主体则需要经过相关部委的审批或认证。这一点是造成我国会展行业政府主导色彩浓重的重要原因。

另外还有非常重要的一点，就是本阶段所涉及的会展审批制名义上并非对会展全行业的管理机制，而是对所谓的“对外会展”。而在“对外会展”的概念解释和适用范畴上却有着很大的自由度。如果将其严格界定为“国际性会展”，据外经贸部和科技部的规定，必须是境外参展厂商占展商总数20%以上的会展活动，这就大大限制了管理的范围；而如果将其宽松界定为“涉外会展”，则只要会展主题当中有“对外”或者“出口”字样，或者有国外参展商和观众参展就可以算，那么又几乎可以涵盖所有的国内会展活动。随着我国会展产业和国民经济的迅速发展，大量立足国内经贸交流的会展纷纷涌现，而国内企业参展比重在各类会展中也不断上升，能够满足“国际会展”条件的会展活动仅占全部会展活动的一小部分，在此之外的大多数国内会展是否适用于“对外会展”的概念很难说清。

3. 有限审批和自律管理阶段（2003年以后）

加入WTO后，我国逐步对外开放了会展服务市场，会展经济的发展也进入市场化、产业化和国际化的新阶段，针对会展管理方面新的要求，我国开始了新一轮的会展管理改革，本轮改革以“简化行政审批、加强行业自律”为鲜明特征，目前各项管理机制还处于探索推进的过程中。

2003年2月，国务院下发国发［2003］5号《国务院关于取消第二批行政审批项目和改变一批行政审批项目管理方式的决定》，其中包括对外经贸政发［1997］第711号《对外经济贸易合作部、国家工商行政管理局关于审核境内举办对外经济技术展览会主办资格的通知》予以废止，结束了会展行业的资格审批。2004年5月，根据国发［2004］16号《国务院关于第三批取消和调整行政审批项目的决定》，有关内地赴港澳地区招展办展活动的审批管理也正式取消。

随着国家部委的调整，原外经贸部于2003年并入商务部，原属其管理的“对外经济贸易”类会展的审批权也随之转至商务部，仍由贸促总会进行统一协调、申报，但原来存在的境内“对外会展”界定问题依然存在。2006年5月，贸促总会和商务部对2001年2月联合公布的《出国举办经济贸易展览会审批管理办法》进行修订后重新公布，使出国办展的行业管理制度更加明晰。

由于境内办展资格审批制度的取消，各类办展主体涌入会展市场，国内举办会展的数量在短短几年内迅速膨胀。鉴于重复办展对国家经济社会资源的浪费和对会展效率的降低，国家各部委和各省级政府逐渐开始对自身及所属单位的组展办展进行管理和规范。2007 年 4 月，商务部公布了《商务部关于对本部主办、承办、支持的展览会管理办法》。2009 年 5 月，农业部修订并公布了新的《农业部展览工作管理办法》。按照这些办法的规定，凡以相关部委及其所属单位名义举办的展览活动都需在部委内部进行审批或备案。

结合市场经济和会展产业发展的客观要求，尤其是多元市场主体在会展市场中逐渐占据主要地位的趋势下，单一的行政审批制度已不能满足行业管理的需要，因此基于行业自律的会展评估和认证制度逐渐产生。2002 年 12 月，原国家经贸委（后与外经贸部一起并入商务部）曾颁布了《专业性展览会等级的划分及评定》的商业行业标准，并决定从 2003 年 3 月 1 日起实施。尽管在以后的实际贯彻中，该《标准》并未达到预期的效果，国内会展业界对此也褒贬不一，但无论如何，该标准毕竟在推进中国会展项目评估、探索行业认证管理方面具有一定的重要性和积极意义。2008 年 1 月，商务部条法司公开就其拟定的《中国境内对外经济技术展览会评估标准和认证办法（试行）》征求意见，准备在会展行业推行评估认证制度，引发业内广泛关注和期待。浙江、上海等会展发达省市也分别出台了地方性的会展管理和认证办法。而从官方到民间，对建立全国性的展览业协会和制订统一的行业标准和自律机制的呼声一直不断。

除此之外，与会展行业管理密切相关的法规还有商务部、国家工商总局、国家版权局、国家知识产权局以 2006 年第 1 号令形式发布、于 2006 年 3 月 1 日起执行的《展会知识产权保护办法》。此《办法》的内容主要是针对展品所涉及的知识产权的管理和监督问题，并未涉及会展的其他方面。

综合以上关于会展行业管理制度演变的历程和趋势可以看出，随着我国会展业的深入发展，对加强会展行业管理的关注和探索也不断深化，并向着市场化、科学化、国际化的方向行进。

（二）农业会展行业管理的探索

对会展项目进行分类、认证，是国际上较为通行的会展行业监管模式，欧盟、美国等会展产业发达地区都有着较为成熟和规范的会展行业认证体系，而我国会展行业的组织化程度和管理水平远远落后于会展产业的发展。近几年来，随着我国农业贸易的发展，各类型农业会展活动层出不穷，在提升我国农业的市场化、产业化和国际化水平、促进农村经济发展和农民增收等方面发挥了巨大作用。尽管会展产业发展迅速，但由于缺乏总体管理和引导，办展质量参差不齐，重复办展、资源浪费与专业化、规模化展会匮乏现象并存，严重制约了会展产业的健康发展和会展功能的实现。因此，会展行业的规范和管理工作越来越受到各界的重视。

在此背景下，中国贸促会农业行业分会于2007年底着手筹划开展农业会展分类认定工作，组织成立了“中国农业会展分类认定工作委员会”和专家组，制定了农业会展分类标准和认定办法。2009年初，该项工作正式启动，发布了《中国农业会展分类认定办法（试行）》和《中国农业会展分类标准（试行）》两个文件。前者系统地规定了农业会展分类认定工作的原则、对象、目标、工作程序及成果的使用，后者为开展分类认定提供了具体的指标体系。

根据《认定办法》，此项工作遵循自愿申报、公正公开、实事求是和非营利的原则；主要认定对象为由各级政府、社会中介机构、企业等主办或承办的境内涉农展览会、展销会、论坛及节事活动等农业会展活动。通过分类认定工作的开展，将实现以下三方面的政策目标：一是规范农业会展市场，促进行业标准形成，为行业宏观管理和市场调整优化提供科学系统的参照系；二是扩大农业会展影响力和知名度，树立品牌展会，增强社会各界对农业会展的关注，推动行业健康有序发展；三是系统发布农业会展信息，便利国内外农业企业寻求贸易平台，促进农业贸易发展。

根据《分类标准》，农业会展活动按主题定位、影响范围、功能定位、展出内容、组织模式、发展态势、资质及认可度、高新技术含量、展览展示效果、展商观众评价、实现经贸效果等11个方面的指标进行分类。其中，前六项内容为平行分类，主要确定农业会展活动的属性和特征；后五项内容为等级分类，主要评价农业会展活动的组织运作水平和实际效果。在具体会展项目的认定上，依据采集自各会展活动的有效信息，包括展会定位、展会规模、展商信息、观众信息、贸易效果等五大类70多项数据内容，对照《分类标准》进行核定。

根据相关工作流程，在分类认定工作通知发布传达后，首先由各省、市农业部门推动本地区年度内举办的农业会展的主、承办机构申报项目、填报信息，然后由分类认定工作机构对会展项目进行数据收集、调查、核实和整理，最后由专家组参照《分类标准》统一给予认定。

2009 年，贸促会农业行业分会组织对首批参与认定的展览数据进行了系统的梳理和汇总，农业部、商务部、中国国际贸促会展览部、中国会展经济研究会、全国展览馆协会、全国农业展览协会、中国人民大学、北京第二外国语学院、中国贸易报社等多个部门、机构的专家，以及部分省份农业部门的相关人员参加了专家组评审。2009 年农业会展项目认定结果经报“中国农业会展分类认定工作委员会”核准，首批推荐的优秀农业展览项目共计 20 个，其中一类 10 个，二类 10 个。在 20 个展览项目中，综合性农业展览有 11 个，专业性农业展览有 9 个。

三、农业会展行业管理的方向

根据当前我国农业会展行业发展的形势和存在的主要问题，农业会展行业的引导、支持和管理，应当结合我国的实际情况，借鉴国际成功做法，有计划、有针对性地开展。政府和行业协会作为会展行业宏观管理最重要的两类主体，应该分工明确、各司其职，协调统一、有条不紊地组织开展。

（一）政府部门职能定位

会展活动植根于成熟的市场，因此会展行业的发展从一开始就被纳入市场经济的体系。发达国家政府在会展行业发展中的作用主要是提供服务和支持，其目的主要是提升本国会展行业的竞争力。而我国农业会展的发展格外需要政府的支持。一方面，中国的市场体系还不完善，会展行业发展还不成熟，需要政府提供宏观指导和支持。另一方面，由于农业会展对于农业有促进作用，政府可以将促进会展行业的发展、加强会展服务现代农业的功能作为提升农业竞争力的有效手段。着眼于农业会展产业的长远发展，随着我国市场经济体制的逐步完善和农业会展经济自身的进一步发展，政府必须转变角色，重视发挥市场机制作用，逐步提高其产业化和市场化水平，这是我国农业会展行业深化改革和发展中面临的首要任务。

根据我国农业会展的发展现状，政府在农业会展发展的过程中，应当扮演管制人、调控人、公益人和守夜人四种角色①。具体来说，包括以下四个宏观方面的功能：

1. 市场规范和培育

农业会展市场的规范和培育应从培育成熟的市场主体、建立市场规范和鼓

① 史国祥，贺雪良．会展经济．天津：南开大学出版社：169－170.

励市场自由竞争三个方面着手。首先，只有成熟的市场主体存在，才能保证高质量农业会展的供给，从而发挥农业会展对于农业乃至整个经济应有的促进作用。而要大力培育各类市场主体，政府就不应过分参与会展的微观运营，而是将其让给协会、企业等来实施。其次，成熟的市场主体首先是熟悉和尊重市场游戏规则的主体，因此政府应当通过制定相关的市场规则和行业规范，来协调和规范市场主体的行为，使农业会展在发展方向上能真正做到为农业和农业生产者谋福利。第三，成熟市场的最重要特征就是有序竞争，只有存在有序竞争，才能实现行业的优胜劣汰，从而实现会展资源的优化配置，促进农业会展效率提升和服务改进。

2. 树立产业导向

政府公共部门具有推进会展行业整体规范化发展的实力和优势。政府对于农业会展产业的引导，其方向和侧重点应当与中国农业的发展方向和侧重点保持一致。如果站在农业的角度，农业会展本身就可以看作政府引导农业发展方向的一个有力手段。为此，政府有关部门应制定统一规划，加强对农业展览行业的宏观指导。针对目前农业会展分散、无序、低水平重复扩张的突出问题，尽快制定全国性的农业会展行业发展规划，根据农业会展的规律、特点以及农产品营销促销工作的实际需要，结合产业发展的目标、重点和区域特性进行统一规划、分类指导。同时，积极探索新的管理和服务方式，加快建设农业会展绩效评价机制，引导市场改善供给结构，推动农业会展的市场化和专业化进程。

3. 有针对性地加强扶持

不同类型农业会展的功能和经济属性有所不同，其市场供给对政府支持的依赖程度也有差异。政府公共部门应逐步退出“商业性”会展，变主办为监管，将运营权更多地交给市场主体；同时加大对公共产品属性较强、外部性效果明显的“公益性”会展的政策和资金支持力度。对行业中规模和影响力较大、举办届数多、交易和展示效果好、国际性较强、运作模式规范的农业会展加大扶持力度，着力打造若干个具有国际影响力的品牌农业会展。政府在进行政策扶植时还应当注意保持各个时期和各个部门政策的协调一致，不断探索最优的支持方式，避免和限制会展的低水平复制。

4. 营造良好的发展环境

良好的发展环境并非仅指对于农业会展的各种支持，还包括政府提高自身的办事效率，简化农业会展的审批程序，充分发挥行业协会组织的行业自律功能等。

（二）行业协会的主要作用

行业协会在农业会展发展中的功能不应仅局限于在政府和企业之间发挥协调和沟通的“桥梁”作用，同时还应在行业自律和规范管理上有所作为。由行业协会开展行业自律管理的必要性首先在于其能够使政府脱离日常琐碎事务的管理，从而专心于行业发展的宏观政策和监管工作；还能够避免政府既作为管理者又作为执行者而容易衍生的“寻租”和低效问题。行业协会的具体职能包括：

1. 开展行业自律、规范和监督

会展行业的微观主体经营的目的是盈利，因此需要有行业协会站在整个行业发展的角度对微观主体的行为进行规范和监督。协会通过制定行业标准、市场规范来进行行业自律和规范。通过第三方认证和评估，合理引导行业发展，也为政府部门决策和管理提供技术支持。

2. 促进政府和企业的联络和沟通

一方面，行业协会比较了解企业的情况和要求，能够代表企业对于政府的立法和决策提出意见和建议，从而为政府加强行业管理提供信息支撑；另一方面，行业协会可以将有关政策信息及时高效地传达给企业，并为企业提供咨询和建议。各国会展行业发展的实践证明，独立和有力的行业协会，能够理顺政府和企业的关系，同时减少政府和企业双方的信息成本。

3. 促进行业间、国家间的交流和合作

行业协会了解农业会展的发展动向，有能力与其他行业或其他国家的对应机构进行合作，促进农业会展的规模化和国际化，从而提升农业会展的总体运营和服务水平。

附录 1-1

中国农业会展分类认定实施办法[①]

（试行）

第一章　总　　则

第一条　为加强农业会展行业规范和管理，提高农业会展组织服务水平，指导和推动中国农业会展健康、有序发展，充分发挥会展活动对农业技术交流、农产品贸易、农业产业升级和区域经济发展的促进作用，农业部将组织开展中国农业会展分类认定工作。为保证相关工作顺利实施，特制订《中国农业会展分类认定实施办法》（下称本《办法》）。

第二条　“中国农业会展”指在中国境内举办的，以推动农业发展和农产品贸易为主题的各类展览、展销、会议和节事等活动。其中，直接以“展示产品、促进贸易”为主题的农业展（博）览会和展销（交易）会，是中国农业会展的主体，也是本《办法》分类认定的主要对象。而以农业发展、农业政策、农业技术等为主题，带有较强经贸性质的论坛、洽谈会、推介会和节庆活动等可参照本《办法》进行分类和认定。

第三条　农业会展项目的分类认定依据《中国农业会展分类认定标准（试行）》执行。

第二章　组织机构

第四条　为保证相关工作的公平、公正和分类认定结果的权威性，在农业部相关司局指导下，成立中国农业会展分类认定“工作委员会”和“专家委员会”。

“工作委员会”主要职责是指导和监督分类认定工作，审查和最终确认分类认定结果；下设“办公室”，主要职责是农业会展信息收集、整理及分类认定工作的组织协调等。办公室设在中国国际贸促会农业行业分会。

---

① 2009 年 1 月，本办法及相关标准由中国贸促会农业行业分会以“中国农业会展分类认定工作委员会办公室”名义发布试行。

“专家委员会”由展览界知名专家及具备丰富农业会展工作经验的专业人员组成。主要职责是农业会展分类标准的制定、解释、修订和具体展览项目的分类认定。

第三章　工作程序

第五条　农业会展分类认定工作机构每年组织征集本年度会展活动资料，收集相关信息，开展分类认定工作。

凡在中国境内举办的农业会展活动，均可申报参加分类认定。项目有关信息资料（见附表）应由会展活动主、承办机构详尽填写，经主办地会展管理机构审核同意（加盖公章）后报送“中国农业会展分类认定工作办公室”。所有信息资料报送工作应于会展活动结束后一个月内完成。

第六条　“分类认定工作办公室”对各会展项目进行调查验证，确认相关信息的真实性。

第七条　“分类认定工作办公室”将各会展项目信息整理后提交“专家委员会”，由“专家委员会”进行分类认定，最终结果上报“工作委员会”审核通过。

第八条　分类认定结果通过审核后将实行网上公示，征集反馈意见。

第九条　对依据本《办法》取得的分类成果，将通过发布会、报刊、网络等方式发布，对优秀农业会展项目农业部将在国内外重点扶持和推介。

第四章　附　　则

第十条　依据本《办法》开展的分类认定工作相关程序、标准和结果都将遵循公正、公开的原则，接受社会各界监督。如对分类认定工作程序及结果有不解或不同意见，可向“中国农业会展分类认定工作办公室”申询。

第十一条　分类认定工作不以营利为目的，农业会展活动参加分类认定不收取项目评审费。

第十二条　“中国农业会展分类认定工作办公室”将对所有会展项目数据资料予以保密。

第十三条　本《办法》由“中国农业会展分类认定工作办公室”负责解释。

附录1-2

中国农业会展分类标准

（试行）

本标准通过对农业会展活动主题、功能、运营、效果等11项内容设定指标，将在华境内举办的农业会展活动加以系统分类，在汇总、归纳农业会展数据信息的基础上形成分类结果。标准共分为两部分，第一部分侧重考察农业会展活动的属性和特征；第二部分侧重衡量农业会展活动的组织运作水平和现实效果。

第 一 部 分

本部分共包括六项，各项内每一类别下，各条间如无“或”关系，则各条均应满足。

第一项　根据会展活动主题定位、展商和观众的行业类别，分为：

综合性

会展活动主题不限定特定的农业分（子）产业，而设定为“大农业”或“广义农业”；

对农业设备、技术和产品参展没有特定领域的明确限定；

参观观众构成难以明确归属于任何农业分（子）产业。

专业性

会展活动主题限定为特定的农业分（子）产业，如畜牧业、渔业、果业等，或具有特定属性[①]的某类农产品产业，如有机产品等；

参展企业70％以上与特定产业相关，或专业观众[②] 70％以上与特定产业相关。

附属性

在以农业和其他非农产业作为共同主题的大型会展活动中，以农业为主题

---

① 主要应判断其是否能够依据某种特定属性将不具备该属性的企业和产品排除在外。

② 指在主办机构数据库中有登记注册，并从主办方获取会刊的付费观众（若会刊对观众免费则此条件不计）。

的展示区域达到总展示区域面积20%以上；

农业领域的专业观众数占专业观众总数达20%以上。

第二项 根据会展活动国际化程度和区域影响力，分为：

国际性

国际展商占展商总数比例在10%以上；

国际专业观众占专业观众总数比例在5%以上。

全国性

国际展商占展商总数比例在10%以下，国际专业观众占专业观众总数比例在5%以下；

举办省（区、市）参展企业[①]占总参展企业比例在50%以下，举办地专业观众[②]占专业观众总数比例在80%以下。

地区性

国际展商占展商总数比例在10%以下，国际专业观众占专业观众总数比例在5%以下；

举办省（区、市）参展企业占总参展企业比例在50%以上，举办地专业观众占专业观众总数比例在80%以上。

第三项 根据会展活动对区域经济、农业产业发展的主要功能，分为：

集散区导向型

在农产品中心集散区固定或巡回举办；

宏观目标和实际功能侧重推进农产品产销对接。

产业区导向型

在特定农产品生产、加工集中地固定或巡回举办；

宏观目标和实际功能侧重推动特定产业规模化发展。

招商区导向型

在农业资源区、生态区或综合开发区固定或巡回举办；

宏观目标和实际功能侧重推动吸引国内外投资和促进地方经济发展。

第四项 根据参展企业实际展出内容，分为：

生产资料型

以农业生产资料、投资品为主要展品的企业数占实际参展企业总数70%

---

① 指注册经营地点在会展活动举办地省内的参展企业（异地办展情况例外），不包括省外或境外企业在举办地的代理或分支机构。

② 指工作单位地址在会展活动举办地省内的专业观众。

以上。

消费产品型

以各类初级农产品、加工农产品和可供消费者直接消费的产品为主要展品的企业数占实际参展企业总数70%以上。

复合型

各类农业企业和产品均未达到以上两类标准的。

第五项　根据会展组织运作模式，分为：

政府主导型

政策性投入[①]占会展项目总投入[②]的40%以上；

主承办机构以政府有关部门为主，招展招商较多依靠政府引导和支持。

社会事业型

政策性投入占会展项目总投入的40%以下；

主承办机构以公益机构或事业单位为主，招展招商主要靠市场化运作。

市场主导型

无政策性投入；

主承办机构不包括政府机关，招展招商完全实行市场化运作。

第六项　根据会展项目发展态势和增长潜力，分为：

培育型

当届会展项目收入小于项目投入；

总展览面积连续三届届均增长率在10%以下。

成长型

当届会展项目收入与项目投入大致持平；

总展览面积连续三届届均增长率在10%以上。

收益型

当届会展项目收入大于项目投入；

总展览面积保持稳定，或特定年份出现临时性缩减但缩减率在10%以内。

第　二　部　分

本部分共包括五项，每项又分为A、B、C三类，每一类内多条并列，如各条间无“或”关系，则各条原则上均应满足。

① 指国家或地方财政对会展项目的补贴和补助。

② 指主、承办机构在当期会展项目上的所有资金投入。

第一项　根据主、承办机构资质和会展项目社会认可度，分为：

A 类

会展项目连续举办 5 届以上；

项目获得国际重大会展认证机构（UFI、IAEM 等）认证或认可，或在中央部委机构注册备案，或主办机构为省部级单位；

承办机构具备完备办展资质[①]及 5 年以上办展经验。

B 类

会展项目连续举办 3 届以上；

项目获得国内会展认证机构认证或认可，或在省部级以上机构注册备案，或支持机构为省部级单位；

承办机构具备完备办展资质及 3 年以上办展经验。

C 类

会展项目连续举办不足 3 届；

项目无相关会展认证机构认证或认可，在省部级以上机构无注册备案；

承办机构具备较为完备的办展资质。

第二项　根据会展活动高新技术含量和优质产品比重，分为：

A 类

同期至少举办 1 期国际性研讨活动和论坛；

高新技术企业[②]占参展企业和产品总数的比例在 30%以上，或通过国家级绿色、有机认证的产品占参展产品总数的比例在 30%以上。

B 类

同期至少举办 1 期全国性研讨活动和论坛；

高新技术企业占参展企业和产品总数的比例在 15%～30%，或通过国家级绿色、有机认证的产品占参展产品总数的比例在 15%～30%。

C 类

高新技术企业占参展企业和产品总数的比例在 15%以下；

通过国家级绿色、有机认证的产品占参展产品总数的比例在 15%以下。

第三项　根据会展活动展示效果和服务管理水平，分为：

A 类

---

① 指在国内工商部门依法注册、可以开展展览业务。

② 指通过国家高新技术企业认证的企业。

特装展位面积占净展览面积[①]的比例在40%以上；

具有完备的展商观众数据库、注册门禁系统和知识产权保护措施。

B类

特装展位面积占净展览面积的比例在20%～40%；

具有较为完备的展商、观众数据库和知识产权保护措施。

C类

特装展位面积占净展览面积的比例在20%以下；

或不具有完备的展商、观众数据库和知识产权保护措施。

第四项　根据参展商、专业观众及社会媒体的评价，分为：

A类

老展商[②]占参展商总数的比例在60%以上；

展商和观众满意度[③]平均值在4以上；

参展支出占参展企业年内同类活动计划总支出的比例[④]在15%以上；

展期出现展商、观众投诉事件3起以下。

B类

老展商占参展商总数的比例在40%～60%；

展商和观众满意度平均值在3.3～4；

参展支出占参展企业年内同类活动计划总支出的比例在10%～15%；

展期出现展商、观众投诉事件10起以下。

C类

老展商占参展商总数的比例在40%以下；

展商和观众满意度平均值在3.3以下；

参展支出占参展企业年内同类活动计划总支出的比例在10%以下；

或展期出现展商、观众投诉事件10起以上。

第五项　根据会展活动达成直接经贸成果的效率，分为：

A类

---

① 指实际展出展位面积，为标准展位面积与空地展位面积之和，计算公式为“标准展位*标准展位数+空地展位总面积”。

② 指累计参加同一会展活动2次或以上的参展商，首届举办的展会不适用本条。

③ 按“非常满意、满意、一般、比较不满意、不满意”或类似的五级量值表计算。

④ 对参展企业提供的数据进行加权平均算出，计算公式为：“$\sum x_i y_i$，$i=1,2\cdots\cdots n$，$0<x_i<1$，$\sum y_i=1$，$i=1,2\cdots\cdots n$”，其中x_i为各展商提供的支出比例数据，y_i为各展商的权重，y_i计算公式为：“y_i=展商i租用的展位面积/展会净展览面积”。

净展览面积占总展览面积比例超过 50%；

展商行业相关度评价[1]平均值在 50%以上；

会展活动每平方米成交额[2]与每平方米展位价格[3]比值超过 20∶1。

B 类

净展览面积占总展览面积比例在 30%～50%；

展商行业相关度评价平均值在 30%～50%；

会展活动每平方米成交额与每平方米展位价格比值超过 10∶1、不足 20∶1。

C 类

净展览面积占总展览面积比例不足 30%；

或展商行业相关度评价平均值在 30%以下；

或会展活动每平方米成交额与每平方米展位价格比值不足 10∶1。

① 指参展企业对参加同一会展活动的所有企业中与自身业务相关的企业所占比例的评价，其值介于 0～100%之间。

② 计算公式为：总成交额/总展览面积。

③ 标准展位价格与空地展位价格折算均价，不包含特装搭建费用，其计算公式为：（标准展位价格×标准展位个数＋空地展位价格×空地展位面积）/净展览面积。

附录 1-3

中国农业会展分类指标信息表

<table>
<tr><td rowspan="2">展会名称</td><td colspan="3">（中文）</td></tr>
<tr><td colspan="3">（英文）</td></tr>
<tr><td rowspan="6">展会定位①
（自我认定）
请从每行中
只选择一项</td><td>□综合型</td><td>□专业型</td><td>□附属型</td></tr>
<tr><td>□生产资料类</td><td>□消费产品类</td><td>□复合类</td></tr>
<tr><td>□政府主导型</td><td>□社会公益型</td><td>□市场商业型</td></tr>
<tr><td>□国际展</td><td>□区域展</td><td>□地区展</td></tr>
<tr><td>□集散区导向型</td><td>□产业区导向型</td><td>□招商区导向型</td></tr>
<tr><td>□培育期</td><td>□成长期</td><td>□收益期</td></tr>
<tr><td>举办时间</td><td colspan="3"></td></tr>
<tr><td colspan="4">举办周期②：（请从中选择一项，如为定期请填写办展频率）
□定期　　　办展频率：　　年　　期
□不定期</td></tr>
<tr><td>举办地点</td><td colspan="3"></td></tr>
<tr><td colspan="4">举办地是否固定③：（请从中选择一项）□固定　　□多地巡回　　□无固定举办地</td></tr>
<tr><td colspan="4">主要展出内容：（150 字以内简要填写）</td></tr>
<tr><td colspan="4">展出产品类别比例：生产资料________%　　消费产品________%</td></tr>
<tr><td colspan="4">展会宏观目标：（请从中选择一项）
□农产品产销对接　　□特定产业规模化　　□吸引国内外投资</td></tr>
<tr><td colspan="4">主要同期活动④：
1.　　　　3.
2.　　　　4.</td></tr>
</table>

（后附填表说明）

（续）

<table>
<tr><td>主办机构</td><td colspan="4"></td></tr>
<tr><td>承办机构</td><td colspan="4"></td></tr>
<tr><td>支持机构⑤</td><td colspan="4"></td></tr>
<tr><td colspan="5">是否有注册审批⑥：（如有请填写审批机构信息，并附审批复印件）
□有　　　　审批机构名称：
□无</td></tr>
<tr><td colspan="5">是否有国际认证⑦：（如有请填写认证机构信息，并附认证复印件）
□有　　　　认证机构名称：
□无</td></tr>
<tr><td colspan="5">政策性投入占项目总投入比重：□ 0　□ 0～40％　□ 40％以上</td></tr>
<tr><td rowspan="8">展会规模</td><td>展会共举办届数</td><td colspan="3">届</td></tr>
<tr><td></td><td>本届</td><td>上届</td><td>上上届</td></tr>
<tr><td>总展览面积</td><td>m²</td><td>m²</td><td>m²</td></tr>
<tr><td>每标准展位面积</td><td>m²</td><td>m²</td><td>m²</td></tr>
<tr><td>标准展位总数</td><td>个</td><td>个</td><td>个</td></tr>
<tr><td>标准展位价格（以人民币计）</td><td>元/个</td><td>元/个</td><td>元/个</td></tr>
<tr><td>特装展位面积</td><td>m²</td><td>m²</td><td>m²</td></tr>
<tr><td>特装展位空地价格（不含搭建费，以人民币计）</td><td>元/m²</td><td>元/m²</td><td>元/m²</td></tr>
</table>

（后附填表说明）

（续）

<table>
<tr><td rowspan="5">展商信息</td><td>参展商数</td><td>家</td></tr>
<tr><td>国际参展商数</td><td>家</td></tr>
<tr><td>举办省（区、市）参展商数⑧</td><td>家</td></tr>
<tr><td>高技术展商⑨数</td><td>家</td></tr>
<tr><td>老参展商⑩数</td><td>家</td></tr>
<tr><td rowspan="5">观众信息</td><td>专业观众⑪人数</td><td>位</td></tr>
<tr><td>国际专业观众数</td><td>位</td></tr>
<tr><td>举办省（区、市）专业观众数⑫</td><td>位</td></tr>
<tr><td colspan="2">是否对非专业观众⑬开放：（如对非专业观众开放，请填写观众总人数）
□是　　　　展期观众总人数：　位
□否</td></tr>
<tr><td colspan="2">观众是否收费：（如对观众收费，请填写收费标准并选择票证有效期）
□是　　　　收费标准：　　元/人（当日有效 □　展期有效 □）
□否</td></tr>
<tr><td rowspan="5">贸易效果</td><td>展商行业相关度⑭</td><td>%</td></tr>
<tr><td>总成交额⑮（以人民币计）</td><td>万元</td></tr>
<tr><td>意向贸易额（以人民币计）</td><td>万元</td></tr>
<tr><td>投资合作合同额（以人民币计）</td><td>万元</td></tr>
<tr><td>列举成交额最大的 3 个项目信息：
1.
2.
3.</td><td></td></tr>
</table>

（后附填表说明）

附录 1－4

展商意见调查表

<table>
<tr><td colspan="2">公司名称</td><td colspan="5"></td></tr>
<tr><td colspan="2">主营业务</td><td colspan="5"></td></tr>
<tr><td rowspan="7">满意度调查</td><td>（请在右侧相应格子内打勾）</td><td>很满意</td><td>满意</td><td>一般</td><td>不满意</td><td>很不满意</td></tr>
<tr><td>1. 总体评价</td><td></td><td></td><td></td><td></td><td></td></tr>
<tr><td>2. 实现贸易效果</td><td></td><td></td><td></td><td></td><td></td></tr>
<tr><td>3. 组织、接待、服务</td><td></td><td></td><td></td><td></td><td></td></tr>
<tr><td>4. 宣传效果、展商（观众）质量</td><td></td><td></td><td></td><td></td><td></td></tr>
<tr><td>5. 产品、技术新颖度、实用度</td><td></td><td></td><td></td><td></td><td></td></tr>
<tr><td colspan="6">您认为本展览存在的主要问题和您的建议：</td></tr>
<tr><td rowspan="4">参展情况调查</td><td colspan="6">您在本届展览上的展位面积：________ m^2（空地展位 □　标准展位 □）
展台是否特装：是 □　　否 □
展位租金支出占您参展总支出的比例大约为________%</td></tr>
<tr><td colspan="6">参加本展览的届数共　　　届</td></tr>
<tr><td colspan="6">参加本展览您的主要收获包括：
签订供货合同　□　提升公司形象　□　拓展公共关系　□
联络老客户　　□　开发新客户　　□　推介新产品　　□
交流信息和技术　□　其他收获（请简要列出）____________

您认为本次展会上与您业务相关的参展企业占所有参展企业的比例是________%</td></tr>
<tr><td colspan="6">今年内您参加同类会展活动共________个
本展览上的营销费用占您年内同类会展活动参展预算的大约________%

下届是否有意继续参展：是 □　　否 □　　尚难确定 □</td></tr>
<tr><td colspan="7">为方便与您保持长期联系，请留下您的联系方式。
姓名：　　　　职务：　　　　联系电话：　　　　传真：

电子邮箱：　　　　　　　　邮寄地址：</td></tr>
</table>

附录 1-5

观众意见调查表

<table>
<tr><td colspan="2">公司名称</td><td colspan="5"></td></tr>
<tr><td colspan="2">主营业务</td><td colspan="5"></td></tr>
<tr><td rowspan="7">满意度调查</td><td>（请在右侧相应格子内打勾）</td><td>很满意</td><td>满意</td><td>一般</td><td>不满意</td><td>很不满意</td></tr>
<tr><td>1. 总体评价</td><td></td><td></td><td></td><td></td><td></td></tr>
<tr><td>2. 实现贸易效果</td><td></td><td></td><td></td><td></td><td></td></tr>
<tr><td>3. 组织、接待、服务</td><td></td><td></td><td></td><td></td><td></td></tr>
<tr><td>4. 宣传效果、展商（观众）质量</td><td></td><td></td><td></td><td></td><td></td></tr>
<tr><td>5. 产品、技术新颖度、实用度</td><td></td><td></td><td></td><td></td><td></td></tr>
<tr><td colspan="6">您认为本展览存在的主要问题和您的建议：</td></tr>
<tr><td rowspan="2">参观意向调查</td><td colspan="6">参观本展览您的主要收获包括：
签订采购合同 □ 学习新技术 □ 了解新产品 □
寻求合作伙伴 □ 了解市场情况 □
其他收获（请简要列出）________</td></tr>
<tr><td colspan="6">下届展览是否有意参展或参观：（请从中选择一项）
有意参展或继续参观 □ 无意继续参观 □</td></tr>
<tr><td colspan="7">为方便与您保持长期联系，请留下您的联系方式。
姓名： 职务： 联系电话： 传真：
电子邮箱： 邮寄地址：</td></tr>
</table>

填 表 说 明

1. 鉴于不同主办机构会展统计标准不尽相同，为保持数据的一致性和可比性，特就以上表格中的若干项目说明如下：

①请在填写前仔细阅读《中国农业会展分类标准》第一章的内容，对照相应标准做出选择，每行最多只能选择一个。

②举办周期指两届会展活动之间的间隔时间，如为定期，则办展频率应填写为“一年二期”、“二年三期”、“一年一期”、“三年二期”、“二年一期”等形式。

③“多地巡回”指会展活动在多个地点轮流举办，其中至少2个地点举办2届及以上。

④主要同期活动主要指各类与展览同期举办、主题相关的经贸论坛、洽谈会、产品推介会、展销活动、技术交流会、产品使用培训、景观展示、娱乐表演等活动，请择要填写。

⑤指授权或同意将本机构名称列入“支持机构”并对外宣传的部门机构。

⑥指在省部级以上单位注册备案或经省部级以上单位审核批准。

⑦指获国际知名展览认证机构，如UFI、IAEE等的认证，并获相关证书。

⑧举办省（区、市）展商指参展企业注册经营地点在会展活动举办地省内，省外或境外企业在举办地的代理或分支机构不算此类。

⑨高技术展商指企业获高新技术企业认定，或产品通过国家绿色、有机认证的参展商。

⑩老展商指累计参加该展会2次及以上的展商。

⑪专业观众应指在主办机构数据库中有登记注册，并从主办方获取会刊的付费（若会刊对观众免费则此条件不计）观众。

⑫举办省（区、市）专业观众指注册经营地点在会展活动举办地省内的公司或居住地在会展活动举办地省内的个人。

⑬非专业观众指未经主办方注册登记、无法获得准确信息的观众，主要指社会公众。

⑭展商行业相关度为参展企业对参加同一会展活动的所有企业中与自身业务相关的企业所占比例的评价的算术平均值，其值介于0～100％之间，通过对“展商意见调查表”中“您认为本次展会上与您业务相关的参展企业占所有参展企业的比例是__％”项所得数据算出。

⑮指会展活动期间直接达成的贸易合同总金额，没有在会展活动期间签订协议的不应计入，应计入下一项之“意向贸易额”，“总成交额”不应在“意向贸易额”项下重复计算。

2. 此表应如实、详尽填报，表格可根据内容自行调整，无准确数据的项，请填写“N/A”，不要空项。

3. 为保证以上数据的真实性，参加分类认定的会展项目须对展商和观众发放统一格式的意见调查表，并将不少于展商总数15%和专业观众总数5%的意见调查表（原始表）随“中国农业会展分类指标信息表”一同报送。

附录 2

2009 年度农业会展（中等规模以上）项目一览表

编号	会　展　名　称	举办时间	举办地点
1	2009 河北种子交易会	2009.01.06—07	石家庄人民会堂
2	第六届全国新肥料新农药新良种展览会	2009.01.08—10	海口会展中心
3	第七届中国优质稻米博览交易会	2009.01.08—10	海口会展中心
4	重庆·中国西部国际农产品交易会	2009.01.09—11	重庆南坪国际会议展览中心
5	第三十五届北京裘皮革皮制品交易会	2009.01.13—16	北京中国国际展览中心
6	第二届中国大理国际兰花茶花博览会	2009.02.05—09	大理国际会展中心
7	第四届中国（菏泽）农资交易会	2009.02.26—28	中国林展馆（山东菏泽）
8	第三届中国（广州）国际渔业博览会	2009.03.03—05	广州白云国际会议中心
9	2009 南宁现代水产畜牧信息交流暨产品交易会	2009.03.07—08	广西展览馆
10	2009 年全国蜂产品市场信息交流会暨中国（福州）蜂业博览会	2009.03.07—09	福州市西湖宾馆
11	2009 广州国际草坪和绿化展	2009.03.10—12	广州琶洲展馆
12	第二届安徽肥料（农资）产品交易暨信息交流会	2009.03.10—12	安徽省古井体育馆
13	2009 年中国（内蒙古）农牧业机械展览会	2009.03.12—14	内蒙古展览馆
14	中国东部家禽业交易会	2009.03.13—15	南京国际会展中心
15	西部（杨凌）农资交易暨信息交流会	2009.03.13—15	陕西杨凌示范区
16	中国国际橄榄油及食用油展览会	2009.03.15—17	北京中国国际贸易中心

（续）

编号	会展名称	举办时间	举办地点
17	2009 全国农资展示交易会	2009.03.16—18	山东德州农资大市场
18	第二届全国农业生产资料（山东）交易订货会	2009.03.18—19	山东省国际农展中心
19	广州国际营养品·健康食品及有机产品展览会	2009.03.19—21	广州体育馆会展中心
20	2009 中国（浙江）农业机械展示会	2009.03.24—25	台州市国际会展中心
21	第 80 届全国糖酒商品交易会	2009.03.24—28	成都世纪城新国际会展中心
22	中国（锦州）北方农业新品种新技术展销会	2009.03.25—27	锦州
23	第五届中国宿州黄淮海地区农资博览会	2009.03.28—30	宿州光彩城大市场
24	第四届内蒙古苗木、花卉、园艺展	2009.03.30—04.01	内蒙古国际会展中心
25	内蒙古国际农业博览会	2009.03.30—04.01	内蒙古国际会展中心
26	第四届内蒙古国际肥料、种子、农药展	2009.03.30—04.01	内蒙古国际会展中心
27	2009 广州畜牧业及饲料工业展览会	2009.03.30—31	广州体育馆
28	2009 广州农业生产资料暨农药、肥料展览会	2009.03.30—31	广州体育馆
29	2009 湖北畜牧、兽药、种禽暨饲料工业展览会	2009.04.01—03	武汉国际会展中心
30	第十一届中国国际花卉园艺展览会	2009.04.01—03	上海国际展览中心
31	2009 中国畜牧业博览会	2009.04.03—05	天津体育中心
32	第四届北方肥料双交会	2009.04.04—06	河北科技大厦会展中心
33	2009 中国国际淀粉及淀粉衍生物（北京）展览会	2009.04.08—10	北京中国国际展览中心
34	武汉种子交易会	2009.04.08—10	武汉光谷国际展览中心
35	山东省畜牧业暨饲料工业展览会	2009.04.08—10	临沂中国商城会展中心

（续）

编号	会　展　名　称	举办时间	举办地点
36	第五届中国（江苏）国际农业机械展览会	2009.04.09—11	南京国际博览中心
37	第四届中国云南普洱茶国际博览交易会	2009.04.12—15	昆明国际会展中心
38	2009中国番茄酱产业博览会	2009.04.14—16	上海光大会展中心
39	第三届西部（成都）农资技术推广展览会	2009.04.15—17	成都世纪城新国际会展中心
40	首届中国（滕州）马铃薯节	2009.04.15—17	滕州龙泉文化广场
41	2009年（春季）中国广西食品交易博览会	2009.04.17—19	广西展览馆
42	2009中国宁波国际食品安全检测技术及设备展览会	2009.04.17—19	宁波国际会展中心
43	第十届中国（寿光）国际蔬菜科技博览会	2009.04.20—05.03	寿光国际会展中心
44	2009华东地区畜牧业博览会暨第三届中国·扬州水禽发展高峰论坛	2009.04.24—25	扬州国际会展中心
45	2009上海国际肥料工业展览会暨首届肥料物资供需对接高峰论坛	2009.04.24—26	上海国际农展中心
46	2009上海国际饲料工业展览会	2009.04.24—26	上海国际农展中心
47	第六届中国国际食品加工与包装设备（青岛）展览会	2009.04.24—26	青岛国际会展中心
48	第十六届东北三省畜牧业交易会	2009.04.27—29	哈尔滨国际会展体育中心
49	2009中国（深圳）国际食品科技展	2009.05.08—10	深圳会展中心
50	第三届中国（内蒙古）国际乳业博览会	2009.05.09—11	内蒙古国际会展中心
51	国际（肥城）有机农产品博览会暨发展论坛	2009.05.13—14	山东省泰安市肥城市
52	第十届新疆国际农业机械博览会暨中亚（新疆）农业生产资料交易洽谈会	2009.05.14—16	新疆体育中心
53	第九届中国（北京）国际绿色食品及有机食品展览会暨首届中日健康食品经贸洽谈会	2009.05.14—16	北京中国国际展览中心

（续）

编号	会　展　名　称	举办时间	举办地点
54	第三届中国（北京）国际健康营养食用油产业博览会	2009.05.14—16	北京中国国际展览中心
55	2009 中国（上海）国际茶业博览会	2009.05.15—17	上海国际展览中心
56	2009 中国畜牧业暨饲料工业展览会	2009.05.17—19	成都世纪城新国际会展中心
57	第十届中国国际食品和饮料展览会	2009.05.19—21	上海新国际博览中心
58	第十二届中国北京国际现代农业科技展览会	2009.05.20—24	北京中国国际展览中心
59	第四届威海国际渔业产品博览会	2009.05.22—24	威海国际展览中心
60	第二届中国环渤海食品（威海）展览会	2009.05.22—24	威海国际展览中心
61	第四届中国（上海）国际保健产业博览会	2009.05.23—25	上海光大会展中心
62	2009 中国西部新农村科技装备暨建设成果展览会	2009.05.26—28	西安曲江国际会展中心
63	2009 中国国际有机食品博览会	2009.05.27—29	上海国际展览中心
64	第七届中国国际奶业展览会及高层论坛	2009.05.30—06.01	杭州休博园会展中心
65	第七届中国大连国际水产品暨技术设备展览会	2009.06.11—13	大连星海会展中心
66	2009（华南）兽药、饲料产品采购及技术交流会	2009.06.16—18	广州杨明国际交易城展览中心
67	第三届中国湖南畜牧渔业暨饲料工业博览会	2009.06.16—18	长沙红星国际会展中心
68	2009 山东省畜牧业博览会	2009.06.18—20	济南国际会展中心
69	2009 中国（无锡）新农业产品交易会	2009.06.19—21	无锡现代农业博览园
70	中国（长沙）国际辣椒产业博览会	2009.06.26—28	长沙红星国际会展中心
71	2009 华东地区肥料（农资）产品交易暨信息交流会	2009.07.08—10	徐州国际会展中心
72	第四届中国（上海）国际肉类工业展览会	2009.07.13—15	上海光大会展中心

（续）

编号	会　展　名　称	举办时间	举办地点
73	2009 贵州茶博会	2009.07.28—29	遵义凤凰山会展中心
74	2009 年西北地区肥料产品（包头）交易会	2009.08.03—05	内蒙古包头国贸会展中心
75	第九届新疆肥料、农药、种子专项展示订货会	2009.08.12—14	新疆国际博览中心
76	第九届新疆国际农机交易会	2009.08.12—14	新疆国际博览中心
77	第九届新疆国际农业博览会	2009.08.12—14	新疆国际博览中心
78	2009 西部（昆明）酒业博览会	2009.08.14—17	昆明国际会展中心
79	2009 中国长春国际农业食品博览交易会	2009.08.15—21	长春现代农业博览园
80	第七届北方糖酒副食品展销洽谈会	2009.08.16—22	邯郸国际会展中心
81	新疆名优特及精深加工农产品上海展示会	2009.08.20—22	上海市农展馆
82	中国贵阳特色农产品加工业博览会	2009.08.21—23	贵州省展览馆
83	2009 中国中部（郑州）茶业暨紫砂工艺博览会	2009.08.21—23	中原国际博览中心
84	第三届山西畜牧业交易会暨山西省畜牧业科技大会	2009.08.22—23	山西省展览馆
85	内蒙古（扎兰屯）第二届绿色食品交易会	2009.08.25—26	扎兰屯天拜山广场
86	第六届中国吉林德惠绿色食品节	2009.08.27—29	德惠市红旗大市场
87	中国（齐齐哈尔）第九届绿色食品博览会	2009.08.28—09.01	齐齐哈尔市国际会展中心
88	2009 中国青岛国际果蔬及农产品加工和包装设备展览会	2009.08.28—30	青岛国际会展中心
89	第五届中国国际粮油调味品（郑州）交易会	2009.08.28—30	郑州国际会展中心
90	第四届山西酒饮食品博览会	2009.08.28—30	太原中国煤炭博物馆
91	2009 中国面业博览会暨武汉国际方便面合作洽谈会	2009.09.03—05	武汉国际会展中心

（续）

编号	会 展 名 称	举办时间	举办地点
92	第二届中国·甘肃农资交易大会暨种子农药化肥展示订货洽谈会	2009.09.04—06	兰州市体育馆展览中心
93	第七届中国国际农产品交易会	2009.09.07—11	吉林长春市中信国际展览中心
94	第二届中国兽药大会	2009.09.15—16	南京国际展览中心
95	第二届霍尔果斯国际出口商品交易会	2009.09.15—17	新疆霍尔果斯国际会展中心
96	中国豆腐文化节	2009.09.15—17	淮南
97	2009 山东（国际）农业科技博览会	2009.09.16—18	临沂鲁信国际会展中心
98	中国沈阳国际农业博览会	2009.09.16—19	辽宁工业展览馆
99	2009 陕西果品展销订货会	2009.09.18—20	陕西国际展览中心
100	2009 海峡（福州）渔业周暨第四届中国（福州）渔业博览会	2009.09.19—21	福州国际会展中心
101	2009 中国（石家庄）绿色有机食品博览会	2009.09.19—21	石家庄人民会堂会展中心
102	2009 中国（昌邑）北方绿化苗木博览会	2009.09.19—22	昌邑市绿博园
103	2009 中国昆明国际花卉展暨第五届昆明国际农业博览会	2009.09.19—23	昆明国际会展中心
104	2009 年全国农产品加工业博览暨东西合作投资贸易洽谈会	2009.09.20—22	河南省驻马店市会展中心
105	2009 惠民产品展销及乡村创业项目洽谈会	2009.09.22—24	济南国际会展中心
106	中国（枣庄）农产品产销联谊会	2009.09.22—24	枣庄市光明广场
107	2009 广州食品展、广州进口食品展览会（2009 国际有机食品展、营养品及健康食品展览会）	2009.09.22—24	广州体育馆会展中心
108	第七届中国国际园林花卉博览会	2009.09.22—2010.05.08	济南
109	烟台国际葡萄酒节	2009.09.23—29	烟台

（续）

编号	会 展 名 称	举办时间	举办地点
110	第十一届江苏农业国际合作洽谈会	2009.09.24—26	无锡
111	第三届中国国际粮油、果蔬及食品工业（青岛）展览会	2009.09.25—27	青岛国际会展中心
112	第三届中国国际化肥、农药、种子（青岛）展览会	2009.09.25—27	青岛国际会展中心
113	第三届中国国际苗木花卉及园林园艺绿化（青岛）展览会	2009.09.25—27	青岛国际会展中心
114	第三届中国国际农业机及灌溉设备（青岛）展览会	2009.09.25—27	青岛国际会展中心
115	中国（廊坊）农产品交易会	2009.09.26—28	河北省廊坊市国际会展中心
116	中国东北地区绿色食品博览会	2009.09.26—28	大连世界博览广场
117	青岛国际农产品交易会	2009.09.26—28	山东国际农产品展示交易中心
118	第七届中国花卉博览会	2009.09.26—10.05	青州国际会展中心
119	第九届全国农药交流会暨农化产品展览会	2009.09.27—29	上海光大会展中心
120	中国廊坊农业与农村节能减排技术展览会	2009.09.28—30	廊坊国际展览中心
121	2009中国（深圳）农产品博览会	2009.09.30—10.03	深圳会展中心
122	第五届中国西部特色农业（宁夏）展示合作洽谈会	2009.10.10—12	银川园艺产业园
123	首届中国（宁夏）园艺博览会	2009.10.10—12	银川园艺产业园
124	2009东北四省种子交易会	2009.10.10—12	长春国际会展中心
125	第81届全国糖酒商品交易会	2009.10.11—15	郑州国际会展中心
126	第十七届北京（丰台）种子交易会	2009.10.12 —15	丰台京丰宾馆 、丰台体育中心
127	第十一届全国肥料信息交流暨产品交易会	2009.10.12—14	沈阳国际会展中心
128	河南省第十三届农药（械）技术交流暨产品交易会	2009.10.22—23	中原国际博览中心

（续）

编号	会 展 名 称	举办时间	举办地点
129	第七届中国苗木交易会	2009.10.23—24	金华仙桥会展中心
130	2009 中国茶产业（厦门）国际博览会	2009.10.16—18	厦门国际会展中心
131	第七届全国特种养殖种植技术成果博览会	2009.10.16—18	安阳市体育中心
132	2009 中国西部国际农产品交易会	2009.10.16—20	成都世纪城新国际会展中心
133	第十届中国西部国际博览会	2009.10.16—20	成都世纪城新国际会展中心
134	2009 中国国际集约化畜牧展览会	2009.10.19—21	北京中国国际展览中心
135	第五届中国国际有机食品和绿色食品博览会	2009.10.20—22	北京中国国际贸易中心
136	2009 第六届中国—东盟博览会	2009.10.20—24	广西展览馆
137	运城农业新技术新产品展示展销会	2009.10.20—24	运城农业会展中心
138	中国（山西）特色农产品交易博览会	2009.10.21—26	太原
139	2009 年全国农机产品订货交易会暨第十三届中国国际农业机械展览会	2009.10.23—25	安徽国际会展中心
140	第三届中国国际马业马术展览会	2009.10.23—25	北京中国国际展览中心
141	中国绿色食品博览会	2009.10.23—26	山东省烟台国际博览中心
142	第三届（河北）种子、肥料及农药信息交流暨产品订货会	2009.10.24—25	石家庄卓达国际会展中心
143	第六届中国国际茶业博览会	2009.10.24—27	北京中国国际贸易中心
144	2009 中国国际农用温室材料设备及应用技术展览会	2009.10.28—30	上海国际展览中心
145	2009 中国国际绿色农用化学品及植保展览会	2009.10.28—30	上海国际展览中心
146	2009 山东（国际）肥料工业博览会暨化肥原料供需洽谈交易会	2009.11.01—03	临沂中国商城会展中心
147	第十六届中国杨凌农业高新科技成果博览会	2009.11.01—05	陕西杨凌农业高新技术产业示范区

（续）

编号	会　展　名　称	举办时间	举办地点
148	第十四届中国国际渔业博览会	2009.11.03—05	青岛国际会展中心
149	2009中国安徽（合肥）农业产业化交易会	2009.11.03—05	安徽国际会展中心
150	2009中国西部国际园林景观设施及城市亮化工程展览会	2009.11.05—07	成都世纪城新国际会展中心
151	2009天津国际城市园林景观绿化设计及设施展览会	2009.11.05—07	天津国展中心
152	第七届中国（合肥）苗木花卉交易大会	2009.11.06—08	合肥中国中部花木城
153	2009中国国际食品工业经贸洽谈会	2009.11.06—08	黄圃国际会展中心
154	第七届全国种子信息交流暨产品交易会	2009.11.07—09	四川省成都市沙湾国际会展中心
155	2009哈尔滨种业博览会	2009.11.08—10	哈尔滨国际会展体育中心
156	2009年宁夏国际农业博览会暨肥料、种子、农药展示订货会	2009.11.10—12	银川国际会展中心
157	中国优质稻米博览交易会	2009.11.10—12	武汉国际会展中心
158	第六届中国武汉农业博览会	2009.11.10—13	武汉国际会展中心
159	第八届中国（武汉）国际农业机械展览会	2009.11.10—12	武汉国际会展中心
160	2009西北地区畜牧业交易会	2009.11.12—13	西安曲江国际会展中心
161	2009年全国农产品（北京）交易博览会	2009.11.12—15	北京海淀展览馆
162	第三届中国（福州）国际农产品贸易对接会	2009.11.12—15	福州国际会展中心
163	2009中国（广州）国际果蔬、加工技术及物流博览会	2009.11.13—15	广州琶洲展馆
164	2009中国厦门国际休闲渔业博览会	2009.11.13—15	厦门国际会展中心
165	中国植保信息交流及农药机械交易会	2009.11.15—17	济南（高新）国际会展中心、济南（舜耕）国际会展中心

（续）

编号	会　展　名　称	举办时间	举办地点
166	第五届东北三省土肥交流交易大会	2009.11.15—17	沈阳科学宫会展中心
167	第三届青岛国际花园产业展览会	2009.11.16—18	青岛银海会展中心
168	中国中部（湖南）国际农博会	2009.11.18—24	长沙红星国际会展中心
169	2009第四届山东（国际）糖酒副食交易会	2009.11.20—22	济南（高新）国际会展中心
170	中国农产品加工与流通博览会	2009.11.20—22	临沂鲁信国际会展中心
171	首届中国（赣州）国际脐橙节	2009.11.20—22	赣州市体育中心
172	2009海峡两岸名优特食品（广州）交易会	2009.11.20—22	广州锦汉展览中心
173	2009中国温州农业食品博览会	2009.11.20—23	温州国际会展中心
174	黄淮海地区种子信息交流暨展销会	2009.11.21—23	商丘市种子农资大市场
175	2009华北五省市肥料（种子）交流交易会	2009.11.22—23	石家庄市河北科技大厦
176	2009中国畜牧业暨饲料工业（北方）交易会	2009.11.24—26	济南国际会展中心
177	第二届中国国际种业博览会	2009.11.25—27	广州锦汉展览中心
178	2009广东农业良种示范展示会	2009.11.25—27	广州农业良种示范展示中心
179	第二届中国秸秆产业新产品新技术展示推介会	2009.11.26—28	安徽芜湖国际会展中心
180	第三届广州国际名酒展暨第五届世界名酒节	2009.11.26—28	广州琶洲展馆
181	浙江农业博览会	2009.11.27—12.01	浙江农业展览馆
182	2009全国名优果品交易博览会	2009.11.27—12.01	浙江农业展览馆
183	2009年全国特产礼品博览会	2009.11.27—29	郑州中原国际博览中心

（续）

编号	会　展　名　称	举办时间	举办地点
184	江苏名特优农产品（上海）交易会	2009.11.27—29	上海市国际农展中心
185	中部绿色食品博览会	2009.11.27—30	长沙红星国际会展中心
186	第八届中国国际植物展览会	2009.12.01—03	广东顺德陈村花卉世界展览中心
187	第四届上海国际渔业博览会	2009.12.09—12	上海光大会展中心
188	2009湖南农资交易会暨新产品、新技术推广会	2009.12.10—11	湖南省展览馆
189	第四届湖南畜牧业暨饲料工业博览会	2009.12.10—11	湖南省展览馆
190	第十六届广州食品饮料展览会	2009.12.10—12	广州琶洲展馆
191	2009年中国（海南）国际热带农产品冬季交易会	2009.12.12—14	海口会展中心
192	2009江西农业生产资料展览会	2009.12.18—19	江西省展览中心
193	2009年（秋季）中国广西食品交易博览会	2009.12.18—20	广西展览馆
194	2009中国绿色食品博览会	2009.12.18—21	南昌国际展览中心
195	2009宁波农产品交易博览会	2009.12.25—28	宁波国际会展中心
196	2009年中国西部农业科技暨农资技术推广展览会	2009.12.25—27	重庆展览中心
197	2009中国秋季茶产业（上海）博览会	2009.12.25—28	上海世贸商城
198	第三届中国（上海）食品安全产业博览交易会	2009.12.25—28	上海世贸商城
199	浙江（上海）名特优新农产品展销会	2009.12.25—29	上海光大会展中心
200	2009华南（广州）农资博览会	2009.12.26—27	广州琶洲展馆
201	安徽名优农产品·绿色食品（上海）交易会	2009.12.31—2010.01.02	上海市农展馆

附录 3

2009 部分农业会展项目信息表

名　称	重庆·中国西部国际农产品交易会 Chongqing ·Western China International Agricultural Product
举办时间	2009 年 1 月 9—11 日
举办周期	一年一届
举办地点	重庆南坪国际会议展览中心
举办地是否固定	多地巡回
展出内容	无公害食品、绿色食品、有机食品、优质农牧渔林产品以及其深加工产品、农业生产资料、农业机械以及食品机械、农业科研技术成果
参展企业类别比例	—
主要同期活动	重大农业合作项目和农产品订单签约仪式、农村改革发展成就展、中英现代畜牧业发展研讨会、农产品拍卖会
展会宏观目标	农产品产销对接
主办机构及性质	农业部、重庆市人民政府/政府机关
承办机构及性质	重庆市农委/政府机关
支持机构	—
政策投资比重	—
发文机构名称	无
审批机构名称	无
国际认证机构名称	无
举办届数	7

（续）

名　称		重庆·中国西部国际农产品交易会 Chongqing ·Western China International Agricultural Product
展会规模（本届/上届/上上届）	总面积（m²）	33 000/—/—
	标准展位面积（m²）	9/—/—
	标准展位数量（个）	200/—/—
	收费展位数量（个）	—/—/—
	标准展位价格（元/个）	4 800/4 800/4 800
	特装展位面积（m²）	7 000/—/—
	特装展位价格（元/m²）	480/—/—
展商信息	参展商数（家）	1 569
	国际参展商数（家）	20
	举办省参展商数（家）	1 160
	高技术展商数（家）	300
	老参展商数（家）	1 300
	展商行业相关度（%）*	—
观众信息	专业观众人数（位）	500
	国际专业观众人数（位）	40
	举办省专业观众人数（位）	250
	对非专业观众是否开放	是
	展期观众总数（人次）*	250 000
	收费标准	—
贸易效果*（此项数据仅作参考）	总成交额（万元）	221 000
	意向成交额（万元）	100 000
	投资合作合同额（万元）	2 060 000

2009 部分农业会展项目信息表

名　称	西部（杨凌）农资交易暨信息交流会 Western China（Yangling）Agri-material and Farm Information Fair
举办时间	2009 年 3 月 13—15 日
举办周期	一年一届
举办地点	陕西杨凌示范区
举办地是否固定	固定
展出内容	农药、肥料、地膜、果袋、设施、检测仪器；农作物良种、苗木；饲料、兽药、畜牧器械；植保机械、畜牧机械、其他农业机械等。
参展企业类别比例	生产资料 52%、消费用品 20%
主要同期活动	陕西省放心农资下乡宣传周活动、善心生诚信农资企业授牌仪式、中国肥料市场发展研讨会
展会宏观目标	农产品产销对接
主办机构及性质	杨凌示范区管委会、陕西省农业厅/政府机关
承办机构及性质	杨凌示范区展览局、杨凌示范区农业局、农业科技报社/政府机关、公益事业
支持机构	陕西省农业机械管理局等
政策投资比重	40%以上
发文机构名称	陕西省农业厅
审批机构名称	陕西省农业厅
国际认证机构名称	无
举办届数	1

（续）

名　　称		西部（杨凌）农资交易暨信息交流会 Western China (Yangling) Agri-material and Farm Information Fair
展会规模（本届/上届/上上届）	总面积（m^2）	9 000/0/0
	标准展位面积（m^2）	9/0/0
	标准展位数量（个）	240/0/0
	收费展位数量（个）	120/0/0
	标准展位价格（元/个）	1 000/0/0
	特装展位面积（m^2）	1 000/0/0
	特装展位价格（元/m^2）	130/0/0
展商信息	参展商数（家）	345
	国际参展商数（家）	2
	举办省参展商数（家）	185
	高技术展商数（家）	33
	老参展商数（家）	—
	展商行业相关度（%）*	75
观众信息	专业观众人数（位）	600
	国际专业观众人数（位）	—
	举办省专业观众人数（位）	—
	对非专业观众是否开放	是
	展期观众总数（人次）*	15 000
	收费标准	—
贸易效果*（此项数据仅作参考）	总成交额（万元）	9 100
	意向成交额（万元）	39 000
	投资合作合同额（万元）	—

2009 部分农业会展项目信息表

名　　称	中国国际食用油及橄榄油展览会 China International Exhibition of Oliver Oil & Edible Oil
举办时间	2009 年 3 月 15—17 日
举办周期	一年一届
举办地点	上海展览中心
举办地是否固定	多地巡回
展出内容	各类食用油
参展企业类别比例	消费用品 100%
主要同期活动	食用油产业发展论坛、橄榄油评油比赛、食用油美食节
展会宏观目标	农产品产销对接
主办机构及性质	中国国际贸促会农业行业分会/公益事业
承办机构及性质	北京金万洲会展服务公司/展览公司
支持机构	—
政策投资比重	0
发文机构名称	无
审批机构名称	中国国际贸易促进委员会
国际认证机构名称	无
举办届数	5

（续）

名　称		中国国际食用油及橄榄油展览会 China International Exhibition of Oliver Oil & Edible Oil
展会规模（本届/上届/上上届）	总面积（m^2）	4 000/4 000/5 500
	标准展位面积（m^2）	9/9/9
	标准展位数量（个）	100/100/120
	收费展位数量（个）	—/—/—
	标准展位价格（元/个）	8 100/8 100/7 200
	特装展位面积（m^2）	200/200/300
	特装展位价格（元/m^2）	800/800/700
展商信息	参展商数（家）	70
	国际参展商数（家）	30
	举办省参展商数（家）	15
	高技术展商数（家）	2
	老参展商数（家）	15
	展商行业相关度（%）*	90
观众信息	专业观众人数（位）	5 000
	国际专业观众人数（位）	800
	举办省专业观众人数（位）	3 000
	对非专业观众是否开放	是
	展期观众总数（人次）*	—
	收费标准	—
贸易效果*（此项数据仅作参考）	总成交额（万元）	—
	意向成交额（万元）	—
	投资合作合同额（万元）	—

2009 部分农业会展项目信息表

名　　称	广州国际营养品・健康食品及有机产品展览会 International Nutriment & heath Food and Organic Products Exhibition Guangzhou
举办时间	2009年3月19—21日
举办周期	一年一届
举办地点	广州体育馆会展中心
举办地是否固定	固定
展出内容	营养品、健康食品、绿色食品、有机食品、营养品原料、营养品加工技术及专用设备、营养健康教育、咨询、服务等
参展企业类别比例	生产资料60%、消费用品40%
主要同期活动	2009金融危机下营养・健康・有机产品行业发展新思维高端论坛
展会宏观目标	农产品产销对接
主办机构及性质	广东省保健食品行业协会、广州市亿帆展览服务有限公司/公益事业、展览公司
承办机构及性质	广州市亿帆展览服务有限公司/展览公司
支持机构	中国水产流通与加工协会、上海市水产办公室
政策投资比重	0
发文机构名称	广东省对外贸易经济合作厅、广州市对外贸易经济合作局
审批机构名称	广东省对外贸易经济合作厅
国际认证机构名称	无
举办届数	7

（续）

名　　称		广州国际营养品·健康食品及有机产品展览会 International Nutriment & heath Food and Organic Products Exhibition Guangzhou
展会规模（本届/上届/上上届）	总面积（m^2）	4 500/3 800/3 500
	标准展位面积（m^2）	9/9/9
	标准展位数量（个）	230/190/170
	收费展位数量（个）	190/—/—
	标准展位价格（元/个）	7 000/—/—
	特装展位面积（m^2）	300/—/—
	特装展位价格（元/m^2）	700/—/—
展商信息	参展商数（家）	186
	国际参展商数（家）	33
	举办省参展商数（家）	59
	高技术展商数（家）	23
	老参展商数（家）	25
	展商行业相关度（%）*	85
观众信息	专业观众人数（位）	7 318
	国际专业观众人数（位）	165
	举办省专业观众人数（位）	3 028
	对非专业观众是否开放	否
	展期观众总数（人次）*	7 318
	收费标准	—
贸易效果*（此项数据仅作参考）	总成交额（万元）	25 000
	意向成交额（万元）	33 600
	投资合作合同额（万元）	9 000

2009 部分农业会展项目信息表

名　　称	中国（锦州）北方农业新品种新技术展销会 China (Jinzhou) North Agricultural New Breeds and Technique Exhibition
举办时间	2009 年 3 月 25—27 日
举办周期	一年一届
举办地点	辽宁省锦州市
举办地是否固定	固定
展出内容	展示、销售新品种、新技术、新农兽药、肥料、农机、农膜、饲料以及科技资料
参展企业类别比例	—
主要同期活动	—
展会宏观目标	农产品产销对接
主办机构及性质	辽宁省人民政府、中国农业科学院/政府机关、公益事业
承办机构及性质	锦州市人民政府、辽宁省科技厅、辽宁省农委科技部农村技术开发中心、辽西草本经济区联合体/政府机关、公益事业
支持机构	—
政策投资比重	—
发文机构名称	—
审批机构名称	辽宁省人民政府
国际认证机构名称	无
举办届数	13

（续）

名　　称		中国（锦州）北方农业新品种新技术展销会 China（Jinzhou）North Agricultural New Breeds and Technique Exhibition
展会规模（本届/上届/上上届）	总面积（m^2）	20 000/20 000/20 000
	标准展位面积（m^2）	9/9/9
	标准展位数量（个）	600/600/600
	收费展位数量（个）	—/—/—
	标准展位价格（元/个）	1 800/1 800/1 800
	特装展位面积（m^2）	0/0/0
	特装展位价格（元/m^2）	—/—/—
展商信息	参展商数（家）	395
	国际参展商数（家）	16
	举办省参展商数（家）	230
	高技术展商数（家）	—
	老参展商数（家）	350
	展商行业相关度（%）*	93
观众信息	专业观众人数（位）	4 500
	国际专业观众人数（位）	24
	举办省专业观众人数（位）	3 200
	对非专业观众是否开放	是
	展期观众总数（人次）*	60 000
	收费标准	—
贸易效果*（此项数据仅作参考）	总成交额（万元）	15 600
	意向成交额（万元）	—
	投资合作合同额（万元）	—

2009部分农业会展项目信息表

名　　称	内蒙古国际农业博览会 Inner Mongolia International Agriculture Expo
举办时间	2009年3月30日—4月1日
举办周期	一年两届
举办地点	内蒙古呼和浩特市、内蒙古通辽市
举办地是否固定	固定
展出内容	种子、农药、化肥、苗木、节水灌溉、温室、农业机械、畜牧、奶业、绿色食品
参展企业类别比例	生产资料90%、消费用品10%
主要同期活动	展销活动、洽谈会、产品推介会、技术交流会
展会宏观目标	吸引国内外投资
主办机构及性质	内蒙古经济发展与研究促进会/展览公司
承办机构及性质	内蒙古东昭展览策划有限责任公司/展览公司
支持机构	内蒙古自治区人民政府、内蒙古自治区农牧业厅
政策投资比重	40%以下
发文机构名称	无
审批机构名称	无
国际认证机构名称	无
举办届数	5

（续）

名　　称		内蒙古国际农业博览会 Inner Mongolia International Agriculture Expo
展会规模（本届/上届/上上届）	总面积（m^2）	9500/15 000/6500
	标准展位面积（m^2）	9/9/9
	标准展位数量（个）	195/305/160
	收费展位数量（个）	90/150/80
	标准展位价格（元/个）	3 800/3 800/3 800
	特装展位面积（m^2）	200/800/150
	特装展位价格（元/m^2）	400/400/400
展商信息	参展商数（家）	150
	国际参展商数（家）	5
	举办省参展商数（家）	44
	高技术展商数（家）	50
	老参展商数（家）	20
	展商行业相关度（%）*	—
观众信息	专业观众人数（位）	22 000
	国际专业观众人数（位）	150
	举办省专业观众人数（位）	15 000
	对非专业观众是否开放	是
	展期观众总数（人次）*	68 000
	收费标准	—
贸易效果*（此项数据仅作参考）	总成交额（万元）	100 000
	意向成交额（万元）	150 000
	投资合作合同额（万元）	50 000

2009部分农业会展项目信息表

名　　称	中国国际花卉园艺展览会
举办时间	2009年4月1—4日
举办周期	一年一届
举办地点	上海
举办地是否固定	多地巡回
展出内容	鲜切花、盆花、草花、观叶植物、盆景、种子、种苗、草坪、观赏苗木、生物组培、栽培技术及设备、花盆、花瓶、插花布置、包装材料、干花、人造花等
参展企业类别比例	生产资料40%、消费用品60%
主要同期活动	长三角花卉产业论坛、城市园林景观发展论坛暨迎世博、环境整治、园艺资材及植物新优品种推介会、插花表演
展会宏观目标	特定产业规模化
主办机构及性质	中国花卉协会/社会公益性质
承办机构及性质	长城国际展览有限责任公司/展览公司
支持机构	—
政策投资比重	—
发文机构名称	无
审批机构名称	商务部
国际认证机构名称	无
举办届数	11

（续）

名　　称		中国国际花卉园艺展览会
展会规模（本届/上届/上上届）	总面积（m^2）	15 000/17 500/17 000
	标准展位面积（m^2）	9/9/9
	标准展位数量（个）	380/—/—
	收费展位数量（个）	360/—/—
	标准展位价格（元/个）	8 000/—/—
	特装展位面积（m^2）	2 350/—/—
	特装展位价格（元/m^2）	800/—/—
展商信息	参展商数（家）	370
	国际参展商数（家）	71
	举办省参展商数（家）	—
	高技术展商数（家）	—
	老参展商数（家）	—
	展商行业相关度（%）*	—
观众信息	专业观众人数（位）	13 489
	国际专业观众人数（位）	340
	举办省专业观众人数（位）	—
	对非专业观众是否开放	是
	展期观众总数（人次）*	13 489
	收费标准	10元/当日
贸易效果*（此项数据仅作参考）	总成交额（万元）	—
	意向成交额（万元）	—
	投资合作合同额（万元）	—

2009部分农业会展项目信息表

名　　称	武汉种子交易会
举办时间	2009年4月8—10日
举办周期	一年一届
举办地点	武汉光谷国际展览中心
举办地是否固定	固定
展出内容	种子、化肥、农药
参展企业类别比例	—
主要同期活动	新品种、新技术交流会，现场洽谈签约
展会宏观目标	农产品产销对接
主办机构及性质	武汉市人民政府/政府机关
承办机构及性质	武汉天鸿展览有限责任公司/展览公司
支持机构	—
政策投资比重	—
发文机构名称	—
审批机构名称	—
国际认证机构名称	无
举办届数	26

（续）

名　　称		武汉种子交易会
展会规模（本届/上届/上上届）	总面积（m^2）	16 000/16 000/10 000
	标准展位面积（m^2）	9/9/9
	标准展位数量（个）	600/500/—
	收费展位数量（个）	—/—/—
	标准展位价格（元/个）	5 500/4 500/—
	特装展位面积（m^2）	600/500/—
	特装展位价格（元/m^2）	500/500/—
展商信息	参展商数（家）	450
	国际参展商数（家）	—
	举办省参展商数（家）	—
	高技术展商数（家）	—
	老参展商数（家）	—
	展商行业相关度（%）*	—
观众信息	专业观众人数（位）	—
	国际专业观众人数（位）	—
	举办省专业观众人数（位）	—
	对非专业观众是否开放	是
	展期观众总数（人次）*	10 000
	收费标准	—
贸易效果*（此项数据仅作参考）	总成交额（万元）	—
	意向成交额（万元）	100 000
	投资合作合同额（万元）	—

2009 部分农业会展项目信息表

名　　称	山东省畜牧业暨饲料工业展览会
举办时间	2009 年 4 月 8—10 日
举办周期	一年一届
举办地点	山东省临沂市中国商城会展中心
举办地是否固定	固定
展出内容	畜牧行业高科技成果、畜牧饲料工业、兽药及动物保健品、畜禽养殖业、宠物物品、畜牧机械
参展企业类别比例	生产资料 40%、消费用品 60%
主要同期活动	开幕式文艺演出、现代化养殖培训班、山东省畜牧人才交流大会、畜牧饲料工业评奖
展会宏观目标	吸引国内外投资
主办机构及性质	临沂市畜牧局、山东省畜牧兽医学会/政府机关、公益事业
承办机构及性质	临沂市饲料工业协会、临沂市兽药协会、临沂市生猪产销协会、临沂朝阳会展服务有限公司/公益事业、展览公司
支持机构	山东电视台、临沂电视台、齐鲁牧业报、北方牧业报、齐鲁晚报
政策投资比重	40%以下
发文机构名称	临沂市畜牧局、山东省畜牧兽医学会
审批机构名称	临沂市会展服务业办公室
国际认证机构名称	无
举办届数	3

（续）

名　　称		山东省畜牧业暨饲料工业展览会
展会规模（本届/上届/上上届）	总面积（m^2）	5 000/3 500/1 000
	标准展位面积（m^2）	9/9/9
	标准展位数量（个）	700/500/230
	收费展位数量（个）	700/500/210
	标准展位价格（元/个）	1 500/1 500/1 000
	特装展位面积（m^2）	1 000/400/150
	特装展位价格（元/m^2）	280/280/280
展商信息	参展商数（家）	400
	国际参展商数（家）	23
	举办省参展商数（家）	150
	高技术展商数（家）	18
	老参展商数（家）	280
	展商行业相关度（%）*	100
观众信息	专业观众人数（位）	15 000
	国际专业观众人数（位）	300
	举办省专业观众人数（位）	15 000
	对非专业观众是否开放	是
	展期观众总数（人次）*	15 000
	收费标准	—
贸易效果*（此项数据仅作参考）	总成交额（万元）	18 000
	意向成交额（万元）	25 000
	投资合作合同额（万元）	43 000

2009部分农业会展项目信息表

名　称	国际（肥城）有机农产品博览会暨发展论坛
举办时间	2009年5月13—14日
举办周期	一年一届
举办地点	山东省肥城市
举办地是否固定	固定
展出内容	绿菜花、绿芦笋、青刀豆、黄秋葵、菠菜等30多个品种有机蔬菜、有机农产品、有机种子、生物农药、有机肥料、加工机械、认证咨询等
参展企业类别比例	生产资料15%，消费用品85%
主要同期活动	国际有机农产品发展论坛、有机蔬菜标准化基地参观，有机农业项目签约，客商联谊会
展会宏观目标	农产品产销对接
主办机构及性质	山东省农业厅、山东省环境保护局、泰安市人民政府、国家环境保护部有机食品发展中心/政府机关、公益事业
承办机构及性质	联合国工业发展组织中国投资与技术促进处、肥城市人民政府/政府机关、公益事业
支持机构	联合国粮农署、国际有机农业运动联合会、中国绿色食品发展中心
政策投资比重	40%以上
发文机构名称	山东省农业厅
审批机构名称	山东省农业厅
国际认证机构名称	无
举办届数	4

（续）

名　　称		国际（肥城）有机农产品博览会暨发展论坛
展会规模（本届/上届/上上届）	总面积（m^2）	3 600/3 600/2 600
	标准展位面积（m^2）	9/9/9
	标准展位数量（个）	196/132/78
	收费展位数量（个）	—/—/—
	标准展位价格（元/个）	0/—/—
	特装展位面积（m^2）	450/360/270
	特装展位价格（元/m^2）	0/—/—
展商信息	参展商数（家）	196
	国际参展商数（家）	21
	举办省参展商数（家）	103
	高技术展商数（家）	91
	老参展商数（家）	54
	展商行业相关度（%）*	100
观众信息	专业观众人数（位）	650
	国际专业观众人数（位）	82
	举办省专业观众人数（位）	394
	对非专业观众是否开放	是
	展期观众总数（人次）*	16 500
	收费标准	—
贸易效果*（此项数据仅作参考）	总成交额（万元）	54 600
	意向成交额（万元）	12 800
	投资合作合同额（万元）	41 800

2009 部分农业会展项目信息表

名　　称	中国国际食品和饮料展览会 International Food and Beverage Exhibition
举办时间	2009 年 5 月 19—21 日
举办周期	一年一届
举办地点	上海
举办地是否固定	固定
展出内容	乳制品及蛋类；新鲜肉类；新鲜禽类；新鲜及半腌制鱼及海鲜、贝类制品；新鲜水果、蔬菜、干果及园艺；糖果、饼干及糕点；腌制肉类；咖啡与酒吧配套工艺；酒店及餐饮服务
参展企业类别比例	—
主要同期活动	国际葡萄酒及烈性酒品酒会、国际橄榄油大赛、国际食品大趋势报告会、食品新产品展示、烹饪表演大会
展会宏观目标	农产品产销对接
主办机构及性质	法国爱博展览集团/展览公司
承办机构及性质	法国爱博展览集团/展览公司
支持机构	—
政策投资比重	无
发文机构名称	—
审批机构名称	商务部
国际认证机构名称	—
举办届数	10

（续）

名　　称		中国国际食品和饮料展览会 International Food and Beverage Exhibition
展会规模（本届/上届/上上届）	总面积（m^2）	28 900/28 900/28 900
	标准展位面积（m^2）	9/9/9
	标准展位数量（个）	—/—/—
	收费展位数量（个）	—/—/—
	标准展位价格（元/个）	—/—/—
	特装展位面积（m^2）	—/—/—
	特装展位价格（元/m^2）	—/—/—
展商信息	参展商数（家）	—
	国际参展商数（家）	—
	举办省参展商数（家）	—
	高技术展商数（家）	—
	老参展商数（家）	—
	展商行业相关度（%）*	—
观众信息	专业观众人数（位）	27 718
	国际专业观众人数（位）	3 326
	举办省专业观众人数（位）	—
	对非专业观众是否开放	否
	展期观众总数（人次）*	—
	收费标准	否
贸易效果*（此项数据仅作参考）	总成交额（万元）	—
	意向成交额（万元）	—
	投资合作合同额（万元）	—

2009 部分农业会展项目信息表

名　　称	中国国际奶业展览会及高层论坛 China International Dairy Expo & Summit
举办时间	2009 年 5 月 30 日—6 月 1 日
举办周期	一年一届
举办地点	浙江省杭州市
举办地是否固定	多地巡回
展出内容	乳制品、奶牛养殖与牧场设备、配料及加工设备、各种乳制品
参展企业类别比例	生产资料 90%，消费用品 10%
主要同期活动	中国奶业大会，养殖工程、机械交流专场，奶业管理专场，国际交流专场
展会宏观目标	特定产业规模化
主办机构及性质	中国奶业协会/公益事业
承办机构及性质	长城国际展览有限责任公司/展览公司
支持机构	—
政策投资比重	0
发文机构名称	无
审批机构名称	科技部
国际认证机构名称	无
举办届数	8

（续）

名　　称		中国国际奶业展览会及高层论坛 China International Dairy Expo & Summit
展会规模（本届/上届/上上届）	总面积（m^2）	10 000/10 000/9 000
	标准展位面积（m^2）	9/9/9
	标准展位数量（个）	136/115/131
	收费展位数量（个）	126/105/121
	标准展位价格（元/个）	6 500/6 500/6 500
	特装展位面积（m^2）	2 142/2 154/2 035
	特装展位价格（元/m^2）	650/650/650
展商信息	参展商数（家）	151
	国际参展商数（家）	30
	举办省参展商数（家）	6
	高技术展商数（家）	0
	老参展商数（家）	130
	展商行业相关度（%）*	100
观众信息	专业观众人数（位）	4 600
	国际专业观众人数（位）	230
	举办省专业观众人数（位）	—
	对非专业观众是否开放	否
	展期观众总数（人次）*	—
	收费标准	—
贸易效果*（此项数据仅作参考）	总成交额（万元）	—
	意向成交额（万元）	—
	投资合作合同额（万元）	—

2009部分农业会展项目信息表

名　　称	中国湖南畜牧渔业暨饲料工业博览会
举办时间	2009年6月16—18日
举办周期	两年一届
举办地点	湖南省长沙市
举办地是否固定	固定
展出内容	牲畜，家禽，鱼类，特种经济动物，珍珠贝类以及宠物新品种；兽药、生物制品、疫苗、动物保健品，宠物装饰产品、宠物美容产品及新技术等
参展企业类别比例	生产资料80%，消费用品20%
主要同期活动	开幕式，饲料安全与养殖健康高峰论坛，新技术、新产品推介会，参展产品评奖
展会宏观目标	特定产业规模化
主办机构及性质	湖南省农业厅、长沙市人民政府/政府机关
承办机构及性质	湖南省畜牧水产局，湖南省养殖业协会/政府机关、公益事业
支持机构	全国畜牧总站、全国水产技术推广总站、中国畜牧业协会、中国饲料工业协会、中国渔协
政策投资比重	0
发文机构名称	湖南省畜牧水产局
审批机构名称	湖南省人民政府
国际认证机构名称	无
举办届数	3

（续）

名　　称		中国湖南畜牧渔业暨饲料工业博览会
展会规模（本届/上届/上上届）	总面积（m^2）	5 000/4 500/4 000
	标准展位面积（m^2）	9/9/9
	标准展位数量（个）	500/400/400
	收费展位数量（个）	400/320/300
	标准展位价格（元/个）	3 500/3 200/2 800
	特装展位面积（m^2）	500/900/400
	特装展位价格（元/m^2）	400/360/240
展商信息	参展商数（家）	486
	国际参展商数（家）	5
	举办省参展商数（家）	400
	高技术展商数（家）	25
	老参展商数（家）	210
	展商行业相关度（%）*	100
观众信息	专业观众人数（位）	5 000
	国际专业观众人数（位）	12
	举办省专业观众人数（位）	3 000
	对非专业观众是否开放	是
	展期观众总数（人次）*	8 000
	收费标准	否
贸易效果*（此项数据仅作参考）	总成交额（万元）	15 000
	意向成交额（万元）	5 000
	投资合作合同额（万元）	—

2009 部分农业会展项目信息表

名　　称	中国（长沙）国际辣椒产业博览会 China International Capsicum Industry Exposition
举办时间	2009 年 6 月 26—28 日
举办周期	一年一届
举办地点	湖南长沙红星国际会展中心
举办地是否固定	固定
展出内容	辣椒产品；辣椒加工机械与设备；辣椒配料与添加剂；种植和加工技术及关联服务
参展企业类别比例	生产资料 40%，消费用品 60%
主要同期活动	中国辣椒产业高峰论坛，中国辣椒产业研讨会，万人吃辣大比拼活动
展会宏观目标	特定产业规模化
主办机构及性质	国家辣椒新品种新技术研究推广中心、湖南省农业厅、湖南省供销合作总社/政府机关、公益事业
承办机构及性质	湖南友信商务资讯有限公司/展览公司
支持机构	中国园艺学会辣椒分会、湖南省乡镇企业局
政策投资比重	无
发文机构名称	湖南省供销合作总社、湖南省人民政府蔬菜工作领导小组办公室、长沙市雨花区人民政府
审批机构名称	湖南省农业厅
国际认证机构名称	无
举办届数	3

（续）

名　　称		中国（长沙）国际辣椒产业博览会 China International Capsicum Industry Exposition
展会规模（本届/上届/上上届）	总面积（m^2）	12 000/6 800/7 100
	标准展位面积（m^2）	9/9/9
	标准展位数量（个）	430/232/247
	收费展位数量（个）	182/186/173
	标准展位价格（元/个）	3 800/3 800/3 800
	特装展位面积（m^2）	936/504/576
	特装展位价格（元/m^2）	300/300/300
展商信息	参展商数（家）	371
	国际参展商数（家）	23
	举办省参展商数（家）	143
	高技术展商数（家）	22
	老参展商数（家）	167
	展商行业相关度（%）*	100
观众信息	专业观众人数（位）	1 100
	国际专业观众人数（位）	39
	举办省专业观众人数（位）	1 300
	对非专业观众是否开放	是
	展期观众总数（人次）*	15 000
	收费标准	否
贸易效果*（此项数据仅作参考）	总成交额（万元）	9 430
	意向成交额（万元）	17 600
	投资合作合同额（万元）	3 400

2009 部分农业会展项目信息表

名　　称	新疆农业博览会 Xinjiang Agricultural Expo
举办时间	2009 年 8 月 12—17 日
举办周期	一年一届
举办地点	新疆乌鲁木齐市
举办地是否固定	固定
展出内容	大型农机具，生产资料，节水设备，加工设备等
参展企业类别比例	生产资料 100％
主要同期活动	展示展销 ，推介会，签约仪式
展会宏观目标	特定产业规模化
主办机构及性质	新疆维吾尔自治区人民政府/政府机关
承办机构及性质	新疆维吾尔自治区农业厅
支持机构	新疆维吾尔自治区农业厅
政策投资比重	无
发文机构名称	无
审批机构名称	无
国际认证机构名称	无
举办届数	9

（续）

名　　称		新疆农业博览会 Xinjiang Agricultural Expo
展会规模（本届/上届/上上届）	总面积（m^2）	26 000/16 000/13 000
	标准展位面积（m^2）	9/9/9
	标准展位数量（个）	1 160/800/600
	收费展位数量（个）	—/—/—
	标准展位价格（元/个）	3 000/3 000/4 000
	特装展位面积（m^2）	5 000/5 000/5 000
	特装展位价格（元/m^2）	660/600/600
展商信息	参展商数（家）	987
	国际参展商数（家）	78
	举办省参展商数（家）	13
	高技术展商数（家）	101
	老参展商数（家）	407
	展商行业相关度（%）*	100
观众信息	专业观众人数（位）	3 000
	国际专业观众人数（位）	198
	举办省专业观众人数（位）	2 600
	对非专业观众是否开放	是
	展期观众总数（人次）*	110 000
	收费标准	10元/当日
贸易效果*（此项数据仅作参考）	总成交额（万元）	346 400
	意向成交额（万元）	133 400
	投资合作合同额（万元）	—

2009 部分农业会展项目信息表

名　　称	新疆名优特及精深加工农产品上海展示会
举办时间	2009 年 8 月 20—22 日
举办周期	一年一届
举办地点	上海市农展馆
举办地是否固定	固定
展出内容	新疆天然、绿色、优质名优特及精深加工农产品
参展企业类别比例	消费用品 100％
主要同期活动	新闻发布会，采购商专场会，答谢晚会、开幕式、颁奖会、项目签约仪式，参会企业参观
展会宏观目标	农产品产销对接
主办机构及性质	农业部、新疆维吾尔自治区人民政府/政府机关
承办机构及性质	新疆维吾尔自治区农业产业化发展局，上海驻新疆上会，上海农业展览馆等/政府机关、公益事业
支持机构	农业部乡镇企业局、农业部市场司等
政策投资比重	40％以上
发文机构名称	新疆维吾尔自治区人民政府
审批机构名称	新疆维吾尔自治区人民政府，农业部
国际认证机构名称	无
举办届数	1

（续）

名　　称		新疆名优特及精深加工农产品上海展示会
展会规模（本届/上届/上上届）	总面积（m^2）	4 000/0/0
	标准展位面积（m^2）	9/0/0
	标准展位数量（个）	155/0/0
	收费展位数量（个）	120/0/0
	标准展位价格（元/个）	2 000/0/0
	特装展位面积（m^2）	0/0/0
	特装展位价格（元/m^2）	—/—/—
展商信息	参展商数（家）	150
	国际参展商数（家）	0
	举办省参展商数（家）	50
	高技术展商数（家）	—
	老参展商数（家）	—
	展商行业相关度（%）*	—
观众信息	专业观众人数（位）	100
	国际专业观众人数（位）	—
	举办省专业观众人数（位）	100
	对非专业观众是否开放	是
	展期观众总数（人次）*	20 000
	收费标准	否
贸易效果*（此项数据仅作参考）	总成交额（万元）	610
	意向成交额（万元）	117.27
	投资合作合同额（万元）	1 175 000

2009部分农业会展项目信息表

名　　称	中国·贵阳特色农产品加工业博览会
举办时间	2009年8月21—23日
举办周期	一年一届
举办地点	贵州省贵阳市
举办地是否固定	固定
展出内容	国内特色农产品加工业产品
参展企业类别比例	—
主要同期活动	特色农产品经贸洽谈及项目签约仪式，特色农产品加工业新技术、新产品专场推介会，贵阳地区农业推介活动
展会宏观目标	特定产业规模化
主办机构及性质	农业部、贵州省人民政府/政府机关
承办机构及性质	农业部乡镇企业局、贵州省农委、贵阳市人民政府/政府机关
支持机构	—
政策投资比重	—
发文机构名称	—
审批机构名称	有/—
国际认证机构名称	无
举办届数	3

（续）

名　　称		中国·贵阳特色农产品加工业博览会
展会规模（本届/上届/上上届）	总面积（m^2）	7 700/5 000/5 000
	标准展位面积（m^2）	9/9/9
	标准展位数量（个）	480/380/380
	收费展位数量（个）	—
	标准展位价格（元/个）	2 600/2 600/2 200
	特装展位面积（m^2）	1 168/750/750
	特装展位价格（元/m^2）	500/500/500
展商信息	参展商数（家）	484
	国际参展商数（家）	—
	举办省参展商数（家）	362
	高技术展商数（家）	120
	老参展商数（家）	320
	展商行业相关度（%）*	65
观众信息	专业观众人数（位）	3 000
	国际专业观众人数（位）	—
	举办省专业观众人数（位）	730
	对非专业观众是否开放	是
	展期观众总数（人次）*	120 000
	收费标准	否
贸易效果*（此项数据仅作参考）	总成交额（万元）	12 656.41
	意向成交额（万元）	20.217
	投资合作合同额（万元）	9 987.1

2009 部分农业会展项目信息表

名　　称	中国国际农产品交易会 China AG Trade Fair
举办时间	2009 年 9 月 8—11 日
举办周期	一年一届
举办地点	吉林省长春市
举办地是否固定	不固定
展出内容	农产品及加工品，农机农药等生产资料，农业科技项目、农村服务项目等
参展企业类别比例	生产资料 35%，消费用品 65%
主要同期活动	—
展会宏观目标	农产品产销对接
主办机构及性质	农业部、吉林省人民政府/政府机关
承办机构及性质	全国农业展览馆、中国农业展览协会、贸促会农业行业分会、吉林省农业厅和长春市人民政府/公益事业、政府机关
支持机构	发改委、财政部、商务部、海关总署、质检总局、全国供销合作总社和中国贸促会
政策投资比重	40%以上
发文机构名称	农业部
审批机构名称	国务院审批、商务部备案
国际认证机构名称	无
举办届数	7

（续）

名　称		中国国际农产品交易会 China AG Trade Fair
展会规模（本届/上届/上上届）	总面积（m^2）	40 000/40 000/40 000
	标准展位面积（m^2）	9/9/9
	标准展位数量（个）	700/—/—
	收费展位数量（个）	—/—/—
	标准展位价格（元/个）	4 800/—/—
	特装展位面积（m^2）	8 000/—/—
	特装展位价格（元/m^2）	470/—/—
展商信息	参展商数（家）	2 000
	国际参展商数（家）	41
	举办省参展商数（家）	370
	高技术展商数（家）	889
	老参展商数（家）	1 257
	展商行业相关度（%）*	—
观众信息	专业观众人数（位）	10 000
	国际专业观众人数（位）	240
	举办省专业观众人数（位）	—
	对非专业观众是否开放	是
	展期观众总数（人次）*	—
	收费标准	5元/当日
贸易效果*（此项数据仅作参考）	总成交额（万元）	4 200 000
	意向成交额（万元）	—
	投资合作合同额（万元）	—

2009 部分农业会展项目信息表

名　　称	中国豆腐文化节 Chinese Tofu Cultural Festival
举办时间	2009 年 9 月 15—17 日
举办周期	一年一届
举办地点	安徽省淮南市
举办地是否固定	固定
展出内容	豆腐及制品
参展企业类别比例	生产资料 45%，消费用品 55%
主要同期活动	闭幕式大型文艺晚会，海峡两岸豆制品展示展销会，豆腐产业发展论坛、豆腐美食文化周，中国淮南投资贸易洽谈会
展会宏观目标	吸引国内外投资
主办机构及性质	中国商业联合会、安徽省人民政府/政府机关、公益事业
承办机构及性质	淮南市人民政府、安徽省旅游局/政府机关
支持机构	—
政策投资比重	40%以上
发文机构名称	中国商业联合会、安徽省人民政府
审批机构名称	中国商业联合会、安徽省人民政府
国际认证机构名称	无
举办届数	16

（续）

名　　称		中国豆腐文化节 Chinese Tofu Cultural Festival
展会规模（本届/上届/上上届）	总面积（m^2）	10 000/8 000/6 000
	标准展位面积（m^2）	9/9/9
	标准展位数量（个）	800/500/300
	收费展位数量（个）	800/500/300
	标准展位价格（元/个）	2 400/1 800/1 800
	特装展位面积（m^2）	3 000/2 000/600
	特装展位价格（元/m^2）	1 000/1 000/1 000
展商信息	参展商数（家）	300
	国际参展商数（家）	58
	举办省参展商数（家）	200
	高技术展商数（家）	30
	老参展商数（家）	280
	展商行业相关度（%）*	—
观众信息	专业观众人数（位）	3400
	国际专业观众人数（位）	150
	举办省专业观众人数（位）	2 000
	对非专业观众是否开放	是
	展期观众总数（人次）*	170 000
	收费标准	否
贸易效果*（此项数据仅作参考）	总成交额（万元）	6 000
	意向成交额（万元）	20 000
	投资合作合同额（万元）	554 000

2009部分农业会展项目信息表

名　　称	中国沈阳国际农业博览会 International Agricultural Expo Shenyang·China
举办时间	2009年9月16—19日
举办周期	一年一届
举办地点	辽宁工业展览馆
举办地是否固定	固定
展出内容	农副产品、农业生产资料、食品
参展企业类别比例	—
主要同期活动	开幕式，农商对接会，三农论坛，优质农产品评选
展会宏观目标	吸引国内外投资
主办机构及性质	辽宁省人民政府/政府机关
承办机构及性质	沈阳市人民政府/政府机关
支持机构	农业部
政策投资比重	—
发文机构名称	—
审批机构名称	—
国际认证机构名称	无
举办届数	—

（续）

名　称		中国沈阳国际农业博览会 International Agricultural Expo Shenyang · China
展会规模（本届/上届/上上届）	总面积（m^2）	12 000/10 000/10 000
	标准展位面积（m^2）	9/9/9
	标准展位数量（个）	700/500/500
	收费展位数量（个）	—
	标准展位价格（元/个）	3 500/3 300/3 000
	特装展位面积（m^2）	5 600/4 200/3 500
	特装展位价格（元/m^2）	450/350/320
展商信息	参展商数（家）	586
	国际参展商数（家）	64
	举办省参展商数（家）	26
	高技术展商数（家）	45
	老参展商数（家）	156
	展商行业相关度（%）*	—
观众信息	专业观众人数（位）	—
	国际专业观众人数（位）	—
	举办省专业观众人数（位）	—
	对非专业观众是否开放	是
	展期观众总数（人次）*	—
	收费标准	否
贸易效果*（此项数据仅作参考）	总成交额（万元）	8 600
	意向成交额（万元）	24 600
	投资合作合同额（万元）	12 000

2009部分农业会展项目信息表

名　　称	全国农产品加工业博览暨东西合作投资贸易洽谈会
举办时间	2009年9月20—22日
举办周期	一年一届
举办地点	河南省驻马店市
举办地是否固定	固定
展出内容	机器设备、原材料、汽车贸易、化肥、农药、种子；农副产品：农产品加工技术；服装、鞋帽、日用品等
参展企业类别比例	—
主要同期活动	开幕式，农产品加工业高层论坛，产品展示展销，参展产品评奖
展会宏观目标	特定产业规模化
主办机构及性质	农业部、河南省人民政府/政府机关
承办机构及性质	农业部农产品加工局、河南省农业厅、驻马店市人民政府/政府机关
支持机构	农业部农产品加工技术研究所、农业部农产品规划设计院
政策投资比重	—
发文机构名称	—
审批机构名称	农业部
国际认证机构名称	无
举办届数	12

（续）

名　　称		全国农产品加工业博览暨东西合作投资贸易洽谈会
展会规模（本届/上届/上上届）	总面积（m^2）	19 200/18 400/17 500
	标准展位面积（m^2）	9/9/9
	标准展位数量（个）	1 284/1 252/1 130
	收费展位数量（个）	—/—/—
	标准展位价格（元/个）	800/700/700
	特装展位面积（m^2）	1 800/1 800/1 800
	特装展位价格（元/m^2）	0/—/—
展商信息	参展商数（家）	5 947
	国际参展商数（家）	11
	举办省参展商数（家）	2 679
	高技术展商数（家）	36
	老参展商数（家）	3 232
	展商行业相关度（%）*	96
观众信息	专业观众人数（位）	5 670
	国际专业观众人数（位）	32
	举办省专业观众人数（位）	4 279
	对非专业观众是否开放	是
	展期观众总数（人次）*	6 519
	收费标准	否
贸易效果*（此项数据仅作参考）	总成交额（万元）	36 000
	意向成交额（万元）	679 000
	投资合作合同额（万元）	7 630 000

2009部分农业会展项目信息表

名　　称	中国（枣庄）农产品产销联谊会
举办时间	2009年9月22—24日
举办周期	不定期
举办地点	山东省枣庄市光明广场
举办地是否固定	不固定
展出内容	石榴、板栗和马铃薯等初级农产品以及榴叶茶、咸鸭蛋和花生酱等加工产品
参展企业类别比例	—
主要同期活动	农产品产销论坛
展会宏观目标	农产品产销对接
主办机构及性质	中国蔬菜流通协会、枣庄市人民政府/公益事业
承办机构及性质	枣庄市农业局、枣庄市供销社、枣庄市中区人民政府/政府机关、公益事业
支持机构	—
政策投资比重	—
发文机构名称	—
审批机构名称	无
国际认证机构名称	无
举办届数	9

（续）

名　称		中国（枣庄）农产品产销联谊会
展会规模（本届/上届/上上届）	总面积（m^2）	1 500/1 300/1 300
	标准展位面积（m^2）	9/9/9
	标准展位数量（个）	120/120/—
	收费展位数量（个）	—/—/—
	标准展位价格（元/个）	—/—/—
	特装展位面积（m^2）	—/—/—
	特装展位价格（元/m^2）	—/—/—
展商信息	参展商数（家）	150
	国际参展商数（家）	0
	举办省参展商数（家）	150
	高技术展商数（家）	—
	老参展商数（家）	—
	展商行业相关度（%）*	—
观众信息	专业观众人数（位）	—
	国际专业观众人数（位）	—
	举办省专业观众人数（位）	—
	对非专业观众是否开放	是
	展期观众总数（人次）*	—
	收费标准	否
贸易效果*（此项数据仅作参考）	总成交额（万元）	20 000
	意向成交额（万元）	40 000
	投资合作合同额（万元）	—

2009 部分农业会展项目信息表

名　　称	烟台国际葡萄酒节
举办时间	2009 年 9 月 23—29 日
举办周期	两年一届
举办地点	山东省烟台市
举办地是否固定	固定
展出内容	品牌葡萄酒，果酒及原酒，酿造工艺与设备，灌充、贮藏、包装技术与设备，酒标与酒器
参展企业类别比例	生产资料 70%，消费用品 30%
主要同期活动	技术论坛，质量大赛、专业推广、评比活动，参观考察
展会宏观目标	特定产业规模化
主办机构及性质	国际葡萄与葡萄酒组织、中国酿酒工业协会、中国酒类流通协会、山东省人民政府/政府机关、公益事业
承办机构及性质	烟台市人民政府/政府机关
支持机构	联合国亚太农业工程与机械中心、法国法中发展委员会、德国葡萄种植业者协会、智利葡萄酒协会、西班牙葡萄酒协会等
政策投资比重	0
发文机构名称	商务部
审批机构名称	商务部
国际认证机构名称	—
举办届数	3

（续）

名　　称		烟台国际葡萄酒节
展会规模（本届/上届/上上届）	总面积（m^2）	9 000/6 000/6 000
	标准展位面积（m^2）	9/9/9
	标准展位数量（个）	300/—/—
	收费展位数量（个）	—/—/—
	标准展位价格（元/个）	3 500/3 500/3 500
	特装展位面积（m^2）	3 600/2 000/3 000
	特装展位价格（元/m^2）	300/300/300
展商信息	参展商数（家）	1 000
	国际参展商数（家）	—
	举办省参展商数（家）	500
	高技术展商数（家）	100
	老参展商数（家）	80
	展商行业相关度（%）*	100
观众信息	专业观众人数（位）	50 000
	国际专业观众人数（位）	2300
	举办省专业观众人数（位）	—
	对非专业观众是否开放	是
	展期观众总数（人次）*	50 000
	收费标准	否
贸易效果*（此项数据仅作参考）	总成交额（万元）	153 500
	意向成交额（万元）	185 000
	投资合作合同额（万元）	22 800

2009 部分农业会展项目信息表

名　　称	中国（廊坊）农产品交易会 hina（LangFang）Agricultural Products Trade Fair
举办时间	2009 年 9 月 26—28 日
举办周期	一年一届
举办地点	河北省廊坊市国际会展中心
举办地是否固定	固定
展出内容	农产品及农副产品
参展企业类别比例	生产资料 90%，消费用品 10%
主要同期活动	农业专家课堂，名优农产品评选，产销对接，项目洽谈签约
展会宏观目标	农产品产销对接
主办机构及性质	国家供销合作总社、河北省人民政府/政府机关、公益事业
承办机构及性质	廊坊市人民政府/政府机关
支持机构	科技部、中国农科院、中国林科院、中国农业大学、农民日报社
政策投资比重	40%以上
发文机构名称	河北省人民政府
审批机构名称	无
国际认证机构名称	无
举办届数	13

（续）

名　　称		中国（廊坊）农产品交易会 hina（LangFang）Agricultural Products Trade Fair
展会规模（本届/上届/上上届）	总面积（m²）	28 000/20 000/20 000
	标准展位面积（m²）	9/9/9
	标准展位数量（个）	600/500/500
	收费展位数量（个）	600/500/500
	标准展位价格（元/个）	1 500/1 500/1 500
	特装展位面积（m²）	12 000/8 000/8 000
	特装展位价格（元/m²）	500/500/500
展商信息	参展商数（家）	600
	国际参展商数（家）	26
	举办省参展商数（家）	385
	高技术展商数（家）	76
	老参展商数（家）	359
	展商行业相关度（%）*	80
观众信息	专业观众人数（位）	6 000
	国际专业观众人数（位）	300
	举办省专业观众人数（位）	—
	对非专业观众是否开放	是
	展期观众总数（人次）*	100 000
	收费标准	否
贸易效果*（此项数据仅作参考）	总成交额（万元）	3028
	意向成交额（万元）	568 000
	投资合作合同额（万元）	676 000

2009 部分农业会展项目信息表

名　　称	中国东北地区绿色食品博览会 Northeast of China Green Food Expo
举办时间	2009 年 9 月 26—28 日
举办周期	一年一届
举办地点	大连世界博览广场
举办地是否固定	固定
展出内容	食品类、果蔬类、调味品及饮品、酒类、食品加工设备及包装材料等
参展企业类别比例	消费用品 100%
主要同期活动	特色绿色食品推介会，绿色食品、有机食品相关知识介绍，参展商贸易商意向洽谈会
展会宏观目标	农产品产销对接
主办机构及性质	中国国际贸促会大连市分会、大商集团/公益事业、展览公司
承办机构及性质	大商集团展览公司、大连市绿色食品发展中心/公益事业、展览公司
支持机构	中国绿色食品发展中心
政策投资比重	0
发文机构名称	无
审批机构名称	无
国际认证机构名称	无
举办届数	4

（续）

<table>
<tr><td colspan="2">名　　称</td><td>中国东北地区绿色食品博览会
Northeast of China Green Food Expo</td></tr>
<tr><td rowspan="7">展会规模（本届/上届/上上届）</td><td>总面积（m²）</td><td>15 000/15 000/15 000</td></tr>
<tr><td>标准展位面积（m²）</td><td>9/9/9</td></tr>
<tr><td>标准展位数量（个）</td><td>500/450/400</td></tr>
<tr><td>收费展位数量（个）</td><td>390/370/320</td></tr>
<tr><td>标准展位价格（元/个）</td><td>4 000/—/—</td></tr>
<tr><td>特装展位面积（m²）</td><td>3 000/2 500/2 000</td></tr>
<tr><td>特装展位价格（元/m²）</td><td>400/400/400</td></tr>
<tr><td rowspan="6">展商信息</td><td>参展商数（家）</td><td>350</td></tr>
<tr><td>国际参展商数（家）</td><td>30</td></tr>
<tr><td>举办省参展商数（家）</td><td>240</td></tr>
<tr><td>高技术展商数（家）</td><td>300</td></tr>
<tr><td>老参展商数（家）</td><td>280</td></tr>
<tr><td>展商行业相关度（%）*</td><td>80</td></tr>
<tr><td rowspan="6">观众信息</td><td>专业观众人数（位）</td><td>200</td></tr>
<tr><td>国际专业观众人数（位）</td><td>50</td></tr>
<tr><td>举办省专业观众人数（位）</td><td>150</td></tr>
<tr><td>对非专业观众是否开放</td><td>是</td></tr>
<tr><td>展期观众总数（人次）*</td><td>60 000</td></tr>
<tr><td>收费标准</td><td>否</td></tr>
<tr><td rowspan="3">贸易效果*（此项数据仅作参考）</td><td>总成交额（万元）</td><td>4 500</td></tr>
<tr><td>意向成交额（万元）</td><td>6 000</td></tr>
<tr><td>投资合作合同额（万元）</td><td>1 500</td></tr>
</table>

2009 部分农业会展项目信息表

名　　称	青岛国际农产品交易会 Qingdao International Agricultural Products Expo
举办时间	2009 年 9 月 26—28 日
举办周期	一年一届
举办地点	山东国际农产品展示交易中心
举办地是否固定	固定
展出内容	水产品、畜产品、农产品及其加工品和农业机械
参展企业类别比例	生产资料 5%，消费用品 95%
主要同期活动	青岛市“农超对接”洽谈会暨签约仪式，青岛农业大学科技成果推介会，新疆维吾尔自治区喀什地区农产品推介会，青岛普瑞有机农业发展有限公司示范基地揭牌仪式
展会宏观目标	农产品产销对接
主办机构及性质	山东省人民政府/政府机关
承办机构及性质	青岛市人民政府、山东省经济贸易委员会、山东省对外贸易合作厅/政府机关
支持机构	—
政策投资比重	—
发文机构名称	山东省人民政府
审批机构名称	山东省人民政府
国际认证机构名称	无
举办届数	3

（续）

名　称		青岛国际农产品交易会 Qingdao International Agricultural Products Expo
展会规模（本届/上届/上上届）	总面积（m^2）	34 800/33 000/25 000
	标准展位面积（m^2）	9/9/9
	标准展位数量（个）	1 056/1 012/812
	收费展位数量（个）	867/720/609
	标准展位价格（元/个）	3 800/3 800/3 800
	特装展位面积（m^2）	15 300/13 800/5 300
	特装展位价格（元/m^2）	300/300/300
展商信息	参展商数（家）	838
	国际参展商数（家）	218
	举办省参展商数（家）	410
	高技术展商数（家）	752
	老参展商数（家）	450
	展商行业相关度（%）*	90
观众信息	专业观众人数（位）	955
	国际专业观众人数（位）	247
	举办省专业观众人数（位）	608
	对非专业观众是否开放	是
	展期观众总数（人次）*	326 000
	收费标准	否
贸易效果*（此项数据仅作参考）	总成交额（万元）	51 300
	意向成交额（万元）	385 000
	投资合作合同额（万元）	14 500

2009 部分农业会展项目信息表

名　　称	中国廊坊农业与农村节能减排技术展览会
举办时间	2009 年 9 月 26—28 日
举办周期	一年一届
举办地点	河北省廊坊国际展览中心
举办地是否固定	固定
展出内容	农业节能设备，生物质燃料设备，农村沼气，农业节能机械等
参展企业类别比例	生产资料 80%，消费用品 20%
主要同期活动	农业节能减排优质企业评选活动
展会宏观目标	特定产业规模化
主办机构及性质	廊坊市贸促会、国际节能减排工程协会/公益事业
承办机构及性质	—
支持机构	农业部、中国农业大学
政策投资比重	0
发文机构名称	廊坊市人民政府
审批机构名称	河北省人民政府
国际认证机构名称	无
举办届数	—

（续）

名　　称		中国廊坊农业与农村节能减排技术展览会
展会规模（本届/上届/上上届）	总面积（m^2）	2 000/—/—
	标准展位面积（m^2）	9/—/—
	标准展位数量（个）	25/—/—
	收费展位数量（个）	20/—/—
	标准展位价格（元/个）	2 000/—/—
	特装展位面积（m^2）	600/—/—
	特装展位价格（元/m^2）	200/—/—
展商信息	参展商数（家）	25
	国际参展商数（家）	0
	举办省参展商数（家）	5
	高技术展商数（家）	—
	老参展商数（家）	—
	展商行业相关度（%）*	—
观众信息	专业观众人数（位）	10 000
	国际专业观众人数（位）	—
	举办省专业观众人数（位）	5 000
	对非专业观众是否开放	是
	展期观众总数（人次）*	12 000
	收费标准	否
贸易效果*（此项数据仅作参考）	总成交额（万元）	100
	意向成交额（万元）	400
	投资合作合同额（万元）	200

2009 部分农业会展项目信息表

名　　称	全国肥料信息交流暨产品交易会
举办时间	2009 年 10 月 12—13 日
举办周期	一年一期
举办地点	沈阳国际会展中心
举办地是否固定	不固定
展出内容	肥料产品、土壤改良剂、植物生长调节剂、分析化验仪器、肥料加工及施肥机械、农业节水和水肥一体化设施、测土配方施肥技术成果等
参展企业类别比例	—
主要同期活动	主题报告会、信息交流会、企业联谊活动
展会宏观目标	特定产业规模化
主办机构及性质	全国农业技术推广服务中心、辽宁省农村经济委员会、沈阳市人民政府/政府机关、公益事业
承办机构及性质	辽宁省土壤肥料总站/公益事业
支持机构	各省市土肥站
政策投资比重	—
发文机构名称	—
审批机构名称	农业部
国际认证机构名称	无
举办届数	11

（续）

名　　称		全国肥料信息交流暨产品交易会
展会规模（本届/上届/上上届）	总面积（m^2）	15 000/20 000/12 000
	标准展位面积（m^2）	9/9/9
	标准展位数量（个）	385/360/250
	收费展位数量（个）	—/—/—
	标准展位价格（元/个）	/—/3 500
	特装展位面积（m^2）	—/—/—
	特装展位价格（元/m^2）	—/—/500
展商信息	参展商数（家）	408
	国际参展商数（家）	—
	举办省参展商数（家）	110
	高技术展商数（家）	—
	老参展商数（家）	—
	展商行业相关度（%）*	—
观众信息	专业观众人数（位）	6 000
	国际专业观众人数（位）	—
	举办省专业观众人数（位）	—
	对非专业观众是否开放	是
	展期观众总数（人次）*	—
	收费标准	—
贸易效果*（此项数据仅作参考）	总成交额（万元）	—
	意向成交额（万元）	—
	投资合作合同额（万元）	—

2009 部分农业会展项目信息表

名　称	运城农业新技术新产品展示展销会
举办时间	2009 年 10 月 20—24 日
举办周期	一年一届
举办地点	山西省运城农业会展中心
举办地是否固定	固定
展出内容	农资、农机、花卉、苗木等
参展企业类别比例	—
主要同期活动	苹果文化节，河东名吃品尝
展会宏观目标	吸引国内外投资
主办机构及性质	中国农科院、山西省农业厅、运城市人民政府/政府机关、公益事业
承办机构及性质	—
支持机构	—
政策投资比重	—
发文机构名称	—
审批机构名称	—
国际认证机构名称	—
举办届数	8

（续）

名　称		运城农业新技术新产品展示展销会
展会规模（本届/上届/上上届）	总面积（m^2）	20 000/20 000/20 000
	标准展位面积（m^2）	9/9/9
	标准展位数量（个）	—/—/—
	收费展位数量（个）	—/—/—
	标准展位价格（元/个）	—/—/—
	特装展位面积（m^2）	—/—/—
	特装展位价格（元/m^2）	—/—/—
展商信息	参展商数（家）	—
	国际参展商数（家）	—
	举办省参展商数（家）	—
	高技术展商数（家）	—
	老参展商数（家）	—
	展商行业相关度（%）*	—
观众信息	专业观众人数（位）	—
	国际专业观众人数（位）	—
	举办省专业观众人数（位）	—
	对非专业观众是否开放	—
	展期观众总数（人次）*	—
	收费标准	—
贸易效果*（此项数据仅作参考）	总成交额（万元）	—
	意向成交额（万元）	—
	投资合作合同额（万元）	—

2009 部分农业会展项目信息表

名　称	中国（山西）特色农产品交易博览会 China Shanxi Special Agricultural Products Trade Expo
举办时间	2009 年 10 月 21—23 日
举办周期	两年一届
举办地点	山西省太原市
举办地是否固定	固定
展出内容	山西农业 60 年发展成就展示，特色农产品展示、展销，农业新成果、新技术、观光农业、民间工艺
参展企业类别比例	—
主要同期活动	现代农业发展论坛、重点项目签约仪式、“汾州核桃”文化节、清徐醋文化节等特色农产品推介活动 12 场、晋京农产品产销合作协议签字仪式
展会宏观目标	特定产业规模化
主办机构及性质	农业部、山西省人民政府、中国国际贸易促进委员会/政府机关
承办机构及性质	山西省农业厅等/政府机关
支持机构	山西省委宣传部、山西电视台等各大媒体
政策投资比重	—
发文机构名称	—
审批机构名称	农业部、山西省人民政府
国际认证机构名称	无
举办届数	1

（续）

名　　称		中国（山西）特色农产品交易博览会 China Shanxi Special Agricultural Products Trade Expo
展会规模（本届/上届/上上届）	总面积（m²）	18 000/0/0
	标准展位面积（m²）	6/0/0
	标准展位数量（个）	310/0/0
	收费展位数量（个）	—/—/—
	标准展位价格（元/个）	0/—/—
	特装展位面积（m²）	1 200/—/—
	特装展位价格（元/m²）	0/—/—
展商信息	参展商数（家）	1 429
	国际参展商数（家）	39
	举办省参展商数（家）	1 198
	高技术展商数（家）	45
	老参展商数（家）	0
	展商行业相关度（%）*	—
观众信息	专业观众人数（位）	—
	国际专业观众人数（位）	56
	举办省专业观众人数（位）	—
	对非专业观众是否开放	是
	展期观众总数（人次）*	220 000
	收费标准	5元/当日
贸易效果*（此项数据仅作参考）	总成交额（万元）	2 422 000
	意向成交额（万元）	1 450 000
	投资合作合同额（万元）	1 986 000

2009 部分农业会展项目信息表

名　　称	中国绿色食品博览会 China Green Food Exposition
举办时间	2009 年 10 月 23—26 日
举办周期	一年一届
举办地点	山东省烟台国际博览中心
举办地是否固定	多地巡回
展出内容	有效使用绿色食品标志、有机食品标志的企业以及名特优农产品；绿色食品原料标准化生产基地、推荐使用生产资料企业和相关科研单位
参展企业类别比例	—
主要同期活动	全国绿色食品原料标准化生产基地研讨会、亚太地区绿色食品和有机食品与现代农业国际研讨会
展会宏观目标	特定产业规模化
主办机构及性质	中国绿色食品发展中心、山东省农业厅、烟台市人民政府/政府机关、公益事业
承办机构及性质	山东省绿色食品发展中心、烟台市农业局/政府机关、公益事业
支持机构	山东电视台、临沂电视台、齐鲁牧业报、北方牧业报、齐鲁晚报
政策投资比重	—
发文机构名称	—
审批机构名称	农业部农产品质量安全监管局
国际认证机构名称	无
举办届数	10

（续）

名　　称		中国绿色食品博览会 China Green Food Exposition
展会规模（本届/上届/上上届）	总面积（m^2）	30 000/7 600/7 600
	标准展位面积（m^2）	9/9/9
	标准展位数量（个）	1 500/340/342
	收费展位数量（个）	—/—/—
	标准展位价格（元/个）	3 000/4 100/3 600
	特装展位面积（m^2）	16 000/3 000/3 200
	特装展位价格（元/m^2）	236/360/360
展商信息	参展商数（家）	2 000
	国际参展商数（家）	1
	举办省参展商数（家）	900
	高技术展商数（家）	1 800
	老参展商数（家）	989
	展商行业相关度（%）*	95
观众信息	专业观众人数（位）	724
	国际专业观众人数（位）	15
	举办省专业观众人数（位）	364
	对非专业观众是否开放	是
	展期观众总数（人次）*	300 000
	收费标准	—
贸易效果*（此项数据仅作参考）	总成交额（万元）	668 000
	意向成交额（万元）	380 000
	投资合作合同额（万元）	148 000

2009部分农业会展项目信息表

名　称	中国杨凌农业高新科技成果博览会 China Yangling Agricultural Hi-tech Fair
举办时间	2009年11月1—5日
举办周期	一年一届
举办地点	陕西杨凌农业高新技术产业示范区
举办地是否固定	固定
展出内容	农业高新科技成果，种植业、畜牧业、设施农业、种子种苗、农业机械、工程机械等
参展企业类别比例	生产资料48%，消费用品52%
主要同期活动	2009中国杨凌现代农业高端论坛，杨凌国际农业科技论坛，2009亚太农产品加工国际论坛，信息发布活动
展会宏观目标	吸引国内外投资
主办机构及性质	科技部、商务部、教育部、农业部、财政部等18个部委/政府机关
承办机构及性质	陕西省人民政府/政府机关
支持机构	中国农村技术开发中心、国家农业综合开发办公室、中国农业发展集团等
政策投资比重	40%以下
发文机构名称	国家科技部、商务部、农业部、教育部、陕西省人民政府联合发文
审批机构名称	科技部、商务部、教育部、农业部
国际认证机构名称	无
举办届数	16

（续）

名　　称		中国杨凌农业高新科技成果博览会 China Yangling Agricultural Hi-tech Fair
展会规模（本届/上届/上上届）	总面积（m^2）	67 000/57 000/57 000
	标准展位面积（m^2）	9/9/9
	标准展位数量（个）	1 390/1 010/915
	收费展位数量（个）	1 080/930/900
	标准展位价格（元/个）	4 400/4 400/4 400
	特装展位面积（m^2）	16 060/13 836/12 900
	特装展位价格（元/m^2）	350/350/350
展商信息	参展商数（家）	1100
	国际参展商数（家）	120
	举办省参展商数（家）	510
	高技术展商数（家）	385
	老参展商数（家）	770
	展商行业相关度（%）*	60
观众信息	专业观众人数（位）	22 000
	国际专业观众人数（位）	1 200
	举办省专业观众人数（位）	12 000
	对非专业观众是否开放	是
	展期观众总数（人次）*	500 000
	收费标准	50元/当日
贸易效果*（此项数据仅作参考）	总成交额（万元）	2 260 000
	意向成交额（万元）	1 550 000
	投资合作合同额（万元）	1 350 000

2009 部分农业会展项目信息表

名　　称	中国国际渔业博览会 China Fisheries & Seafood Expo
举办时间	2009 年 11 月 4—6 日
举办周期	一年一届
举办地点	青岛国际会展中心
举办地是否固定	多地巡回
展出内容	水（海）产品加工，加工机械设备，海（淡）水养殖及设备，渔船渔机
参展企业类别比例	生产资料 30%，消费用品 70%
主要同期活动	中国渔业贸易发展论坛，新品推介会，主题研讨会
展会宏观目标	特定产业规模化
主办机构及性质	中国贸促会农业行业分会/公益事业
承办机构及性质	中国贸促会农业行业分会/公益事业
支持机构	农业部，中国国际贸易促进委员会
政策投资比重	40%以下
发文机构名称	无
审批机构名称	中国国际贸易促进委员会
国际认证机构名称	无
举办届数	14

（续）

名　　称		中国国际渔业博览会 China Fisheries & Seafood Expo
展会规模（本届/上届/上上届）	总面积（m^2）	32 000/30 000/30 000
	标准展位面积（m^2）	9/9/9
	标准展位数量（个）	1 400/1 300/1 300
	收费展位数量（个）	—/—/—
	标准展位价格（元/个）	8 000/8 000/8 000
	特装展位面积（m^2）	6 000/6 000/6 000
	特装展位价格（元/m^2）	900/900/900
展商信息	参展商数（家）	750
	国际参展商数（家）	350
	举办省参展商数（家）	150
	高技术展商数（家）	210
	老参展商数（家）	450
	展商行业相关度（%）*	60
观众信息	专业观众人数（位）	13 900
	国际专业观众人数（位）	5 000
	举办省专业观众人数（位）	4 700
	对非专业观众是否开放	否
	展期观众总数（人次）*	—
	收费标准	100元/展期
贸易效果*（此项数据仅作参考）	总成交额（万元）	—
	意向成交额（万元）	—
	投资合作合同额（万元）	—

2009部分农业会展项目信息表

名　　称	全国种子信息交流暨产品交易会
举办时间	2009年11月7—9日
举办周期	一年一期
举办地点	成都沙湾国际会展中心
举办地是否固定	多地巡回
展出内容	各种农作物新品种、新成果、新技术，种子生产、仓储、加工、包装、检验设备，种用药剂和微肥，种业图书资料等
参展企业类别比例	—
主要同期活动	中国种子协会理事会会议、信息发布会、种业发展论坛
展会宏观目标	特定产业规模化
主办机构及性质	全国农业技术推广服务中心、中国种子协会/公益事业
承办机构及性质	四川省种子管理站、四川省种子协会/公益事业
支持机构	—
政策投资比重	—
发文机构名称	—
审批机构名称	—
国际认证机构名称	无
举办届数	7

（续）

名　　称		全国种子信息交流暨产品交易会
展会规模（本届/上届/上上届）	总面积（m^2）	15 000/16 000/12 000
	标准展位面积（m^2）	9/9/9
	标准展位数量（个）	600/700/550
	收费展位数量（个）	—/—/—
	标准展位价格（元/个）	5 000/4 000/3 500
	特装展位面积（m^2）	3 000/3 500/2 800
	特装展位价格（元/m^2）	900/800/600
展商信息	参展商数（家）	300
	国际参展商数（家）	10
	举办省参展商数（家）	110
	高技术展商数（家）	—
	老参展商数（家）	200
	展商行业相关度（%）*	—
观众信息	专业观众人数（位）	20 000
	国际专业观众人数（位）	—
	举办省专业观众人数（位）	10 000
	对非专业观众是否开放	是
	展期观众总数（人次）*	25 000
	收费标准	否
贸易效果*（此项数据仅作参考）	总成交额（万元）	—
	意向成交额（万元）	280 000
	投资合作合同额（万元）	—

2009 部分农业会展项目信息表

名　　称	中国优质稻米博览交易会
举办时间	2009 年 11 月 10—12 日
举办周期	一年一期
举办地点	武汉国际会展中心
举办地是否固定	不固定
展出内容	稻米产品、优良品种、加工机械、技术成果等
参展企业类别比例	—
主要同期活动	中国优质稻米高层论坛、“金奖大米”、“优质产品”、“优秀组织奖”评选
展会宏观目标	特定产业规模化
主办机构及性质	全国农业技术推广服务中心、中国农业技术推广协会/公益事业
承办机构及性质	武汉市人民政府、湖北省农业厅/政府机关
支持机构	农业部种植业司、农业部市场司
政策投资比重	—
发文机构名称	—
审批机构名称	农业部
国际认证机构名称	无
举办届数	8

（续）

名　称		中国优质稻米博览交易会
展会规模（本届/上届/上上届）	总面积（m^2）	3 000/—/—
	标准展位面积（m^2）	9/9/9
	标准展位数量（个）	—/—/—
	收费展位数量（个）	—/—/—
	标准展位价格（元/个）	3 800/2 800/3 800
	特装展位面积（m^2）	—/—/—
	特装展位价格（元/m^2）	500/400/500
展商信息	参展商数（家）	100
	国际参展商数（家）	—
	举办省参展商数（家）	—
	高技术展商数（家）	—
	老参展商数（家）	—
	展商行业相关度（%）*	—
观众信息	专业观众人数（位）	—
	国际专业观众人数（位）	—
	举办省专业观众人数（位）	—
	对非专业观众是否开放	是
	展期观众总数（人次）*	20 000
	收费标准	否
贸易效果*（此项数据仅作参考）	总成交额（万元）	—
	意向成交额（万元）	—
	投资合作合同额（万元）	—

2009 部分农业会展项目信息表

名　　称	中国（广州）国际果蔬、加工技术及物流展览会
举办时间	2009 年 11 月 13—15 日
举办周期	一年一届
举办地点	广东省广州市
举办地是否固定	固定
展出内容	新鲜水果蔬菜，脱水水果蔬菜、有机水果蔬菜、罐装蔬果、冷冻蔬果、干果、干菜，果蔬加工制成品及深加工产品等
参展企业类别比例	生产资料 10%，消费用品 90%
主要同期活动	果蔬检验检疫与国际贸易论坛，全国果品行业先进典型表彰、宣传推介会，新疆特色果蔬产品推介会，中澳园艺论坛
展会宏观目标	特定产业规模化
主办机构及性质	中国果品流通协会、中国出入境检验检疫协会/公益事业
承办机构及性质	长城国际展览有限责任公司/展览公司
支持机构	中华全国供销合作总社，国家质量监督检验检疫总局
政策投资比重	0
发文机构名称	—
审批机构名称	商务部
国际认证机构名称	无
举办届数	1

（续）

名　　称		中国（广州）国际果蔬、加工技术及物流展览会
展会规模（本届/上届/上上届）	总面积（m^2）	7 000/—/—
	标准展位面积（m^2）	9/—/—
	标准展位数量（个）	260/—/—
	收费展位数量（个）	100/—/—
	标准展位价格（元/个）	6 500/—/—
	特装展位面积（m^2）	711/—/ —
	特装展位价格（元/m^2）	325/—/—
展商信息	参展商数（家）	142
	国际参展商数（家）	25
	举办省参展商数（家）	10
	高技术展商数（家）	6
	老参展商数（家）	—
	展商行业相关度（%）*	—
观众信息	专业观众人数（位）	3 000
	国际专业观众人数（位）	300
	举办省专业观众人数（位）	—
	对非专业观众是否开放	否
	展期观众总数（人次）*	—
	收费标准	否
贸易效果*（此项数据仅作参考）	总成交额（万元）	—
	意向成交额（万元）	—
	投资合作合同额（万元）	—

2009 部分农业会展项目信息表

名　　称	安徽·宣城名优农产品上海交易会
举办时间	2009 年 11 月 13—15 日
举办周期	一年一期
举办地点	上海国际农展中心
举办地是否固定	固定
展出内容	本地名特优农产品 16 大类，30 个系列 300 多个产品，包括粮油、畜禽产品、山珍山货、茶叶、瓜果、水产品、食用菌及手工艺品
参展企业类别比例	—
主要同期活动	名优农产品推介会、客商对接会、合作签约
展会宏观目标	农产品产销对接
主办机构及性质	宣城市人民政府/政府机关
承办机构及性质	宣城市农业委员会、各县区市人民政府/政府机关
支持机构	安徽省农委、上海市农委
政策投资比重	—
发文机构名称	—
审批机构名称	—
国际认证机构名称	无
举办届数	5

（续）

名　　称		安徽·宣城名优农产品上海交易会
展会规模（本届/上届/上上届）	总面积（m^2）	5 400/5 400/5 400
	标准展位面积（m^2）	9/9/9
	标准展位数量（个）	120/100/95
	收费展位数量（个）	—/—/—
	标准展位价格（元/个）	3 000/3 000/3 000
	特装展位面积（m^2）	400/350/350
	特装展位价格（元/m^2）	30/30/30
展商信息	参展商数（家）	90
	国际参展商数（家）	—
	举办省参展商数（家）	90
	高技术展商数（家）	—
	老参展商数（家）	80
	展商行业相关度（%）*	95
观众信息	专业观众人数（位）	—
	国际专业观众人数（位）	—
	举办省专业观众人数（位）	—
	对非专业观众是否开放	是
	展期观众总数（人次）*	60 000
	收费标准	否
贸易效果*（此项数据仅作参考）	总成交额（万元）	600
	意向成交额（万元）	14 500
	投资合作合同额（万元）	24 000

2009 部分农业会展项目信息表

名　　称	中国中部（湖南）国际农博会
举办时间	2009 年 11 月 18—24 日
举办周期	一年一届
举办地点	长沙红星国际会展中心
举办地是否固定	固定
展出内容	农业高新技术，农产品加工、包装、保鲜技术，食品加工、包装机械，农业机械，园林机械，有机绿色食品、营养保健食品，农副土特产品，粮、棉、油、玉米等大宗农产品
参展企业类别比例	生产资料 20%，消费用品 80%
主要同期活动	开幕式，名优产品推介暨经贸洽谈会，系列评奖及总结表彰会
展会宏观目标	农产品产销对接
主办机构及性质	农业部，湖南省人民政府/政府机关
承办机构及性质	湖南农业厅，长沙人民政府/政府机关
支持机构	商务部、全国供销总社
政策投资比重	40%以上
发文机构名称	湖南省人民政府办公厅
审批机构名称	湖南省工商局
国际认证机构名称	无
举办届数	11

（续）

名　　称		中国中部（湖南）国际农博会
展会规模（本届/上届/上上届）	总面积（m^2）	60 000/60 000/60 000
	标准展位面积（m^2）	9/9/9
	标准展位数量（个）	800/1 000/1 000
	收费展位数量（个）	—/—/—
	标准展位价格（元/个）	4 400/4 200/4 200
	特装展位面积（m^2）	12 000/10 000/10 000
	特装展位价格（元/m^2）	600/550/550
展商信息	参展商数（家）	2 000
	国际参展商数（家）	7
	举办省参展商数（家）	900
	高技术展商数（家）	200
	老参展商数（家）	600
	展商行业相关度（%）*	98
观众信息	专业观众人数（位）	2 000
	国际专业观众人数（位）	—
	举办省专业观众人数（位）	—
	对非专业观众是否开放	是
	展期观众总数（人次）*	2 000 000
	收费标准	否
贸易效果*（此项数据仅作参考）	总成交额（万元）	1 823 800
	意向成交额（万元）	6 000 000
	投资合作合同额（万元）	4 000 000

2009部分农业会展项目信息表

名　称	黄淮海地区种子信息交流暨展销会
举办时间	2009年11月21—23日
举办周期	一年一届
举办地点	河南省商丘市种子农药市场
举办地是否固定	固定
展出内容	种子、农药
参展企业类别比例	生产资料100％
主要同期活动	洽谈、产品推介、展销活动、技术交流
展会宏观目标	特定产业规模化
主办机构及性质	河南省商丘市农业局/政府机关
承办机构及性质	河南省商丘市种子协会、河南省商丘市种子管理站/公益事业
支持机构	河南省商丘市人民政府
政策投资比重	—
发文机构名称	有/—
审批机构名称	有/—
国际认证机构名称	无
举办届数	9

（续）

名　　称		黄淮海地区种子信息交流暨展销会
展会规模（本届/上届/上上届）	总面积（m^2）	12 000/10 000/10 000
	标准展位面积（m^2）	5/5/5
	标准展位数量（个）	1 100/1 000/1 000
	收费展位数量（个）	—/—/—
	标准展位价格（元/个）	500/500/500
	特装展位面积（m^2）	—/—/—
	特装展位价格（元/m^2）	—/—/—
展商信息	参展商数（家）	600
	国际参展商数（家）	—
	举办省参展商数（家）	—
	高技术展商数（家）	—
	老参展商数（家）	—
	展商行业相关度（%）*	—
观众信息	专业观众人数（位）	12 000
	国际专业观众人数（位）	—
	举办省专业观众人数（位）	—
	对非专业观众是否开放	是
	展期观众总数（人次）*	23 000
	收费标准	—
贸易效果*（此项数据仅作参考）	总成交额（万元）	—
	意向成交额（万元）	—
	投资合作合同额（万元）	—

2009 部分农业会展项目信息表

名　称	中国国际种业博览会 China Seed Expo
举办时间	2009 年 11 月 25—27 日
举办周期	一年一届
举办地点	广州锦汉国际展览中心
举办地是否固定	多地巡回
展出内容	农作物、蔬菜种子，农化产品，种用机械
参展企业类别比例	生产资料 100%
主要同期活动	中国国际种业高峰论坛，广东农业良种示范展示会
展会宏观目标	特定产业规模化
主办机构及性质	中国贸促会农业行业分会，广东省农业厅/政府机关
承办机构及性质	广东省农机推广总站，广州市种子商会/社会公益机构
支持机构	农业部，广东省政府
政策投资比重	40%以下
发文机构名称	无发文
审批机构名称	中国国际贸易促进委员会
国际认证机构名称	无
举办届数	2

（续）

名　　称		中国国际种业博览会 China Seed Expo
展会规模（本届/上届/上上届）	总面积（m^2）	10 000/12 000/0
	标准展位面积（m^2）	9/9/9
	标准展位数量（个）	400/400/0
	收费展位数量（个）	400/400/0
	标准展位价格（元/个）	3 900/3 900/0
	特装展位面积（m^2）	2 000/2 000/2 000
	特装展位价格（元/m^2）	500/500/0
展商信息	参展商数（家）	124
	国际参展商数（家）	19
	举办省参展商数（家）	34
	高技术展商数（家）	20
	老参展商数（家）	42
	展商行业相关度（%）*	55
观众信息	专业观众人数（位）	4 611
	国际专业观众人数（位）	278
	举办省专业观众人数（位）	2 165
	对非专业观众是否开放	否
	展期观众总数（人次）*	—
	收费标准	—
贸易效果*（此项数据仅作参考）	总成交额（万元）	—
	意向成交额（万元）	—
	投资合作合同额（万元）	—

2009部分农业会展项目信息表

名　　称	江苏名特优农产品（上海）交易会
举办时间	2009年11月27—29日
举办周期	一年一届
举办地点	上海市国际农展中心
举办地是否固定	固定
展出内容	江苏现代农业建设成就和无公害农产品、绿色食品、有机农产品、名牌产品
参展企业类别比例	—
主要同期活动	经贸论坛 、洽谈会、产品推介会、展销活动
展会宏观目标	农产品产销对接
主办机构及性质	江苏省人民政府/政府机关
承办机构及性质	江苏省农业委员会/政府机关
支持机构	—
政策投资比重	—
发文机构名称	—
审批机构名称	江苏省人民政府
国际认证机构名称	无
举办届数	7

（续）

名　　称		江苏名特优农产品（上海）交易会
展会规模（本届/上届/上上届）	总面积（m^2）	7 600/7 600/7 600
	标准展位面积（m^2）	9/9/9
	标准展位数量（个）	243/233/230
	收费展位数量（个）	—/—/—
	标准展位价格（元/个）	1 200/800/800
	特装展位面积（m^2）	2 400/2 200/2 400
	特装展位价格（元/m^2）	6/6/6
展商信息	参展商数（家）	428
	国际参展商数（家）	212
	举办省参展商数（家）	428
	高技术展商数（家）	122
	老参展商数（家）	214
	展商行业相关度（%）*	100
观众信息	专业观众人数（位）	2 000
	国际专业观众人数（位）	—
	举办省专业观众人数（位）	—
	对非专业观众是否开放	是
	展期观众总数（人次）*	—
	收费标准	—
贸易效果*（此项数据仅作参考）	总成交额（万元）	1 056.8
	意向成交额（万元）	274 400
	投资合作合同额（万元）	130 000

2009 部分农业会展项目信息表

名　　称	中部绿色食品博览会
举办时间	2009 年 11 月 27—30 日
举办周期	一年一届
举办地点	长沙红星国际会展中心
举办地是否固定	固定
展出内容	绿色食品、有机食品、无公害农产品、地理标志性农产品、品牌农产品和名特优农产品
参展企业类别比例	—
主要同期活动	绿色食品（农产品）产销对接座谈会
展会宏观目标	农产品产销对接
主办机构及性质	湖南省农业厅、长沙市人民政府、中国绿色食品发展中心/政府机关、公益事业
承办机构及性质	湖南省绿色食品办公室、长沙市雨花区人民政府、长沙红星国际会展中心/政府机构、公益事业、展览公司
支持机构	—
政策投资比重	—
发文机构名称	—
审批机构名称	长沙市人民政府
国际认证机构名称	无
举办届数	2

（续）

名　　称		中部绿色食品博览会
展会规模（本届/上届/上上届）	总面积（m^2）	13 000/12 000/0
	标准展位面积（m^2）	9/9/0
	标准展位数量（个）	610/550/0
	收费展位数量（个）	—/—/—
	标准展位价格（元/个）	3 800/3 800/0
	特装展位面积（m^2）	2 700/1 800/0
	特装展位价格（元/m^2）	400/400/0
展商信息	参展商数（家）	380
	国际参展商数（家）	7
	举办省参展商数（家）	152
	高技术展商数（家）	67
	老参展商数（家）	196
	展商行业相关度（%）*	90
观众信息	专业观众人数（位）	390
	国际专业观众人数（位）	8
	举办省专业观众人数（位）	240
	对非专业观众是否开放	是
	展期观众总数（人次）*	200 000
	收费标准	否
贸易效果*（此项数据仅作参考）	总成交额（万元）	108 000
	意向成交额（万元）	12 000
	投资合作合同额（万元）	16 000

2009 部分农业会展项目信息表

名　　称	浙江农业博览会
举办时间	2009 年 11 月 27 日—12 月 1 日
举办周期	一年一届
举办地点	浙江农业展览馆
举办地是否固定	固定
展出内容	农产品、农资、农业技术
参展企业类别比例	—
主要同期活动	专题活动，贸易洽谈与客商专场，网上专场
展会宏观目标	农产品产销对接
主办机构及性质	浙江省人民政府/政府机关
承办机构及性质	浙江省农业厅/政府机关
支持机构	各省级农产品行业协会
政策投资比重	—
发文机构名称	—
审批机构名称	有/—
国际认证机构名称	无
举办届数	11

（续）

名　　称		浙江农业博览会
展会规模（本届/上届/上上届）	总面积（m^2）	20 000/20 000/20 000
	标准展位面积（m^2）	9/9/9
	标准展位数量（个）	1 000/1 100/1 100
	收费展位数量（个）	—/—/—
	标准展位价格（元/个）	500/500/500
	特装展位面积（m^2）	1 000/500/500
	特装展位价格（元/m^2）	0/0/0
展商信息	参展商数（家）	1 200
	国际参展商数（家）	0
	举办省参展商数（家）	—
	高技术展商数（家）	500
	老参展商数（家）	850
	展商行业相关度（%）*	78
观众信息	专业观众人数（位）	2 000
	国际专业观众人数（位）	300
	举办省专业观众人数（位）	1800
	对非专业观众是否开放	是
	展期观众总数（人次）*	195 000
	收费标准	3元/展期
贸易效果*（此项数据仅作参考）	总成交额（万元）	150 000
	意向成交额（万元）	—
	投资合作合同额（万元）	13 150

2009部分农业会展项目信息表

名　　称	上海国际渔业博览会 Shanghai International Fishery & Seafood Expo
举办时间	2009年12月9—12日
举办周期	一年一届
举办地点	上海光大会展中心
举办地是否固定	固定
展出内容	水产品、海鲜冻/活品、干品、速冻品、鱼糜/浆、鱼类罐头、气调保鲜产品等；各类水产加工；海洋捕捞；远洋渔业；水产品冷冻加工；保鲜技术与设备；远洋运输及储运等
参展企业类别比例	生产资料5%、消费用品95%
主要同期活动	—
展会宏观目标	特定产业规模化
主办机构及性质	上海水产行业协会、中国同源有限公司/公益事业、企业
承办机构及性质	上海歌华展览服务有限公司/展览公司
支持机构	中国水产流通与加工协会、上海市水产办公室
政策投资比重	40%以下
发文机构名称	有/—
审批机构名称	有/—
国际认证机构名称	有/—
举办届数	4

（续）

名　　称		上海国际渔业博览会 Shanghai International Fishery & Seafood Expo
展会规模（本届/上届/上上届）	总面积（m²）	12 000/7 800/6 500
	标准展位面积（m²）	9/9/9
	标准展位数量（个）	450/150/107
	收费展位数量（个）	—
	标准展位价格（元/个）	7 800/7 800/7 800
	特装展位面积（m²）	2 000/—/—
	特装展位价格（元/m²）	800/800/800
展商信息	参展商数（家）	300
	国际参展商数（家）	—
	举办省参展商数（家）	—
	高技术展商数（家）	—
	老参展商数（家）	—
	展商行业相关度（%）*	—
观众信息	专业观众人数（位）	18 800
	国际专业观众人数（位）	1 921
	举办省专业观众人数（位）	—
	对非专业观众是否开放	是
	展期观众总数（人次）*	20 000
	收费标准	—
贸易效果*（此项数据仅作参考）	总成交额（万元）	—
	意向成交额（万元）	—
	投资合作合同额（万元）	—

2009 部分农业会展项目信息表

名　　称	浙江（上海）名特优新农产品展销会
举办时间	2009 年 12 月 25—29 日
举办周期	一年一届
举办地点	上海光大会展中心
举办地是否固定	固定
展出内容	以各市为单位，组织农业龙头企业、农民专业合作社等参加，展销名特优新产品
参展企业类别比例	—
主要同期活动	专题活动 、贸易洽谈与客商专场、产品评定
展会宏观目标	农产品产销对接
主办机构及性质	浙江省人民政府/政府机关
承办机构及性质	浙江省农业厅/政府机关
支持机构	各省级农产品行业协会
政策投资比重	—
发文机构名称	—
审批机构名称	—
国际认证机构名称	无
举办届数	7

（续）

名　　称		浙江（上海）名特优新农产品展销会
展会规模（本届/上届/上上届）	总面积（m^2）	15 000/15 000/15 000
	标准展位面积（m^2）	9/9/9
	标准展位数量（个）	750/600/500
	收费展位数量（个）	—/—/—
	标准展位价格（元/个）	1 500/1 500/1 500
	特装展位面积（m^2）	200/200/200
	特装展位价格（元/m^2）	0/0/0
展商信息	参展商数（家）	700
	国际参展商数（家）	0
	举办省参展商数（家）	—
	高技术展商数（家）	—
	老参展商数（家）	—
	展商行业相关度（%）*	75
观众信息	专业观众人数（位）	—
	国际专业观众人数（位）	200
	举办省专业观众人数（位）	—
	对非专业观众是否开放	是
	展期观众总数（人次）*	—
	收费标准	—
贸易效果*（此项数据仅作参考）	总成交额（万元）	—
	意向成交额（万元）	—
	投资合作合同额（万元）	—

2009 部分农业会展项目信息表

名　　称	安徽名优农产品·绿色食品（上海）交易会
举办时间	2009年12月31日—2010年1月2日
举办周期	一年一届
举办地点	上海市农展馆
举办地是否固定	固定
展出内容	安徽名优农产品、绿色食品、有机食品
参展企业类别比例	生产资料5%，消费用品95%
主要同期活动	安徽农业招商局项目推介活动、农业招商项目签约仪式、龙头企业家恳谈会
展会宏观目标	农产品产销对接
主办机构及性质	安徽省人民政府/政府机关
承办机构及性质	安徽省农委、安徽省驻上海办事处/政府机关
支持机构	上海市农委
政策投资比重	—
发文机构名称	安徽省人民政府
审批机构名称	—
国际认证机构名称	无
举办届数	10

（续）

名　　称		安徽名优农产品·绿色食品（上海）交易会
展会规模（本届/上届/上上届）	总面积（m^2）	6 400/6 400/6 400
	标准展位面积（m^2）	6/6/6
	标准展位数量（个）	250/230/200
	收费展位数量（个）	—/—/—
	标准展位价格（元/个）	3 500/3 500/3 500
	特装展位面积（m^2）	1 600/1 600/1 600
	特装展位价格（元/m^2）	450/—/—
展商信息	参展商数（家）	300
	国际参展商数（家）	0
	举办省参展商数（家）	—
	高技术展商数（家）	—
	老参展商数（家）	—
	展商行业相关度（%）*	100
观众信息	专业观众人数（位）	—
	国际专业观众人数（位）	—
	举办省专业观众人数（位）	—
	对非专业观众是否开放	是
	展期观众总数（人次）*	60 000
	收费标准	—
贸易效果*（此项数据仅作参考）	总成交额（万元）	1 995
	意向成交额（万元）	1 077 300
	投资合作合同额（万元）	375 400

附录 4

2009 年部分农业会展分类一览表

编号	展 会 名 称	主题定位	影响范围	功能定位	展出内容	组织模式	发展态势
1	重庆·中国西部国际农产品交易会	综合性	区域性	招商型	复合型	政府主导型	成长型
2	西部（杨凌）农资交易暨信息交流会	综合性	地区性	集散型	生产资料型	政府主导型	培育型
3	中国国际食用油及橄榄油展览会	专业性	国际性	集散型	消费产品型	市场主导型	培育型
4	广州国际营养品·健康食品及有机产品展览会	专业性	国际性	集散型	消费产品型	市场主导型	成长型
5	中国（锦州）北方农业新品种新技术展销会	综合性	区域性	集散型	生产资料型	政府主导型	稳定型
6	内蒙古国际农业博览会	综合性	地区性	招商型	生产资料型	社会公益型	成长型
7	中国国际花卉园艺展览会	专业性	国际性	产业型	复合型	市场主导型	稳定型
8	武汉种子交易会	专业性	区域性	产业型	生产资料型	市场主导型	稳定型
9	山东省畜牧业暨饲料工业展览会	专业性	区域性	招商型	复合型	政府主导型	培育型
10	国际（肥城）有机农产品博览会暨发展论坛	综合性	国际性	集散型	消费产品型	政府主导型	培育型
11	中国国际食品和饮料展览会	综合性	国际性	集散型	消费产品型	市场主导型	稳定型
12	中国国际奶业展览会及高层论坛	专业性	国际性	产业型	生产资料型	市场主导型	稳定型
13	中国湖南畜牧渔业暨饲料工业博览会	专业性	地区性	产业型	生产资料型	政府主导型	稳定型
14	中国（长沙）国际辣椒产业博览会	专业性	区域性	产业型	复合型	社会公益型	培育型

（续）

编号	展会名称	主题定位	影响范围	功能定位	展出内容	组织模式	发展态势
15	新疆农业博览会	综合性	区域性	产业型	生产资料型	政府主导型	成长型
16	新疆名优特及精深加工农产品上海展示会	综合性	地区性	集散型	消费产品型	政府主导型	培育型
17	中国·贵阳特色农产品加工业博览会	综合性	地区性	产业型	消费产品型	政府主导型	成长型
18	中国国际农产品交易会	综合性	区域性	集散型	复合型	政府主导型	成长型
19	中国豆腐文化节	综合性	国际性	招商型	复合型	政府主导型	成长型
20	中国沈阳国际农业博览会	综合性	国际性	招商型	复合型	政府主导型	成长型
21	全国农产品加工业博览暨东西合作投资贸易洽谈会	综合性	区域性	产业型	复合型	政府主导型	稳定型
22	中国（枣庄）农产品产销联谊会	综合性	地区性	集散型	消费产品型	社会公益型	稳定型
23	烟台国际葡萄酒节	综合性	区域性	招商型	复合型	政府主导型	成长型
24	中国（廊坊）农产品交易会	综合性	区域性	集散型	生产资料型	政府主导型	稳定型
25	中国东北地区绿色食品博览会	综合性	地区性	集散型	消费产品型	市场主导型	稳定型
26	青岛国际农产品交易会	综合性	国际性	集散型	消费产品型	政府主导型	成长型
27	中国廊坊农业与农村节能减排技术展览会	专业性	区域性	产业型	生产资料型	社会公益型	培育型
28	全国肥料信息交流暨产品交易会	专业性	区域性	产业型	生产资料型	社会公益型	成长型
29	运城农业新技术新产品展示展销会	综合性	地区性	招商型	复合型	政府主导型	稳定型
30	中国（山西）特色农产品交易博览会	综合性	地区性	招商型	复合型	政府主导型	培育型

（续）

编号	展 会 名 称	主题定位	影响范围	功能定位	展出内容	组织模式	发展态势
31	中国绿色食品博览会	综合性	区域性	产业型	复合型	政府主导型	成长型
32	中国杨凌农业高新科技成果博览会	综合性	国际性	招商型	复合型	政府主导型	成长型
33	中国国际渔业博览会	专业性	国际性	产业型	消费产品型	社会公益型	稳定型
34	全国种子信息交流暨产品交易会	专业性	区域性	产业型	生产资料型	社会公益型	成长型
35	中国优质稻米博览交易会	专业性	区域性	产业型	复合型	社会公益型	培育型
36	中国（广州）国际果蔬、加工技术及物流展览会	专业性	国际性	产业型	消费产品型	社会公益型	培育型
37	安徽·宣城名优农产品（上海）交易会	综合性	地区性	集散型	消费产品型	政府主导型	稳定型
38	中国中部（湖南）国际农博会	综合性	区域性	集散型	消费产品型	政府主导型	稳定型
39	黄淮海地区种子信息交流暨展销会	专业性	地区性	集散型	生产资料型	政府主导型	稳定型
40	中国国际种业博览会	专业性	国际性	产业型	生产资料型	社会公益型	培育型
41	江苏名特优农产品（上海）交易会	综合性	地区性	集散型	消费产品型	政府主导型	稳定型
42	中部绿色食品博览会	综合性	区域性	集散型	消费产品型	政府主导型	培育型
43	浙江农业博览会	综合性	国际性	集散型	复合型	政府主导型	稳定型
44	上海国际渔业博览会	专业性	区域性	集散型	消费产品型	社会公益型	培育型
45	浙江（上海）名特优新农产品展销会	综合性	地区性	集散型	消费产品型	政府主导型	稳定型
46	安徽名优农产品·绿色食品（上海）交易会	综合性	地区性	集散型	消费产品型	政府主导型	稳定型

附录 5

中国杨凌农业高新科技成果博览会历届情况概览

届数	第一届	第二届	第三届	第四届	第五届	第六届	第七届	第八届	第九届	第十届	第十一届	第十二届	第十三届	第十四届	第十五届	第十六届
展览面积（m^2）	6 800	6 300	6 800	7 200	7 200	7 500	26 000	30 000	32 000	30 000	30 000	35 000	40 000	60 000	60 000	47 000（室内）
展位总数（个）	380	350	380	400	400	420	1 094	1 508	1 563	1 220	1 037	1 059	1 480	1 495	1 507	1 592
参展企业（家）	320	350	350	360	370	400	800	1 030	1 068	965	928	962	1 364	1 420	1 440	1 500
涉外企业（家）	—	—	—	4	8	6	18	45	105	82	102	102	114	120	120	120
观众人数（万人次）	12	30	30	35	50	70	120	130	146	85	110	120	135	147	155	150
成交总额（亿元）	7.3	8.87	7.48	7.6	15	17.19	133	152	196	156.16	167.8	188	198.9	203.3	216.96	226.8
会期主要活动	—	—	—	—	—	—	农业高新科技论坛	农业高新科技论坛	农业高新科技论坛	农业高新科技论坛	《行走式节水灌溉——李岚清同志节水新理念》首发式	一村一品国际研讨会	中加农业合作周	中澳农业合作周	中以农业合作周	杨凌国际合作周

附录 6

中国寿光国际蔬菜科技博览会历届情况概览

届数	第一届	第二届	第三届	第四届	第五届	第六届	第七届	第八届	第九届
展览面积（m^2）	3 500	9 000	30 000	30 000	30 000	50 000	70 000	85 000	120 000
展位总数（个）	150	500	900	900	1 000	1 200	1 500	1 500	2 000
参展品种（个）	200	500	650	700	1 000	1 200	1 500	2 000	2 000
观众人数（万人次）	28	38	51	24	71.6	106	136	146	152
签约项目（个）	230	75	92	76	77	117	72	73	131
签约额（亿元）	11.9	18	32	42.8	52	96.7	88.6	89	138.7
贸易额（亿元）	3	14.8	20.5	27	31	153	157.6	158	202

参考文献

安奉钧．混合产品的特性及其制度意义．经济研究导刊，2007（9）：161－162.

保罗·伍德保．世界展馆地图及未来趋势．展览通讯，2008（1).

陈靖．我国会展业政治功能的研究与思考．中国外资，2006（9）：30－32.

谷玉芬．充分发挥政府在发展会展旅游业中的导向作用．商业研究，2004（12）：155－157.

过聚荣．中国会展经济发展报告（2007）社会科学文献出版社，2008.

何天祥．我国国际展会专业观众满意度影响因素分析．湖南商学院学报，2008（3）：27－30.

扈映，黄祖辉．动态化公共物品供求视角下的农技推广服务．科学学研究，2006（6）：867－871.

黄国平，张黎平．公共经济学视角下的会展经济现象分析．特区经济，2007（8）：252－254.

贾向峰．农业会展在发展现代农业中的作用及宁夏的实践．宁夏农林科技，2008（1）：72－74.

金镝，王轶．我国会展业现状分析及前景发展初探．中国软科学，2002（9）：123－124.

李巾姝．我国农业会展的功能研究．中国农业大学经济管理学院博士论文，2007.

李敏，等．纺织服装会展中会展商、专业观众与参展商利益关系研究．纺织导报，2007（12）：90－92.

李倩，钟胜．面向管理改进的服务企业顾客满意度模型．商业经济与管理，2005（4）：66－71.

李玉惠，等．基于灰色理论的企业顾客满意度测评分析．商业研究，2006（24）：14－17.

梁权，石丽美．基于模糊分析法的第三方物流顾客满意度综合评价．物流经济，2007（12）：46－47.

梁燕．顾客满意度模型参数估计方法的选择．理论新探，2007（9）：14－18.

梁燕．顾客满意度研究述评．北京工商大学学报，2007（2）：75－80.

林连蔚．2020年全球展览业发展趋势．中国贸促，2008，6.

林澍，马卫．电信运营企业满意度测评模型与实证检验．企业研究，2007（12）：11－13.

罗秋菊，陶伟．会展与城市经济社会发展关系研究．北京第二外国语学院学报，2004（3）：30-37.

罗振鹏，刘聪．酒店前厅服务质量与顾客满意度分析．旅游学刊，2007（3）：58-63.

骆乐，陈凡华．上海会展业的国际竞争力研究．国际经济合作，2007（12）：51-53.

马勇，肖轶楠．会展概论．北京：中国商务出版社，2004.

马勇．中国会展经济发展解读．经济地理，2002（3）：293-296.

马媛，董兴林．地方政府在发展会展经济中的行为选择．特区经济，2006（12）：344-345.

潘华苏，田景熙．会展经济：区域发展新观点．现代经济探讨，2000（5）：54-55.

庞佳．会展经济中的竞争情报优势分析．情报理论与实践，2005（2）：173-175.

彭学强，王捷二．国内专业性展览会时空与产业特征分析．旅游学刊，2008（9）.

任国岩，陈林兴．关于联合分析的会展产品价值属性研究．企业经济，2007（5）：70-73.

施昌奎．会展经济——运营、管理、模式．北京：中国经济出版社，2006.

施谊．浅论顾客满意度是衡量会展项目成功的重要标准．商场现代化，2007（4）：15-16.

宋晓雁，武邦涛．农业会展的经济功能研究．安徽农业科学，2006（34）：802-803.

孙明贵．会展经济学．北京：机械工业出版社，2006.

汪纯孝，等．顾客满意程度模型研究．中山大学学报，1999（5）：92-98.

王海忠，等．银行服务质量与顾客满意度的关系．中山大学学报，2006（6）：107-113.

王基昱，王泉．东北老工业基地会展业发展效应及定位分析．长春大学学报，2008（3）：21-24.

王丽琼，王铁骊．中国会展经济的现状与SWOT分析．科技情报开发与经济，2008（1）：116-117.

文燕平．信息资源的公共物品属性辨析．情报杂志，2009（1）：172-175.

席仲恩，汪顺玉．经典测量理论中的信度理论与信度系数．重庆大学学报，2007（6）：116-120.

徐洁，等．参展商对展馆服务的满意度研究．旅游科学，2008（6）：61-69.

余向平．会展业的产业带动效应及其经济学分析．商业研究，2006（18）：173-176.

曾武佳．现代会展与区域经济发展．成都：四川大学出版社，2008.

曾亚强，张义，等．会展概论．北京：化学工业出版社，2007.

张凤英．服务型行业顾客满意度影响因素研究．河南师范大学学报，2007（7）：75-78.

张虎，田茂峰．信度分析在调查问卷设计中的应用．统计与决策，2007（21）.

张金彦．顾客满意度理论在会展企业客户关系管理中的应用．工业技术经济，2007

(9)：68－79.

张启伦．试析会展企业客户满意度与参展率的关系．北京市经济管理干部学院学报，2007（3）：30－34.

张阳．上海展览业国际化驱动力解析．中国会展，2008（13）.

赵耀华，韩之俊．基于结构方程的高校顾客满意度模型．系统工程，2007（11）：85－90.

郑书耀．公共经济学领域准公共物品及相关概念的界定与区分．华北水利水电学院学报，2009（1）：44－46.

中等规模以上会议展览机构调研分析报告．中国会展，2008（7）.

中国会展经济发展报告（2004）. 北京：经济日报出版社，2005.

中国会展经济发展报告（2007）. 北京：中国经济出版社，2008.

朱晓宁．会展经济的交易成本理论分析．商业时代，2007（27）：87－88.

邹德强．大型超市服务质量对顾客满意度影响的实证研究．商场现代化，2007（11）：100－101.

左宗文．中小企业利用会展开拓国外市场探讨．合作经济与科技，2007（4）：4－5.

陆红．农业展会在中国农产品贸易中的促进作用．世界农业，2008（12）.

刘启正，张雪春．2009 中国农业展览业分析报告．世界农业，2010（11）.

刘启正，马继丰．当前中国农业展览供需分析及政策建议．世界农业，2010（12）.

Harold L. Vogel. A Guide For Financial Analysis. Travel Industry Economics. Cambridge University Press，2001.

Caillaud B. and Jullien B. Chicken & Egg：Competition among Intermediation Service Providers [J]. Rand Journal of Economics，2002.

Economides，Nicholas，The economics of networks. International Journal of Industrial Organization，Elsevier，vol. 14（6），pp. 673－699. 1996.

Mark Armstrong. Competition in Two-Sided Markets. The RAND Journal of Economics，Vol. 37，No. 3（Autumn，2006），pp. 668－691. Published by：Blackwell Publishing on behalf of The RAND Corporation.

Michael Katz，Carl Shapiro. Network Externalities，Competition and Compatibility. 1985.

Rochet J. and Tirole J. Two-Sided Markets：An Overview [EB/OL]. IDEI，2004.

Edward J. Feser. Introduction to Regional Industry Cluster Analysis [R]. Department of City & Regional Planning，University of North Carolina at Chapel Hill，2001.

图书在版编目（CIP）数据

中国农业会展理论与实践问题／农业部农业贸易促进中心编．—北京：中国农业出版社，2011.1
ISBN 978-7-109-15393-6

Ⅰ.①中… Ⅱ.①农… Ⅲ.①农业-展览会-研究-中国 Ⅳ.①F32-28

中国版本图书馆 CIP 数据核字（2011）第 008837 号

中国农业出版社出版
（北京市朝阳区农展馆北路 2 号）
（邮政编码 100125）
责任编辑 赵 刚

北京通州皇家印刷厂印刷 新华书店北京发行所发行
2011 年 2 月第 1 版 2011 年 2 月北京第 1 次印刷

开本：720mm×960mm 1/16 印张：20.75
字数：362 千字 印数：1～1 500 册
定价：36.00 元